SERVICE MARKET-ING

サービス商品の開発と
顧客価値の創造

サービス・マーケティング

［第２版］

TAKAO KONDOU
近藤隆雄

生産性出版

まえがき

今日、日本は本当の意味でサービス化社会に入りつつあります。例えば、情報提供サービスの普及です。われわれの日常生活において携帯電話やパソコンなしの生活は考えられなくなりました。今日の天気、現在の交通情報の把握、ショッピング、旅行などのサービス商品の購入、また、わからない言葉のチェックなど、情報提供サービスは生活場面のすみずみに顔をのぞかせ、その時々に必要な情報を生産しています。また、情報提供サービス以外でも外食、宅配便、コンビニ、医療、教育、レジャー、公共交通など、毎日の生活において、われわれはいつも、何らかのサービスを購入し利用しています。

このようにサービスは、われわれの生活を快適にするさまざまな活動を提供してくれています。現在、サービス関連の仕事についておられる人は、働いている人全体の六割強にも達しています。また、日本で生産される富の約七割がサービス関係から生み出されています。このようにサービスは現代社会における重要で不可欠な財を形成しつつあるのですが、それにしては、サービスの生産や経営、そして販売について、それほど多くの知識や情報が社会に供給されているわけではありません。本書は、そうした、必要とされてはいるが十分には存在しない、サービスに関する知識や発想、概念的枠組みを提供するために準備されました。

サービス・マーケティングは、サービスをどのようにお客さまに販売し、満足していただくか、サービスの販売に適した仕組みをどのように準備するか、といった課題を扱う学問です。多少、聞き慣れない言葉かもしれませんが、一九七〇年代に登場した、比較的新しい学問だからです。

現代では（特に日本をはじめとする先進国では）、食べることに困っているような人を見かけることは非常に少なくなりました。ほとんどの人たちは、冬でも暖かい衣類を着て、お腹イッパイ食事を取ることができます。しかし、六〇年ほど前はわが国でも、すべての人たちが物質的に十分な生活を送っているわけではありませんでした。日本はこの六〇年間、物質的に豊かになるための努力を必死に行ってきました。その結果、現在では世界に冠たる経済先進国になることができたのです。

物質的に豊かになると人間は、次にサービスの消費へ関心を向けるようになります。例えば、教育、医療、レジャーといった分野です。進学率は高まり、医療水準が高くなった結果、平均寿命も世界一になりました。海外旅行といったレジャーを楽しむ人の数も飛躍的に伸びています。物質的な条件が整うと、人々はより快適で、便利な生活を求めるものです。そこで、宅配便、通信販売、外食、その他もろもろの便利なサービスが提供されるようになりました。この傾向は、情報・通信技術の驚異的な発展と一緒になって次々と新しいサービスを生み出しました。そして日本も他の欧米先進国と一緒にサービス化社会に入っていったのです。

サービスを対象とする経営や管理の理論の登場は、こうした社会の変化に対応しているのです。先に述べましたように、日本の富の約七割がサービス関係から生み出されています。「新しいブドウ酒は新しい皮袋に」といいますが、サービス生産の広がりに伴って出てきた新しい課題を扱うために登場したのが、サービス・マーケティング（マネジメント）という新しい学問なのです。

もしみなさんが、サービス関係のお仕事に従事されているとすれば、仕事に取り組むなかでいろいろな問題や疑問にぶつかることでしょう。例えば、サービスでは、問題がないのが当たり前で、少しでも失敗すると、お客はすぐに気付いて不満を抱くのはなぜか（第3章）。接客をともなうレストランのようなサービスでは、お客が多すぎても、少なすぎても、サービスの品質が下がってしまうのはなぜか（第7章）。立地の条件が同じような支店でも、一方が繁盛店となり、もう一方では集客が少ないといったことがなぜ起こるのか（第12章）、等々。

本書は、こうした疑問や問題への回答を用意しています。そして、そうした問題を解決するための方法や基本的な考え方を提供します。サービス関連の企業で仕事をされておられる人々の中には、他の産業に比べて、自分の従事している業種は独特の経営方針やマーケティングの方法があって、一般的な経営理論は活用できない、と思い込んでおられる方が多いように思われます（特にホテル業やレストラン業）。サービス産業が未発達で、製造業の風下に立っていた時代はそうであったかもしれません。しかし、現代はもはやそんな時代ではありません。サービス独自の経営についても十分に研究が進んでいます。この本は、サービスの経営についての一般的な理論や方法をやさしくまとめたものです。しっかり読みこなしていただけば、貴方の企業においても十分に活用できるサービス経営やマーケティングのヒントを数多く発見されることを確信しています。

一九九〇年代中頃から五年ほどの間に、雨後の竹の子のように日本全国に作られたテーマパークが、東京ディズニーリゾートや大阪のユニバーサルスタジオ・ジャパン®など少数のテーマパークを除いて、その多くが撤退・廃業してしまいました。魅力的な施設さえ作れば客が集まるといった安易な箱物発想が当時は強かったように思います。第12章の最後にディズニーランドのサービス・マネジメント・システムの分析をしていますが、それをお読みになれば、いかにディズニーランドがしっかりしたサービス・マネジメントの考え方のうえに作られているかが、おわかりいただけると思います。サービス化社会ではサービス企業間の競争が激しくなりますから、しっかりしたサービス・マネジメントの発想が不可欠なのです。

本書は、パートⅠとパートⅡに分かれています。パートⅠでは、「サービス商品とはいったい何なのか」という疑問に答えることを中心に分析しています。パートⅡでは、では「サービスをシステムとして組織的に経営し、顧客を満足させ、利益を上げるにはどうしたらよいのか」について、最新のサービス・マーケティングの理論をやさしく解説しています。どうか最後までじっくりと熟読してみてください。
なお、本書は、一九九九年に出版された『サービス・マーケティング』の改訂版として出版されました。約一〇年経ってわが国も完全な情報化社会に入り、旧著で取り上げたケースや事例やサービスの実態についての数字などが古くなってしまいました。本書では、そうした時代遅れとなった情報を一新し、またこの間に登場した新しいサービス理論についてもご紹介することにしました。しかし、旧著が持っていた基本的な枠組みは変わっていません。サービスの本質について理解していただくこと、そしてそれらの知識を活用して、現実のサービス提供場面でのさまざまな問題を解決していただく、という〝ねらい〟を持っています。サービスの仕事に関連するさまざまの知恵を提供する。これが本書の基本的な方向です。

著　者

第8章　サービスの分類と構成要素

第9章　サービスの品質

パートⅡ

サービス・システムの運営と革新

第10章 顧客価値の実現とサービス組織

第11章 サービス・マーケティング・ミックス

第14章

二十一世紀のサービス・マーケティング

装幀／竹内雄二

パート I

サービスを理解する

新しいサービス商品の開発

第1章

サービス・マーケティングへの招待

1 サービスの仕事

「ER（緊急救命室）」というテレビドラマをご覧になったことがあるだろうか。登場人物は代わっているがもうすでに一〇年近く放映されている。アメリカ東海岸のある都市の大病院に付属する緊急救命センターを舞台に、そこで起きるさまざまなエピソードをスピード感のある展開で描き、何気なく見ていても、つい引きずり込まれてしまうような優れたドラマだ。ドラマは、専門を異にする複数の医師、研修医、看護師たちが織りなす、友情、対立、恋愛が背景として進行するが、中心となるのは、次々に運びこまれる救急患者の生と死である。治療に対する医師たちの姿勢の厳しさ、努力の甲斐なく死に至った患者への医師たちの思いや個人生活との両立に苦しむ人々の葛藤などが、視聴者の胸を打つ。

特に強い印象として残るのは、実行した治療方針や処置が正しかったかどうかについて、医師たちが相互に批判し合い、ときには査問委員会にかけられてしまうといったように、提供する医療サービスについての品質管理の厳しさである。なれ合いが一切ないのだ。つい、日本の医療現場ではどうなのだろう、と思わざるを得ない。

しかし、何といっても視聴者の共感を呼ぶのは、生死をさまよう患者の命が救われたときの医師や看護師の強い喜びの感情である。彼らの医療という仕事への誇りや充実感が大きな波となって、見ているわれわれにも伝わってくる。

さて、病気の治療といった医療サービスは対人サービスの一種であり、この場合、患者が顧客である。対人サービスというのは、サービス担当者が顧客を相手として行うやり取り、つまり相互作用を中心に進行する。レストラン、デパートやコンビニなど小売店、ホテル、航空会社、教育機関、コンピュータ企業など多くのサービス提供組織で、顧客との相互作用を中心とするサービス活動が行われている。

顧客との相互作用の内容は、会話や情報提供、商品・食事などモノの提供、場所の案内やハウス・クリーニングといった労務提供、またはコンピュータ・システムの導入といったシステムの提供など、さまざまな形をとる。こうした相互作用は、すべて、顧客が持っている何らかの具体的欲求を充たすために行われる。救急治療室の患者への治療と同じことである。

サービス担当者のこうした活動によって、顧客は喜んだり、失望したり、満足感や不満感を感じたりする。サービス担当者は、救急治療室の医師や看護師と同じように、顧客のその生活場面での**幸せ**を左右しているのだ。顧客をたとえその場限りであっても、**本当に**

幸せにするのはそう簡単なことではない。顧客を本当に幸せにしたときの充実感は、具体的な仕事の内容は違っていても、医師が患者の命を救った充実感と何ら変わることはないのだ。サービスの仕事はこのように取り組み甲斐とやり甲斐のある仕事である。問題は、意欲とシステムである。

2 ノードストロームの神話

アメリカの五大デパートの一つであるノードストロームでのサービスの逸話を紹介しよう。ノードストロームは、中級以上の婦人服や関連する商品を中心に扱っているデパートだが、このデパートが有名なのは、その徹底した顧客へのサービスの良さである。その結果、このデパートはそのサービスについて数多くの神話を生んだ。**神話**というのは、実際にそうした出来事があったかどうかは定かではないが、顧客にこのように対応したというエピソードが、口伝えに顧客の間に広まって一つのお話になり、店舗のブランド（この場合、ノードストロームという名前）と一緒に広まったものだ。

神話の形成は、顧客の間にブランド名と一体化したイメージを作り上げることで強力な顧客訴求の手段となる。実際、ノードストロームは他のデパートに比べて、あまりお金をかけたTVコマーシャルのような宣伝はしていないようだ。それでも高い利益を上げているのだ。

中年の婦人がノードストロームの婦人靴の売場にやってきて、「あら、同じモノがあるわ」といってある靴を取り上げた。様子を見ていた売場の係員が近寄ってきて、「お気に召しましたか？」と聞いた。するとこの婦人は、「いや、実はね、隣のデパートでこの靴と同じものを見つけて、デザインがとても気に入ったので、買ってしまったの。ところがそのデパートでは私のサイズの靴がなくて、ワンサイズ小さかったのだけれど、無理すれば履けないことはないから買ったのよ。でも、ここには私にピッタリのサイズがあったのね。残念だわ。最初にここに来ればよかった。」といった。

するとこの店員は、「そうですか。それは残念でしたね。ですが、もしお客様がよろしければ、隣のデパートでお買いになった靴とこの靴をお取り替えしてもいいですよ。お値段はどうですか？」といった。「そんなことができるの？　値段は同じだけど」。「それでは、お取り替えしましょう」。この婦人はとても喜んで、帰っていった。

こんなことが、日本のデパートで起きるであろうか。まず常識的には不可能であろう。このエピソードには、まず、来店した顧客の立場に立って、お客を喜ばせるために可能なことは何でもする、というノードストロームの経営理念が背景にある。こんな話もある。ノードストロームでは、たとえ顧客が使ってしまった商品でも、お客の希望があれば返品を受け付ける、というポリシーを公表している。あるとき、車のタイヤを二本店に持ち込んだ客が、「このタイヤは俺の車とサイズが合わない。取り替えてくれ」といってきた。対応した係員は、「そうですか。それは残念でした。代金をお返ししましょう。おいくらでしたか」と尋ねた。この客は買った値段を告げて、お金を受け取って帰っていった。ノードストロームでは、実は、タイヤを販売していないのである。ただ、その店舗が立地している場所に、かつてタイヤ販売店が営業していたのである。

婦人靴を取り替えた話に戻ろう。このエピソードには、もう一つ背景となる事情がある。それは、ノードストロームでは、売場の担当者は、売場商品の販売に関するすべての活動に責任を負っているという点である。だからこの担当者にとっては、サイズの異なった新品の靴を交換することは、何ら手続き的な不都合を生まない、ということだ。こうした組織のシステムの持つ条件も、顧客満足を引き出す質の高いサービスの提供には重要な要素となるのだ。ノードストロームの従業員の就業規則は非常に簡単なものだが、次のように書いてある。

「どんな状況においても、自分自身の良識にしたがって判断すること。それ以外のルールはありません」[1]。

顧客の立場に立って顧客満足を重視する**経営理念**、そうした理念にしたがって行動することを可能にする**組織の仕組み**、そして、従業員を信頼し、現場に十分な権限を与える**エンパワーメントの方針**、これらがあいまって、ノードストロームでは、神話となるようなサービスを提供しているのだ。

3 サービスはドラマ

サービス提供の過程は、劇場で上演されるドラマに例えることができる。[2] 質の高いサービスを生産するために、どんな要素が必要となるかを簡単にイメージするため、ドラマとサービス活動を対比してみよう。まず、俳優と大道具、小道具、照明係といった人々がサービス企業では従業員であり、観客がお客である。劇場の支配人が経営者で、演出家はさしずめ現場の従業員を監督する管理者（例えばレストランの店長）といったところである。

観客の目的は、脚本にしたがって舞台（ステージ）で演じられる俳優の演技（パフォーマンス）を楽しむことである。われわれは、演じられる俳優の真に迫った演技や朗々とした科白を見聞きしながら、笑ったり感動したりする。重要なのは俳優の演技だけではない。照明を落として暗くなった客席、スポットライトを浴びて浮かび上がった舞台、場面ごとに舞台の上に作られた見事な舞台装置、バックに流れるシーンごとの音楽、これらの**総合的体験**がわれわれの心を動かすのだ。

サービスにおいても、われわれ顧客の満足感を引き出すのは、第一にサービス担当者の**活動（パフォーマンス）**だ。デパートの店員の接客活動から、医師の治療にいたるまで、担当者の顧客に対する活動内容がサービスの質を左右する。サービス担当者のパフォーマンスには、お客の心を瞬時につかむ名人級のものからブーイングを出したくなるものまで

サービス活動とドラマ

さまざまである。そこでは俳優と同じく技能、経験、知識が大切なのだ。だから従業員の能力向上には、舞台演技の場合のように、練習や訓練が不可欠となる。ドラマに筋書きがあるように、サービス提供もステップや手順がある。例えば、レストランの「いらっしゃいませ」という挨拶から、レジを済ませて「ありがとうございました」の声に送られて出ていくまで、あらかじめ想定できるステップがあり、各ステップで予定されたパフォーマンスが適切に演じられなければならない。この手順（スクリプト）の善し悪しがサービスの質にも影響する。そして管理者は、演出家がドラマに合った俳優を選んで役を割り振る（キャスティング）ように、適切な能力を有する従業員を職場に配置しなければならない。

俳優が観客に接する舞台をフロントステージとすれば、お客に接するサービス企業の従業員たちがフロントステージを構成する。しかし、ドラマにおいて、舞台作り、照明、音楽、演出家などのバックステージの人々が重要であるのと同じように、サービスにおいてもバックステージの活動も大切である。かつてある巨大ホテルの制服を管理する部門を見学したことがある。俳優が役に合ったコスチュームを付けるように、ホテルでも多くの従業員が担当部署ごとに決まった制服を身に付ける。このホテルの総従業員数は約一、〇〇〇名であったが、かなり広い部屋に、フロント、ベルパーソン、ハウスキーピングから始まって、和洋中のレストランごとの制服が、ハンガーに架けられたり、たたまれたりして整理されている。担当部署ごとに何日間で取り替えるかが決まっていて、その受け渡しやクリーニングの手配、繕いなどを四～五名の中年の婦人が担当していた。ホテルで目にす

フロントステージ
バックステージ

る従業員はみんなパリッとした制服を身に付けて、それがホテルの雰囲気の一部になっているが、われわれの目に触れないこうした裏方の人々の作業がそれを可能にしているのだ。

われわれ顧客が接するのは、主にフロントステージの係員たちである。しかし、われわれが受けるサービス内容は、バックステージの人々の作業にも支えられている。ホテルを例にとれば、客室の掃除やベッドを整えるハウスキーピング、部屋の室温の管理やさまざまの故障を直すメンテナンス部門、レストランの厨房、シーツ、タオル、アメニティ類など消耗品の購買部門、テレホンオペレーター、医療関係者、事務方等々である。われわれがホテルで経験するのは、チェックインから始まって、部屋への案内、部屋でくつろぐこと、食事、入浴、睡眠、翌朝のチェックアウトなど、多くはいわば家庭で行っている日常活動だが、これらが何の問題もなく、一流シティホテルの水準で体験できるのは、顧客と直接には接することのないこうした人々のバックステージでの活動が、フロントステージ部門と一体となって行われているからだ。顧客に、限られた時間の中で密度の濃い体験を提供しようとする目標は、ドラマの上演での裏方の作業と本質的に同じ種類のものなのだ。

4 サービス・マーケティングへの招待

一般に、サービスはモノ製品にくらべると、物理的な形がないために、とらえどころがなくわかりにくい。しかし、われわれは日常生活で多くのサービス商品を消費している。

電車に乗り、コンビニやデパートで買い物をし、ファミリーレストランで食事をし、スポーツジムに通い、レンタルCDやビデオを借り、風邪をひけば病院に行く。また個人生活にだけではなく、企業のさまざまな活動に関連して、法人顧客を対象とするサービス商品も数多い。現代は「サービス化社会」なのだ。こうしたサービスを**商品**としてどのように顧客へ販売するか、という課題がサービス・マーケティングのテーマである。

サービスを経営活動の視点から取り上げた研究は、欧米では一九五〇年代から始まった。しかしサービス・マーケティングの研究が広く関心を集めるようになったのは、一九七〇年代に入ってからである。特にアメリカでは、八〇年代から始まったサービス事業を対象とする大規模な政府の規制緩和策が大きな影響を与えた。公共交通機関、金融、医療、電信・電話などの業種が規制緩和の対象となったが、この結果、こうした業界では、激しい企業間競争が生じて、悩んだ経営幹部たちが大学や専門機関にサービスのマーケティングについてアドバイスを求めるようになったからである（アメリカの航空会社は一九七八年には三六社あったが、規制緩和後の八四年には一二三社になった。ところが、厳しい市場獲得競争の結果、八六年には七八社に落ち着いた。いかに激しい競争が起きていたかがわかる）[3]。

この時期、こうした社会的要請に応えるようにサービス・マーケティングの研究が進み、研究者の数も増えていった。現在では、欧米のほとんどのビジネススクールにサービス関連の科目が置かれ、例えば、アリゾナ州立大学では、サービスの研究で博士号を取る若い研究者たちの数は、年間で二桁に近くなっている。このように欧米では、経営分野の新しい学問として大きな注目を集めている。他方、わが国では残念ながら、サービス・マーケティングはいまだ未開拓の分野である。しかし幸いなことに、最近では若い研究者たちが次第にサービスに目を向けて、さまざまな研究に取り組み始めている。

それではサービス・マーケティングは、サービスの経営や販売に関してどんな課題を扱うのだろうか。大きく分類すると以下の五つのテーマにまとめることができる。

(1) サービス商品の特徴とは何か

サービスは、形のあるモノ製品とは本質的に異なる**固有の特徴**を持っている。サービス企業は、サービス財の特徴を踏まえた仕組みを用意し、その運営を考えなければならない。しかし、わが国ではまだサービスを商品（財）として見る意識が希薄である。サービスを一つの**プロダクト**として把握し、新しいサービス商品の開発に努め、それに適した販売方法を考えるべきであろう。そうでなければ、モノが作り上げた超成熟社会から**サービス化社会**への転換の時期を迎えて、この時代にしっかりした足場を築くことはできないからである。

(2) サービス・エンカウンター

サービス・エンカウンターとは、**顧客とサービスが出会う場面**のことである。サービスが持っている固有の特徴から、この場で、顧客のニーズを充たし、顧客を満足させなければばならない（例えば、舞台で演じられているドラマを観客が見ている状況）。サービス消費における最も重要な決定的場面である。対人サービスでは、この場でサービス提供者である従業員の能力が試されることになる。また、顧客に直接接することのない「バックステージ」での諸活動も、サービス・エンカウンターをどのように効果的に支援するかがその存在意義となる。サービス・エンカウンターをめぐるフロントとバックステージの連携活動の内容と質が、そのサービス企業の効果性を左右し、長期的には、企業の発展か滅亡かの道を選ぶことになる。サービス・エンカウンターの質を高める組織作りや仕事の流れについての工夫、人材の育成などが、第二のテーマである。

(3) サービスの品質、顧客満足、顧客維持

顧客のニーズを充たし、**満足感**を与えるサービスとはどんな特徴を有しているのだろうか。サービスは多くの場合、直接、人に働きかける活動であるために、その**品質**はモノ製品のように客観的に測定できる場合は少なく、どちらかと言えば主観的な側面が重要となる。そうしたサービスの主観的評価に影響する要素にはどんなものがあり、評価を顧客満足につなげるにはどんな工夫が必要となるのだろうか。また満足感を出発点として顧客との間に良好な**リレーションシップ**を作り上げて、顧客維持を実現するには、どのような条件が求められるのか、これが第三の課題である。

(4) サービス生産システムの設計

サービスのプロダクトは価値生産的な活動そのものであるから、モノの生産のように、各部署で部品を作って組み立てるといった組織形態を取ることが難しい。もちろん、サービス生産システムにおいてもある程度の分業は必要なのだが、モノ生産の組織よりもシステム各部分が相互依存する程度ははるかに高くなる。また、サービスを生産する単位が人間であるため、その行動を左右する組織の**価値観や理念**がサービス活動の質に大きな影響を及ぼすのだ。つまり、サービスの生産では、理念、価値観、仕事の流れ、従業員の行動といった要素の関連性が、最終商品であるサービスの仕上がりを大きく左右するのだ。

(5) サービスのマーケティング・ミックス

サービスの持つ本質的な特徴から、サービスの販売には、立地、価格、プロモーション、物的な要素、人材、サービス過程などについて、モノ製品の場合には存在しない条件を考慮しなければならない。サービスの特徴に適した**マーケティング・ミックス**を作り上げることが、サービス企業の大切な課題であり、その内容が企業の営業力を左右することになる。

また、**情報技術**は、製造業企業の場合と同じく、サービス企業の効率性と効果性にも大きな影響を及ぼしつつあり、その可能性はまだ拡大しつつある。サービスの特徴を踏まえた情報技術の利用が、今後のサービス企業の発展と成長に不可欠な要素となりつつあるが、どのような戦略で情報化に臨むべきなのだろうか。

これらがサービス・マーケティングの今日的課題である。本書では、これらのテーマをまず、大きく二つに分けて、パートⅠで、サービス商品そのものの問題と、パートⅡではサービス組織の仕組みの問題を取り上げ、各パートに属する章において個々のテーマを個別的に検討してみたい。次章では、現代におけるサービスの販売と消費の環境条件として、サービス化社会について述べてみよう。

第2章 サービス化社会の到来

1 激変しつつある生活

現代は**サービス化社会**と呼ばれている。しかし、実感を持ってこの言葉を理解している人はそう多くはないだろう。サービスとはわれわれの生活を便利にし、豊かにするために提供されるさまざまな活動を意味している。サービスの消費とは、そうした活動を体験することなのだが、体験であるためにサービスを消費した後には何も形としては残らない。旅行、映画や演劇の鑑賞、スポーツの観戦、レストランでの食事、教育、医療、テレビ放送、公共交通機関等々、こうした活動はわれわれの生活を楽しく快適にし、さまざまな問題を解決してくれる。だが、これらは日常生活における一回ごとの出来事なので、終わってしまえばそれきりである。

一方、新しい電化製品や自動車を手に入れたりすると、それらを使ったりながめたりするたびに、生活が豊かになったことが実感される。つまり、モノは人の注意をくり返し引きつけるがサービスはそうではないのだ。そのため、今日、われわれのサービス消費量は飛躍的に大きくなっているにもかかわらず、サービス化社会という言葉には強い実感が持てないでいる。

サービス化社会の実態をすこしスケッチ風にながめてみよう。

夕方、駅前の商店街を二〜三人の中学生が塾に行くために歩いている。その内の一人は携帯電話を使って歩きながら大きな声で人気のテレビゲームについて楽しそうに話している。交差点の角にあるマクドナルドに来るとみんなで中に入っていった。塾に行く前に腹ごしらえをするのだ。

ゴールデン・ウィークの前日、成田空港のロビーは海外へ行く旅行者で溢れている。パック旅行のグループの中にOLらしい三人の女性が、笑いながら去年行ったグアムでの出来事について話している。彼女らの財布の中にはビザやマスターのクレジットカードが入っている。大きな真新しい旅行鞄は近所のレンタルショップで借りた最新式のものだ。

ある日曜の朝、マンションの入り口に引っ越し専門の運送会社のトラックが二台停まっている。部屋では三〇代の主婦が、運送会社の社員が梱包作業をしているのを見守っている。引っ越しの梱包は運送会社が段ボールやパッキンを用意して全部やってくれるのだ。「あ、その食器は気を付けて梱包してください」。彼女が以前、個人輸入の代行業者を使って買ったウェッジウッドのティーカップ・セットだ。引っ越しが終わったらこの部屋はハウス・クリーニングの業者を頼んで掃除をしてもらう予定だ。夕方、転居先に落ち着いたら、まずコインランドリーを探して今日の汚れた衣服を洗濯しようと考えている。

最初の描写には教育、通信、レジャー、外食の四つのサービスが、二番目も航空、旅行代理業、クレジットカード、レンタル業の四つ、最後の情景にも四つのサービスが使われている（引っ越しサービス、輸入代行、ハウス・クリーニング、コインランドリー）。

こうした情景は、今日どこにでも見かける日常生活の一コマである。しかしわが国がまだ十分にサービス化社会に入っていなかった一九六〇年代には、実は想像もできなかったことなのだ（わが国では一九六五年頃、第三次産業の生産が第二次産業のそれを上回った）。六〇年代の初めは、政府の「所得倍増計画」が発表され、日本は高度経済成長のサイクルに入り、物質的にはドンドン豊かになっていった。しかし、日常生活は現在よりももっと単純でユックリしていた。何といっても生活場面で利用されるサービスの選択肢が少なかったのだ。

外食

例えば、二〇〇九年度の「家計調査」（総務省）によると一世帯当たりの食費は月平均約六万三千円で、その内、外食に使われる費用は約二〇パーセント（約一万二千円）である[4]。六〇年の外食率（食費に占める外食費用の割合）は六・九パーセントで八一七円に過ぎない。もちろん、物価上昇分を考慮しなければならないが、最近では一般家庭で外食をする機会がいかに多くなったかがわかる。すかいらーくは七一年に第一号店を、翌年の七二年にはマクドナルドがオープンした。それ以後さまざまな外食産業のチェーンが誕生して、現在では、ファミリーレストランで食事をすることは、普通の家庭にとってもごく日常的な風景となった。外食は、かつてそうであったように「ハレ」のセレモニー的な行事ではなく、今日では、忙しくなった主婦が、時間がないからとか、ちょっとした気分転換といった理由で行われる普通の出来事なのだ。

海外旅行では旅行代理店や航空、宿泊、飲食等さまざまなサービスを複合的に利用することになるが、海外旅行へ出かける人の数も増えてきている。六〇年代は一ドル三六〇円の固定相場制の時代で、海外旅行へ出かける人は少なかった。六九年になってもビジネスを含めて出国日本人数は、年間四九万人に過ぎなかった。ところが、円高の力もあって、九〇年代に入ると海外旅行者の数は一、〇〇〇万人を越えるようになり、九五年には一、五〇〇万人（九六年『観光白書』）を突破し、二〇〇九年には一、五九八万人に達している。(5) いまや海外旅行は、普通の人々にとっても特別なことではなく、国内旅行と同じような感覚でとらえられている。

携帯電話は七一年に初めて導入されたが、二〇〇九年六月には、契約数が何と一億一、三〇〇万件を突破していて、(6) わが国の成人のほとんどすべてが携帯電話を利用していると考えても間違いないであろう。携帯電話のサービス内容も、電話としての通話中心から、メールやWeb利用が付加されて、そのうえ、カメラやワンゼグTV、位置情報を示すGPSやゲームなどさまざまな機能を搭載していて、「話すケイタイ」から「使うケイタイ」へ変化している。今日、多くの人々にとって、もはや携帯電話なしの生活を考えることは不可能に近い感覚であろう。

ここ一〇年ほどの間に、クレジットカードを始めカードによる金融サービスの利用が急増している。今日、その気になれば、現金を持たなくとも生活することが可能となった。二〇〇九年に日本では約二億二、〇〇〇万枚のクレジットカードが発行されている(7)。成人一人当たり約二枚のカードを持っていることになる。その他、百貨店やスーパーのハウスカード、東日本のスイカや関西のイコカなどの電子マネー、銀行のキャッシュカード等、金銭的価値そのもの、または金銭の支払い義務を情報に変換したカードが、現代生活では不可欠の道具となっている。こうしたカードの発揮する機能を広く金融サービスと考えれば、想像以上に金融サービスはわれわれの生活に入り込んでいることがわかる。

以上四つのサービスの例をあげたが、他のサービス商品もどんどん増殖しつつあり、また新しいサービスも次々に生まれている。実際、今日では平均的世帯の家計支出の内、サービス関連の支払いが最大となっているのだ。二〇〇九年の総世帯の『家計調査報告』(総務省統計局)によると、総消費支出に占める割合の大きい順に、食費(二三・八パーセント)、交通通信費(一三・一パーセント)、教養・娯楽費(一二・七パーセント)、保険・医療費(四・四パーセント)、教育費(三・三パーセント)、その他家事サービスや被服関連サービス(〇・六パーセント)となっており、サービス関連の総支出は、四二・五パーセントに上っている。また食料費(二三・八パーセント)の中には外食費(四・六パーセント)が含まれているわけであるから、われわれはモノとして残らないサービスに非常に多くの支出(約四七パーセント)をしているわけである(8)(なお、同報告書によると、実収入があがるにつれてサービス支出が多くなる傾向が示されている)。こうしたサービス支出は、七〇年二

クレジットカード

七・七パーセント、八〇年三一・九パーセント、九〇年三六・〇パーセント、九五年三七・三パーセント、九六年三七・九パーセントと年々増加していて、われわれは年ごとにサービスへの支出を増大していることがうかがえる。

なお、サービス化社会の進展を、国内総生産（GDP）額の内、広義のサービス生産額（第三次産業の生産額）が国内総生産に占める割合、および第三次産業の就業者が全体の就業者に占める割合によって表すことが多いが、二〇〇五年において、国内総生産の第三次産業の構成比は七三・一パーセントであり、就業者の構成比は六七・二パーセント（二〇〇五年国民経済計算）となっており、共に八割を越えている米国などに比べるといく分低いが、立派に**経済のサービス化**が数字的にも示されている。

一方、製造業のサービス化も進んでいる。一つには製品の多品種化が進んだために、製造業企業の設計・開発、宣伝・広告、販売、物流、購買といったサービス部門が肥大化したこと。第二には、モノ製品の販売だけでなく、設置、補修、使用の仕方の教育、また、クレジット、保険といった金融関連などのサービスの付加、それらを独立したサービス商品としての販売、などからサービス化が進んできた。その結果、一部の製造業では、売り上げに占めるサービス関連販売高が増大し、もはや製造業とは呼び難い状態となっている企業もある。また製造業企業において、直接モノ生産に従事する従業員は、工場のファクトリー・オートメーション化によって減少している一方で、サービス関連の仕事に就いている従業員は多くなった。これらが製造業のサービス化の内容である。こうした傾向は、

経済のサービス化
製造業のサービス化

コンピュータ製造企業においてとりわけ顕著であって、一つには、コンピュータは革新のスピードが早く、次々に新製品が開発されるので、その利用に関する設置やメンテナンス、アフターサービスなどが次々に必要となること。また、コンピュータを核として、その利用のためのシステムが必要となって、そうしたSI（システム・インテグレーション）と呼ばれる活動領域がどんどん拡大していくためで、そうした情報サービス商品を販売することが、モノ製品を販売するよりも重要になっているからである。初期の時代は、コンピュータ・ソフトは「ハードのおまけ」であったが、現在では、ハードが「ソフトやサービスのおまけ」になった、といわれている。

つまりどの指標をとっても、日本は立派に経済のサービス化を達成している。アメリカではサービス関連の生産がGDPの約八割（国連「国民経済計算」）に達していて、就業者の方はアメリカにおいて実に八〇・二パーセント、フランスでも七六・二パーセントに達している（ILO「労働統計年鑑」）。もしアメリカがわが国の先を行っているとすれば、経済統計のうえでも日本のサービス経済化はこれからもより一層進展する可能性を持っている。

2 サービス化社会の環境的要因

それでは、このように日本でサービス化社会を実現させた要因はいったい何であろうか。

基本部分には、高度経済成長の結果、わが国が物質的に十分に満たされている状況になった、という事実がある。日本ではすでに飢えて死亡する人はほとんどいないのである。そして物質面では、大部分の人々がモノを十分に保有している（もちろん、他人との比較で相対的に充たされていないと感じている人や将来への不安から欠乏感を持つ人はいるであろう）。

商品科学研究所の調査では、一家族（平均二・八人）が保有している衣服（肌着類を除く）は平均三三七枚である。しかし、過去一年間に着用したのはその内六割弱にすぎないそうである。つまり四割強の衣類は使われずにタンスに眠っているのだ。マズローの欲求段階説を持ち出すまでもなく、物質的に満たされた人間は、モノのように形には残らなくても、より便利な、より楽しい心理的充足を求めてサービス消費に向かうのだ。

わが国では、こうした物質面での充実化が実現したことのほかに、次のような環境要因がサービス化を押し進めている。それらは左の五つである。

① 高齢化
② 女性就労者の増加
③ 環境問題（エコロジー）と健康志向
④ 情報化
⑤ 国際化

これらの要因がサービス化の進展に与えている影響を簡単に見てみよう。

(1) 高齢化

わが国はすでに高齢化社会に入っている。二〇一〇年二月の総務省の推計では、現在、全人口の二二・九パーセントが六五歳以上人口で占められている。高齢化はすさまじいスピードで進み、二〇二〇年に二九・二パーセント、二〇五〇年には実に三五・七パーセントに達すると予測されている。現在では生産年齢人口約三人弱で一人の高齢者を養っている計算になるが、たった一〇年後の二〇二〇年には約二人強で支えなければならなくなるのだ(9)。

高齢化はさまざまな新しいサービス需要を生み出す。医療、介護といった直接高齢者の身体を治療したり世話をしたりするサービスを始め、食事の宅配、物販の宅配、リフォーム、旅行、カルチャー・スクールやスポーツ等々である。最近、葬儀関連ビジネスに参入する企業が多くなっているが、これも将来の超高齢化社会をにらんでのことだ。消費者の三割が六五歳以上となるのであるから、小売り、外食、宿泊、交通機関等もこれまでのサービス内容を、部分的に高齢者に適したサービスに転換し、再編していくことになるであろう。

アメリカには高齢者を対象とするアメリカ退職者協会(AARP)という非営利団体がある。会員数三、五〇〇万人を誇り、政治的にも大きな影響力を持っている。AARPが会員に提供しているサービスは健康保険、医薬品宅配、損害保険、投資顧問、クレジットカード、情報提供、教育、会員相互のボランティア活動など多岐に渡っている。

筆者は一〇年ほど前にこの団体のサービス活動を調査したことがある。その際強い印象を受けたのは、AARPがサービス組織として非常に質の高い活動をしているという点であった。日本では福祉関係の非営利団体の活動というと、善意はあっても経営がなく、顧客（?）は与えられたものを黙って受けて感謝しろといった姿勢、という印象が強い。しかしAARPの活動は営利企業と同じ水準、またはそれ以上に質の高いサービスを提供している。一例をあげれば、会員が三、五〇〇万を越すのであるから、本部にはさまざまな電話による問い合わせが来る（一日一、〇〇〇件以上）。三〇人近いスタッフが問い合わせの専任として働いていたが、電話センターの壁には大きな電光掲示板が設置されていて、現在何人がどの程度の時間、電話を待っているかが表示されるようになっている。問い合わせの人たちをなるべく待たせない工夫である。

高齢化社会が本格化すると、営利、非営利を問わず、さまざまなサービスが提供されることになる。そこで重要なことは、たとえボランティア活動であっても、相手を顧客として接し、手を抜かない高品質のサービス活動を行う、ということだ。そうでないと、サービス活動をする団体の数だけは多いが、高齢者が満足するようなサービスが実現せず、全体としては効果性も効率性も低いといった状況になる危険性がある。

(2) 女性就労者の増加

女性が男性と同じように社会参加をし、仕事に就くという傾向が進んでいる。かつては、女性特に既婚女性は妻として母として家事・育児に専念するというのが、日本をはじめ欧米においても一般的な社会的役割であった。現在は状況が一変している。二〇〇八年度のわが国の就業者六、三七三万人の内、女性は約四二パーセントを占めているのだ。[10] 既婚女性の就業率も二〇〇八年度で二五・五パーセント（総務省「労働力調査」）となっている。[11]

アメリカでは既婚女性の就業率は五八・一パーセントであるが、就いている職種を見ると、例えば、情報処理技術者およびその他技術者の割合は三八・八パーセントであり、わが国では一八・六パーセントにすぎない。つまりアメリカでは既婚者であっても、フルタイムで仕事をしている女性が多いことがうかがわれる。

女性の社会進出は、高学歴化、少子化、結婚率の低下、そして何よりも女性の社会的役割についての意識の変化などの総合的な結果であるが、女性就労者の増加は新たなサービス需要を生むことになる。

まず既婚女性就労者の場合には家事の外部化が起こる。働いているために時間が貴重となっている主婦たちは、外食、衣服のクリーニング、ハウス・クリーニング、保育園、ベビーシッターなどを利用する。これからは、時間節約型の通販、宅配してくれるスーパーやコンビニ、インターネット・ショッピングなどの利用を増加させるであろう。

女性労働者の増加

また食事も、材料よりも調理済みのお総菜や弁当類などを購入する中食と呼ばれる形が増えてくる。アメリカではＨＭＲ（ホーム・ミール・リプレイスメント）と呼ばれる、そのままや温めれば食べられる総菜類がブームになっている。ポイントは忙しい主婦たちが簡単に美味しい食事の支度ができ、家族団らんが楽しめるということらしい。

未婚の女性就労者の場合には、可処分所得が多いので、楽しみのための外食、海外旅行などレジャー、カルチャー・スクール、フィットネスクラブ、エステティック・サロンといったサービスを他の年齢層よりも多く利用している。一人暮らしをしているＯＬの場合には家事の外部化も進んでいる。

(3) エコロジーと健康志向

今日、地球温暖化の問題をはじめ、エコロジーへの関心は大きく高まっている。特に二〇〇八年は全世界的に異常気象が問題となって、世界中で地球温暖化についての問題意識が高まった。京都議定書で六パーセントの温室効果ガスの削減義務を負っている日本では、CO_2の排出規制を政府や地方自治体において法制化の議論も出始めたこともあり、企業もさまざまな対応の試みを始めている。一般でも、例えば、消費者が自分の袋（マイバッグ）を持参したり、有料化したりすることで、スーパーやコンビニにおいて商品を入れるレジ袋の削減を図ろうという運動が象徴的に展開されている。レジ袋の原料に使う石油の消費量を下げ、結果として温室効果ガスの削減につながるということが根拠になっている。

サービスとの関連で、エコロジーが大きな問題意識となって登場してきた新しい発想はグリーン・サービサイジングである。サービサイジングとは、モノ製品の持つ機能をサービスによって代替することによって、モノ製品への消費をサービスへの消費に振り変える動きを指している。自家用自動車を購入せずに、タクシー、レンタカーを利用する。またはガソリンの価格高騰で、最近話題になっているカーシェアリングという仕組みを使う、といったことである。

後の章でも触れるが、モノ製品とサービスとの違いは、それを使うことによって生まれる効果（使用価値）は、本質において同じである。自動車もタクシーもレンタカーも人間やモノを空間移動させるという目的において違いはない。違いは、モノの場合、それを使うことによって効果が生まれるが、サービスは、それ自体が機能そのものだ、という点である。自動車は運転しなければ動かないが、タクシーは移動そのものを購入することであり、家庭の洗濯機は、洗剤を入れてスイッチを押さねばならないが、コインランドリーは、衣服の洗濯というサービスを直接購入することだ。

こうした発想をすれば、すべてのモノ製品はサービスによって容易に置き換えることができる。より広い社会的文脈から表現すれば、「所有から使用へ」ということである。グリーン・サービサイジングとは、こうした発想をエコロジーの観点から推進しようという動きであり、わが国の経産省も研究会を立ち上げて検討を始めている。つまり、サービスで代替できる消費を拡大することで、モノ生産の生産量を抑えて、エネルギー消費量も削減しようというアプローチである。具体的には、モノ製品の販売をリースやレンタルに切り替えること、モノ製品の修理やリフォームを進め、中古製品・中古部品市場を活性化すること、こまめに点検やメンテナンスを行い、機械の耐久年数を延ばすこと、カーシェアリングに見られるようなモノ製品の共同利用を進めること、効率的な廃棄物処理やリサイクル事業を立ち上げることなどが提言されている。また、本来の意味のサービサイジングとはいえないが、ＥＳＣＯ事業、つまり顧客企業に省エネシステムを提供し、ランニングコストを下げて、軽減した電気代などから一定割合を受け取るビジネス・モデルを持った企業もグリーン・サービサイジングに含んで考えられている。

グリーン・サービサイジングに関連するような事業（定義にもよるが）はかなり増えてきているようである。しかし、消費者がそうしたサービス商品を購入するかどうかは、一つには、経済的な観点から見合うものかどうか、二つめには、社会的、個人的価値観が影響を与える。効率的なビジネス・モデルの構築と社会的な問題意識の高まりが今後のグリーン・サービサイジングの行方を左右することになるであろう。

(4) 情報化

われわれがこの一〇年間で最も強く感じる生活上の変化は情報化に関するものであろう。携帯電話やグーグルといったコミュニケーション、情報の交換・入手に関するもの、スイカやクレジットカード、インターネット通販のようにモノやサービス商品の購入に関連するもの、ブログなどSNSによる一種のコミュニティ活動などが個人の生活に入り込んできた。

企業活動については、すでに企業活動のバリューチェーンの各段階で情報化が進んでいる。開発段階では、デザインや設計がコンピュータのCADによって行われ、生産段階では、指示や監視・計測など従来は人間の能力に頼っていた情報の移動がすべてセンサーや情報機器によって担われている。販売・マーケティング領域でも例外ではない。最近では「ネチコミ」といったウェブを使った口コミが販売や新製品開発情報として利用されている。最終段階の物流についても、例えば宅配サービスにおける情報機器の利用は当たり前のことになっている。

サービスに限って考えても、グーグルといった新しい情報提供サービスなどのサービス商品だけでなく、サービスの生産場面でも情報技術は大きな役割を果たすようになった。例えば、医療サービスにおける電子カルテは、分担して流れる医療サービスの連絡・連結といった生産的な側面だけでなく、患者の待ち時間の短縮などサービス品質の向上に役立っている。今日、情報については多くが語られている。現実はどんどん進化・発展して、われわれの生活に大きな影響を与えている。しかし、今後どうなっていくかについては、情報化の場合、現実が先行するために、正確な予測を立てることは難しい。ただ、コンピュータと通信技術を組み合わせた情報化が、これまでのサービス提供の仕組みを大きく変えつつあること、また情報化によって新しいサービス商品が次々に提案されていることは、

情報化

誰の目にも明らかである。

(5) 国際化

サービスに限っていえば、残念ながら新しいサービス商品やサービス提供の仕組みはすべて海外からやってきたといっても過言ではない。ファミリーレストラン、コンビニ、スーパー、ホテル、宅配等々は、すべて欧米に先行する事例があるのだ。今日でもモノ製品については、対米貿易は輸出超過だが、サービスについては輸入超過になっている。

これから、海外のホテル、金融、小売り、レジャー等々のサービス企業が続々と入ってくることが予想される。わが国では、接客業務のように一部優れている部分もあるが、サービスを商品として考えるという意識の遅れもあって、わが国のサービス企業は、全体のシステム管理という点では欧米に数歩遅れを取っているといえよう。今後、サービス・マネジメントについてしっかりとした意識的な取り組みを行わなければ、グローバルな市場において、欧米の企業に大きな敗北を喫することになりかねない。アニメ、ゲームソフトなどのコンテンツ分野だけでなく、教育産業の公文のように、日本独自の新しいサービス商品を開発してドンドン海外進出できるサービス企業の登場が待たれる。

3　新しい消費者の意識

以上のサービス化社会の五つの環境要因は、不可逆的な、つまり後戻りをしない要因である。これらの変化にわれわれもサービス企業も否応なく対応しなければならないのだ。次に今日の平均的な**消費者マインド**の特徴を探ってみよう。これらは環境要因に比べるとうつろいやすく変化しやすいが、その時代の多くの人々の間に一定期間持続する傾向で、その時代の気分や空気といったものだ。現在のサービス企業にはこうした新しい消費者意識に対応したサービスの提供が求められている。

しばらく前に、日経新聞のインタビュー記事で、イトーヨーカ堂社長の鈴木敏文氏は「今の個人消費は、昔以上に心理的要因が強く働く」と述べていた。心理的要因とは消費マインドの特徴のことだが、これが「昔以上に」強く働くようになった主な理由は、先に見たようにモノの飽和状態が出現して、日常生活においてモノの持つ機能性への必要度が低下しているからだ。だから人々の消費は、商品や消費行為自体に与える個人的な意味や価値といった心理的要因を重視する方向に重点が移っている。

今日に特徴的な消費マインドを作り上げているのは次の五つの傾向である。

①　時間感覚重視

② 利便性重視
③ 個性化充実化重視
④ 体験重視
⑤ 合理性重視である。

今日の特徴的な**時間感覚**は、「**早く、短い時間で、いつでも**」といった形容詞で表される。もちろんいつの時代でも、必要な仕事を早くやり遂げることは重要であった。しかし最近は特に、人々の時間への「こらえ性」が薄れて「イラチ」になっている。素早いサービスが評価されるのだ。二〇〇五年のある時計メーカーの調査では、電車が遅れてイラ立つのは「五分が限界」と社会人の半数以上が答えている。一〇年前の調査ではこれが「一〇分」であった。アメリカの調査でもスーパーやショッピングセンターで買い物をする回数や時間が以前よりも少なくなっている。その代わり、電話や電子メールで注文できる日用品の宅配が伸びている。必要に迫られる買い物といった作業にかかる時間はコストと考えられている。このような時間コストはできるだけ小さくしたいという意識がこれまでより強くなっているのだ。こうした意識は買い物だけには限らない。すべて不必要な時間は切り詰めたいといった気分が広がっている。

また同時に、必要なときには二四時間いつでも対応してもらいたいという意識も強くなっている。生活時間帯が多様になってきていることを反映して、たとえ深夜であっても必要なサービスを利用したい人々が増えている。二四時間営業のコンビニやＡＴＭ（消費者金融）はこれまでもあったが、二四時間オープンのコイン式駐車場、レンタカー会社、また、時間のかかる会議資料の作成に必要なコピーや製本を二四時間受け付けるビジネスコンビニ（キンコーズ）も登場した。インターネットやファックスを利用した通販や銀行サービスなども、こうした「いつでも、必要なときに」という要求に応えることができる。

二番目の**利便性の重視**も、時間感覚と同じ文脈にある。**「簡単に、便利に」**という感覚である。迅速にサービスが提供されるだけでなく、簡単で便利に利用できなければならない。簡便なサービスは忙しく時間感覚の鋭い現代人にとって、とりわけ求められている。二時間で仕上がるＤＰＥ、ドライブスルーのファーストフード、アメリカではドライブスルーの薬局や銀行もあるそうだ。日本でも行われている電話やファックスによる食料品や日用品の宅配も簡便さへの要求を充たしている。宅配とインターネットやファックスを使った商取引は、ピザやフライドチキンだけでなく、今後、さまざまな業種で利用されるようになるだろう。情報化は一般家庭に情報端末の設置が増えるにつれて、商品の検索や注文の作業を一挙に簡単にする効果を生む。また、既存のサービスも利便性を中心に新商品へと変化させることもできる。例えば自動車のボディの傷やへこみを直すには、これまで何日も車を修理工場へ預けなければならなかったが、このサービスを短時間、低料金で提供しようという企業（カー・コンビニ）も現れている。仕上がりは従来の板金塗装工場に劣るとしても、簡便さにおいて顧客を引きつける魅力を持っているのだ。

三番目の意識は、先の二つとは反対に、ゆっくりと時間消費を楽しみたいという**個性化・充実化**の方向である。「**ゆったり、楽しく、自分らしく、充実した**」気分の要求である。最近、昔ながらの喫茶店が少しずつ勢いを盛り返しているらしい。一時はドトールなどセルフサービス方式の低価格店やファーストフード店に押されて姿を消していた。スターバックスなどのコーヒー店の広がりは、こうしたゆっくりした時間感覚に合うものであろう。アメリカでは葉巻をくゆらせて、落ち着いた雰囲気の中でゆっくり夜の時間を楽しむというシガー・クラブや本がおいてあるバー・アンド・ブックスといった形式の場所が増えているという。

サービスの消費を通じて自分らしく、充実した時間を持ちたいという気持ちは、モノあまりとモノ離れ時代の基本的な欲求であろう。海外旅行も、お仕着せの団体パック旅行ではなく、航空券とホテルを確保して現地の行動は自由という個人旅行型が増えている。自分の関心を優先し、自分が行きたい所を訪ねて、より充実した旅行を実現したいのだ。学習塾や英会話学校では、これまでの多人数を対象とした教室型ではなく、二〜三人の少人数に教師が付く形式が好まれるようになっている。個人の必要性により深く応えるパターンが求められているのだ。

小さな子供をかかえて身動きの取れない母親の充実欲求を充たすためのサポート事業も増えている。最近では、託児サービス付きのコンサートや映画館などもできている。コンサートなどのイベント会場での託児サービスを専門とする企業も登場した。また、従来の

ゆったり、楽しく、自分らしく、
充実した

保育園では不可能であった短時間の託児を請け負うキッズ・ワールドといった企業もある。

これからのサービスを考えるうえで重要なポイントは、個人旅行の例でもわかるように、現代の顧客は自分で十分な情報を保有し、かつ厳しい選択眼と高い評価能力を持っているという点である。消費場面でこうした成熟した顧客の自己実現欲求を充たすには、たんに企業が出来合いの単機能商品を提案するというのではなく、顧客を巻き込み顧客と共同で商品を作りだすというアプローチが必要になる。その点でこれから重要となるのはプラットフォーム型商品提供であろう。実際にプラットフォームに何を乗せ、どういう意味を持たせるかは顧客に創作をゆだねるのだ。顧客の想像力を誘発し、顧客の個人的な生活シーンを描けるサービス（やモノ）商品の提案である。

その場、その時

四番目の消費マインドの要素は**体験重視**である。「**その場、その時**」の感覚の大切さだ。プリクラ（プリント倶楽部）が一九九七年前後に若者の間でブームとなった。一時下火になったが、最近、機械の性能を上げて、再び盛んになっているという。二人またはそれ以上の人間の写真を撮り、その場で小さなシールのセットにしてくれる写真ボックスだが、なぜこんなものが流行っているのだろうか。実は、若者たちにとって出来上がったシールそのものは大して重要ではない。重要なのは、一緒に肩を寄せあって笑いながら写真を撮る行為そのものなのだ。出来上がったシールはたんに撮影をした事実を確認する手段にすぎない。だから、プリクラノートにはたくさんの違った友達と撮ったシールが張り付けてある。こんなに多くの友達と撮影という行為を共にしたのだ、という記録である。彼らがやり取りするコミュニケーションは、内容を伝えることが目的なのではなく、コミュニケーション行為そのものが大切なのだ。携帯電話でのメールをやり取りする友人（メル友）の数を競うのも同じ発想であろう。

サービスの消費は顧客にとっては体験であるから、サービス・マーケティングにとってもその場その時の感覚が大切なのだが、われわれ日本人にはこうした感覚をもともと重視する傾向があるのかもしれない。お祭りや花火はあいかわらず人を集めるし、初詣に出かけて正月気分を味わう人の数は少しも減っていない。今日の若者世代には特にこの傾向が強いようである。結婚式の披露宴でもそうだが、普通の学生コンパなどでも過剰なくらい座を盛り上げることに努力を払っている。大人であるわれわれとしては、こうした若者の傾向がたんなる刹那主義でないことを願うのみである。

今日の消費マインドを構成する最後の側面は**合理性重視**である。「**納得できるかどうか**」という感覚である。①時間感覚での「早く、短時間で」や、②利便性での「簡便さ」と、③個性化・充実化での「ゆったり、楽しく」は矛盾しているようだが、そうではない。現代の消費者は使い分けをするのだ。自分のその場その時の欲求を自覚しながら、その場に合うサービスを合理的に選択している。

価格についての判断基準も合理的である。かつて価格破壊が始まった当初は、商品の安さが人々を引きつけたが、しばらくするとそうした動きは収まってしまった。今日の傾向は、日常生活に必要な最寄り品はできるだけ安く、しかし本当に自分が欲しいものは費用がかさんでも構わない、という態度である。物質的な豊かさが浸透してきた日本では、安いから買っておく、という「安物買いの銭失い」は少なくなったのだ。

今日人々に訴求するのは、商品の持つたんなる機能ではなく、その商品が自分にどんな価値をもたらすか、である。「価値」とはその商品がもたらす効用全体を価格などの取得コストで割ったものだ。つまり価値の評価には合理的な計算が基にあるということだ。先に触れた鈴木敏文氏がインタビューのなかでこういっている。「今の消費者は二万五千円のスーツを二着買って五万円使うならば、四万円のいいスーツを一着買うほうが安い買い物をした、と感じます」。「安い買い物をした」とは買い手の価値の判断からそういえる、ということだ。

第3章　商品としてのサービス

1　サービスとは何か

第1章でドラマの上演をサービス生産の比喩として使ったが、実は、劇場でのドラマの上演は、比喩ではなくサービス活動そのものである。われわれは、ドラマを観て感動する。最新技術についての講演を聞いて理解を深める。レストランで美味しい食事を味わう。スポーツクラブに通って身体を鍛える。歯医者で痛む歯の治療をしてもらう。これらはすべて、われわれがサービス活動を消費している状況の具体例である。こうした状況に共通しているのは、**われわれの心や身体に直接何か良い効果を生む（価値のある）活動が行われている**、ということだ。

サービスの対象は、われわれの心や身体だけではない。自家用車の修理、服のクリーニング、庭の手入れ、会計士による収支の会計処理、コンピュータのセッティング、危機管理としての保険業務など、**われわれが所有する物財やお金に対する付加価値活動もサービス**

である（なお、「われわれ」を「企業」と置き換えれば、対法人サービスとなる）。

サービスとはこのように、**個人や組織を対象とする価値生産的な活動**のことである。価値生産的というのは、サービス活動が、個人や組織に何か価値がある結果をもたらすからだ。理髪店に行って伸びた髪を切ってサッパリした頭にしてもらう。電車に乗って目的地に到着する。これらが顧客にとって価値のある結果である。これらの結果は、整髪という活動、電車による空間移動という活動によってもたらされる。つまり、サービスとは**活動、働き**なのだ。

こうした「活動そのもの」を、対価を支払って手に入れることを、「サービス商品を購入する」といおう。「活動そのもの」という表現に注意しなければならない。なぜなら、結果だけを考えれば、サービスではなくモノ製品を購入することでも、同じ効果を得られることがあるからだ。例えば、ある場所に行くには、自家用車を使って運転して行くこともできるし、タクシーを使うこともできる。自家用車を買うのは物財の購入だが、タクシーは人を目的地に運ぶという活動そのものを販売しているからサービスなのだ。

もう一つ「購入する」という点にも注意しなければならない。なぜならわれわれは、自分自身でさまざまなサービス的活動を行っている。自家用車の運転もそうだし、料理、洗濯、掃除といった家事も価値生産的な活動だが、自前で生産しているから対価の支払いはしないし、受け取ってもいない。経済的財として経営活動の対象にするには、**市場で取引される活動**でなくてはならない。自家生産し、自家消費しているサービス的活動をわれわ

サービスとは

れはサービスとは呼ばない。料理はレストランで、洗濯はクリーニング業者により、掃除はハウス・クリーニング業で行われることで、サービス商品となるのだ。

まとめれば、**個人や組織にとって何らかの便益（ベネフィット）をもたらす活動そのものが、市場取引の対象となるときにサービス（商品）と呼ぶ**ことができる。

2 体験としてのサービス

さて、サービス活動を行うのはサービスを提供し販売する企業だ。つまり、サービス活動の主体は企業である（マッサージや家庭教師のように、個人が提供するサービス活動もあるが、本書では経営活動としてのサービス生産を取り上げるので、とりあえず個人による活動は除外する）。

それではサービスの消費者である顧客にとって、サービスとは何だろうか。サービス活動の対象が顧客の所有物ではなく、顧客自身である場合、**サービスとは体験**である。このことはサービス提供企業にとって大切な示唆を含んでいる。なぜなら、企業は、自分たちが提供しているサービスの質を向上するために何すべきかという問題を、顧客のサービスの体験の質をどのように良くできるか、という課題に転換できるからだ。顧客の立場に立って、どんな要因が顧客の体験に影響するかを分析し、それらを改善し充実する。このように課題を立てることで、サービスの質を高めるための具体的道筋が見えてくる。

なお、サービスが活動のプロセスを体験することであるために、顧客はそのプロセスでとりわけ問題を感じないことが当たり前として受け取られる傾向がある。特に以前経験しているサービスについては過去のプロセスを覚えているために、問題がなくて当然で、逆に何か少しでも失敗や手抜きが入ると顧客はすぐにそのことに気付いてしまう。だからサービス活動では、いったん設定した水準を下げることは難しく、顧客の反感を覚悟しなければならない。

次に、この顧客にとっての体験という視点から、レストランでのサービスを検討してみよう。

レストランの場合

われわれはレストランに、どんな目的をもって行くのだろうか。食欲を充たすためだろうか。いや、それでは半分しか正解とはいえない。正確には、「食事をするという経験」を買いに行くのだ。もちろん通常だれもが考えるように、レストランでの料理はお客の満足感に大きな影響を与える要因だ。しかし、満足感を左右するのは料理の味だけではない。例えば、入口の床にゴミが散らばっていたらどうだろう。それだけで回れ右をしてしまうだろう。中に入ってみたら係りの女の子たちがおしゃべりに夢中で、お客に気が付かない。席に案内されたら、テーブルクロスにカレーライスのシミが付いていた。食器が汚れている。注文して三〇分も経つのに料理がこない。子供たちが走り回っている。隣の席のおじさんたちが大声で下品な話をしている、等々。これらはすべて、レストランでの食事の経験の質を低下させ、不満足感（不満）を生んでしまう。

われわれは、店内が清潔で、係員の対応が良く、室内が落ち着いていて、他のお客さんも楽しげで、そして料理の味が水準以上のときに満足する。内容の濃い充実した食事の時間を過ごすことができたときに、そのレストランでの食事の体験が価値あるものとなる。くり返すが、レストランが提供しているのは料理ではない。お客にとっての充実した食事の経験を作り出すために準備された、レストランのさまざまな活動が生み出す顧客の体験なのだ。つまり、レストランが提供しているのは、料理という物的な要素を一つの道具とした食事（飲食をすること）という経験を提供するサービスなのだ。このことの重要性に気付かず、料理の内容と価格にのみ関心を集中する飲食店は、結局痛い目をみることになる。

小売業の場合――デパートの婦人靴売場の事例

西武百貨店池袋店の婦人靴売場では、店舗の大改装を行った際に、従来とは異なった新しい販売コンセプトを作りあげた。以前とは異なるいくつかの新しい試みを行ったのだ。第一に、靴の陳列棚の高さを一・八メートルから一・一メートルに下げて、売場全体を見渡せるようにした。また通路の幅を広げ、照明の明るさを落として、ゆったり感と落ちつきのある雰囲気を強調した。また、椅子を二〇人から八〇人分に増設した。つまり顧客の売り場での快適性を高める方向で変更し、商品をなるべく多く陳列できるようにする什器の配置をやめたのだ。

第二に、倉庫を売場の背後に設置して、これまで倉庫に取りに行って戻ってくるまでに三分ほどかかっていた時間を四〇秒程度に短縮した。第三に、売場面積は従来の一、〇七〇平方メートルから一、四二〇平方メートルに広げたのだが、店頭に置く商品数を七、〇〇〇点から五、五〇〇点に少なくし、美しいディスプレーを工夫して、見やすく、個々の商品の特徴がわかりやすいように展示した。第四に、シューフィッターを八人から一七人に増員して、お客の相談にのり、足の寸法を測って、ピッタリした靴を選べるようなサポート態勢を充実した。これらの改善によって、この売場の売上高は、改装前の前年同期に比べ五一パーセントのアップを達成した。

小売店の役割とは、顧客に、顧客の望む商品を販売する活動を行うことである。つまり、小売りサービスが顧客にもたらす効果とは、顧客が求めている商品を（代金と引き替えに）入手させることなのだ。したがって、小売店のサービスの質は結局、品揃えの良さで決まると考えられている。品揃えが豊富なら顧客が求める商品が見つかる確率が高まる可能性が高いからである。だから小売店は、可能な限りたくさんの商品を展示しようとする。その結果、ゴタゴタしたセンスのないディスプレーになってしまう。

ところが、この婦人靴売場では、展示する商品数を減らしている。ここに発想の転換がある。これまでの考え方では、顧客はあらかじめ求める商品が決まっていて、それを買い

小売りサービスとは

に来る、と考えられていた。だから品揃えは大きい方が良いのだ。しかし、本当はそうではない。お客は売場に来てから、自分が最も満足できる商品とは何かを発見する作業を行うのだ。

お客は、**自分と売場担当者との間の相互作用**を続けながら、自分が最も満足できる商品を見つけだそうとする。この相互作用を、お客との会話を続けながらリードすることが販売担当者の最大の役割である。担当者はこの場で、カウンセラーであり、コンサルタントでなければならない。そしてこの役割を十分に果たすには、まず担当者への信頼感が基礎となる。お客の足の寸法を測って、ピッタリなサイズを確認したうえで、お客の希望を聞きながらアドバイスをする。こうした相互作用のなかで、お客は自分の求める靴をアレコレ検討しながら、最終的に決定するという段階に至る。この顧客の検討プロセスに、真に顧客の身になって援助をすることが販売員の役割である。この援助によって、顧客が本当に「これこそ自分が求めるもの」と納得したときに、顧客の購買の自己実現が生まれ、販売員の役割も最大限の効果を発揮したことになる。

しかもこの売場では、これらの作業をゆったりと快適な雰囲気で行うことのできる工夫がなされている。つまり、ここでは、お客が求める商品を見つけだす作業をサポートするというサービス活動によって、お客にとって望ましい品揃えを実現しているのだ。この売場の成功は、売場担当者の質の高さと工夫された物的なレイアウト、そして販売ではなく、お客の買い物行動を支援するというサービス方針の組み合わせが生んだものである。

3　わが国での「サービス」という言葉が表すこと

日本では、サービスという言葉がさまざまな意味で使われている。このことが、財としてサービスを把握するうえでの障害となっている。一つのエピソードを紹介しよう（筆者の大学院のゼミ生から聞いた話だ。私の大学では社会人大学院を開設しているので、さまざまな社会人が受講しているが、この学生はある中堅企業の経営者である）。

あるビジネスマンが大阪に出張するために新幹線のグリーン車に乗っていたときの目撃談である。彼の座席から通路をはさんだ向こう側に二人の外国人が座っていた。東海道新幹線では、かつてグリーン車で缶入りのお茶などを無料で配っていたことがあり、その時分の話だ。車掌さんが彼らの所に来て、二つの缶を差し出した。一人の外国人が缶を受け取りながら英語で「これはタダなのか」と尋ねた。するとその車掌さんは英語で「イイエ、これはサービスです」と答えた。混乱したこの外国人は、「では、いらない」といって缶を返したのである。

この小さな国際的誤解はなぜ生じたのだろう。まず、この車掌さんが英語の「タダか?」という表現を理解できなかったことがある。また、車掌さんは「サービスだ」ということで、無料という意味が伝わると思いこんでいたのだ。

わが国では、「サービス」という言葉は四通りの使われ方をしている。[12]第一は、「あの店の従業員は、いつもニコニコしていてサービス満点だね」といった表現に見られる、従業員などの**態度**を表す場合。第二は、「飲み物はサービスです」や「本日のサービス品」というように、**無料やおまけ**を意味する場合がある。第三に「サービス精神に徹する」といった**精神や理念**を表す場合、最後に、「アフターサービス」や「メンテナンス・サービス」のように**業務活動**を意味する場合である。本書での「サービス」は、第四番目の業務活動を意味していることはいうまでもない。先の新幹線の話は、第二のタダという意味と第四の業務との取り違えである。

欧米、特に英語圏では主に第四の意味で使われる場合が多い。ウェブスター大英語辞典によれば、「貢献、物品の提供・世話、公、事業、軍役、教会の礼拝、テニスやバレーのサービスなど」二〇以上の意味で使われているが、英語での語法を注意して見ると、ほとんどの場合、人間の何らかの「活動」を表していて、日本語の場合のように態度やおまけといった「状態」を表している場合は少ない。たぶん、明治時代にこの言葉がわが国に入ってきたときには、活動を表す言葉であったのだろう。しかし、良いサービスの提供を強調するうちに、わが国の伝統的な精神主義と結び付いて、態度の意味が付け加わり、その具体的行為として、おまけやタダの意味に変わっていったのだろう。

4 情緒的サービスの誤解

「サービス」という言葉の使い方に関連して、「態度的サービス」や「情緒的サービス」という、わが国でときどき耳にすることのある用語について誤解を解いておきたい。ある研究者は、サービスを「機能的サービス」と「情緒的サービス」に二分して、「機能的サービス」とはもっぱら顧客の便益の形成に関係し、「情緒的サービス」は、顧客の感情的評価に関係すると主張している[13]。この分類は一見わかりやすく、また、サービスという言葉で「態度」を意味するというわが国独特の用法があるため、一般には受け入れやすい分類となっている。しかし、われわれのサービスの定義からすると、この分類は間違った考え方だということになる。

本書では、先に述べたようにサービスを「他の人や組織に役立つ活動そのものを有償提供すること」ととらえている。このように、サービスを活動としてとらえるのは、欧米での現在のサービス研究では常識となっている。つまり、すべてのサービス商品は、何か予定された便益を生むことに存在意義があり、その意味で目的指向的な活動なのだ。また、すべてのサービスは、顧客にとっての価値の観点から主観的に評価され、その評価は多くの場合感情的なものをともなう。例えば、対人関係がからまないコンピュータ・ネットワークを使った情報提供サービスなどの場合でも、われわれは、もしシステムがうまく作動

情緒的サービス

すれば喜び、反対の場合にはそのことを怒るであろう。つまり、すべてのサービスは、本来、機能的であり、同時に顧客の感情的な反応を生み出すのだ。つまり、機能的／情緒的サービスなどという分類は存在しないのだ。

顧客の情緒、つまり感情的心理に働きかけることを目的とするサービス活動には、例えば、映画、演劇、カウンセリングなどの例を上げることができる。しかし、これらを情緒的サービスと呼ぶのは適切とは思えない。感情的な反応を生むことがこの種のサービスの機能的側面なのである。サービス活動には、機能的側面と情緒的側面がある、と表現した方がより適切である。

「機能的サービス」と「情緒的サービス」の二分法が、はからずも示唆しているのは、サービス消費における顧客の感情面での満足感の重要性である。しかし、満足感の基礎となるのは、たんに「表面的な態度」の良さだけではないのだ。次章で触れることになるが、サービスの評価には、サービス活動の結果と過程の両方が関係し、また、評価の基準も複数存在するからだ。情緒的サービスといった表現で、従業員の表面的な態度さえ良くすれば顧客が満足するはずだ、といった短絡した主張が横行することは絶対に避けなければならない。

第4章

サービス商品の特徴
――モノ製品とどこが違うのか

1 「モノ」と「サービス」はどこが違うのか

前章で、自家用車とタクシーの例をあげて、サービスとモノ製品の代替性について触れた。ある場所から他の場所まで移動する場合、さまざまな手段の利用が考えられる。自分が所有する自動車を運転することもできるし、タクシーのサービスを使うこともできる。この例からわかるように、**求める結果を得ようとするときに、われわれはモノの購入によってもサービスの利用によっても達成できる場合があるということだ。**モノの購入の場合、それを使用すれば求める結果を生み出す**機能が内在化したモノの所有権**を手に入れることである。サービスでは**機能そのもの**を買うことだ（結局、効果としてはモノであれ、サービスであれそれが発揮する機能が大切である。サービスは機能そのものであるから、その意味でサービスがすべての商品の効果の源泉だと主張することができる。最近、このことを「サービス・ドミナント・ロジック[14]」と呼ぶようになった）。

もともと、われわれがモノであれサービスであれ、何かの商品を購入するのは、われわれが充たそうと望んでいる何らかのニーズや生活課題があるからだ。このことをあるアメリカのマーケティング学者は、「われわれが日曜大工の店で電気ドリルを買うのは、本当は穴を買っているのだ」といっている。電気ドリルは穴をあけるためにある。穴をあけることがわれわれの課題であり、その手段として電気ドリルを買うのだ。だからもしお金に余裕があるなら、手間賃を払って大工さんに穴をあけてもらうこともできる。これはサービスの購入である。

実際、今日では必要な資金さえ持っていれば、あまりモノを所有しなくても十分に生活できるようになった。住居を持たなくてもホテルで生活することもできる。もう亡くなったが、映画評論家の淀川長治氏はホテル住まいをしていたそうだ。食事や洗濯は自分でやらなくても、外食やクリーニングで済ますことができるのだ。企業の場合でも、自前で従業員や設備を持たなくても、企画、開発、営業、製造、総務、会計、清掃と必要な業務をほとんど代行業者に委託することができる。電話とコンピュータを用意し、数人の社員を抱えるだけで、何億もの売り上げを達成するバーチャル・コーポレーションも現実の話である。設備や人材を持っていなくても、しっかりしたビジネス・モデルと資金さえあれば、必要なサービスをアウトソーシングできるのだ。

つまり消費者は、何かの生活課題を解決しようと思えば、モノを購入するのか、それともサービスを利用するのかの選択ができる場合が多いということだ。一方、生産者の立場では、提供する商品をモノとするのか、サービスなのか、またその組み合わせなのかを決定しなければならない。この場合、提供する商品の全部または一部がサービスであるときに、企業はモノ製品とは異なるサービスの特徴を十分に検討しなければならない。

次の章で触れるが、企業の提供する商品は、モノ製品だけ、またはサービス商品だけという場合は非常に少ない。主要部分がどちらかに偏ってはいても、多くの場合はモノとサービスの混合である。したがって今日では、製造業においても、製品にどのようなサービス部分を付加していくか、そして全体として魅力ある商品をどう設計するかは非常に重要な経営課題となっている。**製造業企業でもサービスに関する理解は大切なのだ。**

では、モノとは異なるサービスの特徴とは何なのだろう。

2 サービスには形がない

モノの大部分は（不動産は別にして）購入してしまえば、自宅であろうと他の場所であろうと好きな所で利用できる。だがサービスの場合には、利用しようと思えばサービスを生産している場所まで出かけなければならないのはなぜだろう（例えば、教育、レジャー、医療、外食、等々）。またサービスは、自分の好きなときに買えるとは限らない。病院やデパートを利用するには、それらの組織が営業している時間内に行かねばならない。

サービスは活動だから、物理的な形を持たない（このことを「**無形性**」と呼ぶ）。当たり前である。しかしこの特徴のために、財としてのサービスは物財の場合よりも多くの制約条件をかかえることになる。まず**作り置き**、つまり**在庫**を持つことができない。モノ製品の場合、例えばクーラーや衣服、クリスマスケーキのような季節商品の場合には、需要の低い時期に大量に生産し、在庫にして需要期に備えることができる。

しかしサービスの場合、需要期、非需要期があっても、在庫によって対応することはできない。年末に頭髪をサッパリして新年を迎えようとして床屋に出かけても、顧客の数が多ければ長時間待たなくてはならないし、お客が多すぎれば断られるかもしれない。しかし需要期に応えるために人員と設備を大きくしても、非需要期にはそれらの経営資源はムダ使いになってしまう。そこで、季節や時期によって需要が変動するサービス業では、繁忙期に顧客を断っても、年間を通じて適切と思われる規模の経営資源を用意することになる。ゴルフ、テニスといったスポーツ施設事業、また温泉、スキー、海水浴場といったリゾート関係のサービス業はこうした需要の変動にどのように対応するかが、経営上の最大の課題の一つなのだ。

次に、サービスが物理的形を持たないということは、サービス商品を生産場所から他の場所へ**移動することができない**、ということを意味している。物財のように流通させることができないのだ。東京ディズニーランドやハウステンボスで経験する楽しさを、そのまま札幌では経験できない。札幌にディズニーランドを作らなければならない。サービスはそれが生産される場所以外では消費することはできないのだ。だから、サービス企業が広範囲の顧客を対象とし、規模の利益を得ようとすると、サービスの生産拠点を数多く設置しなければならない。マクドナルドやモスフードといった外食産業や、コンビニエンスストアが多くの店舗を持っているのは、このためである。

ただし、サービスそのものは流通しないが、サービスの**予約**やサービスを実際に消費する**権利**は流通する。例えば、航空券、音楽会や劇場の切符、保険などである。割引航空券は、航空会社から旅行代理店を経て顧客へ流通することによって、より多くの顧客の購買意欲を刺激できる仕組みになっている。情報ネットワークが拡大して個人の家庭にも広がるにつれて、サービスの予約を販売する仕組みは、ますます便利になっていくだろう。

このほか、サービスが無形の活動であることから生じる特徴として、一過性（一回ごとであって、まったく同一の繰り返しはできないこと）、不可逆性（起こったことを元に戻せないこと）、認識の困難性（それと認識し難いこと）、バラツキ性（サービスの品質がその度ごとに異なること）などをあげることができる。

3　生産と消費が同時に起きる

サービスの場合、サービスの質の善し悪しがその場で判断できることが多いのはなぜだろう。

サービスは活動であるから、対人サービスの場合には、活動の対象つまり顧客は、活動の行われるその場に同時に存在していなければならない。このことを「**生産と消費の同時性**」と呼ぶ。ただし、クリーニングや電機製品の修理のように顧客の所有物に対するサービスはこの限りではない。所有物は物財であるから、所有者の手を離れて別の場所で、洗濯したり物理的加工を加えることができる。

サービスの受け手が人間の場合には、たとえサービスを提供するほうが、銀行の自動金銭預け払い機（ATM）のように機械や装置であっても、機械の生産するサービスを顧客は同時に消費している。電車の乗客は、電車が乗客の目的とする駅へ移動している間その移動サービスを消費しているが、走っている電車は移動そのものを生産している。床屋で、髪を切られているお客は理容サービスを消費しているが、切っている床屋のオヤジはサービスを生産している。このように対人サービスでは、顧客に働きかける活動そのものがサービスの内容であるために、生産と消費は同時にならざるを得ない。

では映画館や缶コーヒーの自動販売機などの場合はどうなのだろう。映画館は、観客がいようといまいと上映時間の間は映画を上映している。観客が一人もいない間の上映はサービスを生産しているとはいえないのだろうか。自動販売機にお客が来てコインを入れ、飲み物を選んでボタンを押すと、缶飲料が出てくる。お客が来るまでは缶を冷やしたり、温めたりしているが、これはサービス活動ではないのか、という疑問が生まれる。

この疑問には、顧客が映画館の席に着くまで、自動販売機の前に立ってコインを入れるまで、サービスは生産していない、と答えるのが正解である。サービスは、顧客に何らかの効果を与えて始めてサービスとなる。活動の受け手である顧客が存在しなければ、生産側にとっては**同じ活動であったとしてもサービスとはいえない**。顧客との相互作用が生じて始めてサービス財となるのだ。それ以前の活動は価値可能態[15]、または**サービス資源の未利用状態**なのだ。空いているアパートの部屋や駐車場、借り出されていないレンタカーなども同じことである。

生産と消費の同時性から派生する特徴としては、顧客がサービス提供者の活動をつぶさに観察できるという点がある。したがって顧客は、サービスの質を、サービスを利用しながら同時に評価することができる。特にその客がリピーターである場合、少しでも手を抜くと見破られてしまう。モノ製品の場合にはこんなことは起きない。汚れた手でおはぎを握っても、それが美しいお皿に盛りつけてあれば、おはぎは美しく見えてしまう。サービス提供場面では、従業員はその回その回ごとに、手抜きのない、心を込めたサービス活動をしなければならない、ということだ。

システム論の見方からすると、生産と消費の同時性という特徴から、**サービス組織は環境からの刺激を直接受けてしまう**、という点が重要である。製造業においても、市場や他の環境からの刺激へ対応しなければならないが、サービス組織に比べると、製造業の場合には、いくつものバッファによって守られている。先に触れた在庫がその一つである。在庫は、市場の需要変動を平均化する働きをする。また製造業では生産部門は独立して稼働することができる。生産部門の周りには販売、宣伝、企画開発といった対環境業務を処理する部門があって、市場の変化はこうした部門によって濾過されて生産部門に間接的に伝えられる。サービス組織の場合は、生産部門が直接環境に接しているために、環境の変化や変異性の影響を受けやすい。そのためサービス組織では、フラットで現場に権限が付与された組織構造がより適しているのだ。

4 サービスではプロセスも大切

サービスは活動であるために、対人サービスでは活動の経過を顧客が直接体験することになる。つまり顧客は、サービス活動の結果だけでなくプロセスも体験せねばならない。サービスがもたらす効果は、結果と過程の両方からもたらされる。このことを、「**結果と過程の等価的重要性**」と呼ぶことにしたい。

例えば、歯が痛むので歯医者の治療を受ける場合を考えてみよう。この場合、歯の治療によって痛みがなくなるという状態が、治療サービスの結果である。だが患者は、治療の過程も体験する。もし歯医者が注意深く痛みを感じない治療をしてくれれば、仰向けに椅子に座らされ電気ドリルでガリガリと歯に穴を開けられても、不快ではあっても我慢ができる。しかし、もしこの歯医者が乱暴でひどい痛みを与えるなら、治療の結果が完璧で完全に歯が治療されたとしても、再びこの歯医者に治療してもらおうとは思わないであろう。対人サービスでは、このようにサービスが顧客にもたらす結果だけでなく、その過程についても質が評価されるのだ。

　サービスが顧客にとっては体験だという見方は、このサービス活動の過程部分をハッキリと重視した発想である。実際、多くのサービス商品において、結果より過程の方が重要な場合を見つけだすのはそう難しくない。レストランでは、食欲を充たすことより料理の味を味わい、食事の体験を楽しむ方が大切である。ホテルや旅館で顧客は、そこに宿泊できることよりも、「泊まり心地」の方を重視する。また教育サービスについて、われわれはしばしば、教育を受けた過程での体験を語ることはあっても（学生時代は楽しかった）、教育の結果について話題にすることは（教師としては残念であるが）少ないのだ。

　一般に特定のサービスを生み出す生産システムを考える場合、デザインの核となるのは、予定しているサービスの「結果」を作り出すテクノロジー、つまり予定したアウトプットを生産するために必要な客観的な論理である。この点についてはモノの生産システムと大きな違いはない。サービスの生産システムが異なっているのは、生産活動自体がサービス商品であり、それは対象である顧客を巻き込んで、活動自体の経過を顧客に体験させるという点にある。そこで、顧客への効果という点から、活動過程が顧客にどのような影響を与えるかを十分考慮した設計が必要となるのだ。

5　サービスはお客との共同生産

サービスでは、例えばセルフサービスのように、お金を払っているのに自分でサービス活動をすることがあるのはなぜだろう。

対人サービスは、顧客を対象とする活動であることから、実際のサービス活動は、顧客とサービス提供者との相互作用の形をとる。このことは、モノの生産の場合に比べて、顧客がより積極的な役割を担わなければならないことを意味している。この特徴を、サービスの「**顧客との共同生産**」と呼ぶ。

サービスの生産における**顧客の役割**は、サービスの具体的内容によって、例えば注文を出すといったレベルから、実際に身体や頭を動かしての参加までさまざまな形態がある。理髪店の例を考えてみると、われわれは、髪の形、分け目の位置、髪の長さ、もみあげの長さ、整髪料の種類など、床屋の店員と話し合いながら出来上がりの形を決めていく。決められた料金の中で、こうした注文を出すことでサービス活動の具体的内容が決まっていく。これが顧客のサービス生産への参加である。このほか、店が混んでいれば待っていなければならないし、自分の番がくれば理容用の椅子におとなしく座って、店員が作業をやりやすいように頭を動かさないという方法で協力しなければならない。これらも顧客の身体的な参加の仕方である。頭だけ外して、モノとして渡すことができないからだ。

他の形の顧客参加の例として、スーパーマーケットを取り上げてみよう。スーパーにおいてわれわれは、自分でカゴを持ったりカートを押したりしながら通路を歩き、商品の陳列棚を見ながら商品を選んでいく。選んだ商品をレジの所に運んでいき、順番を待って支払いを済ます。スーパーによっては店員が商品を袋に詰めてくれるが、多くのスーパーでは自分で、レジで渡されたビニール袋に買った商品を入れて持ち帰る。このようにわれわれ顧客は、スーパーの提供する小売りサービスを受けるために、自分自身で多くの作業をしている。この顧客によるセルフサービスが、スーパーの提供する小売りサービスの不可欠な部分として組み込まれているのだ。

このほか、駅の切符の発券機や自動改札、ワンマンカーのバス、銀行のＡＴＭ、レストランでのビュッフェ・スタイルの料理提供やサラダバーなど、セルフサービスを組み込んだサービス生産システムは少なくない。レンタルで企業が使っているコピー機なども、顧客が自分で、印刷紙の補給や紙詰まりなどの故障に簡単に対応できるように、機械自体に工夫がなされている。以前は生産者側が行っていた作業を顧客が行っているのだ。

セルフサービスを組み込んだサービス生産システムが成功するには、顧客がセルフサービスを行うことが、顧客にとって何か**利益**になるように工夫されていることが大切だ。スーパーの場合、顧客が自分で商品にさわって確かめながら、商品を自分で選べるという点がメリットとなっている。買い物プランを頭に描きながら、数多い商品を眺め、情報収集をしながらある商品を選択するという自己決定感覚、つまり買い物の楽しみが体験できる。

この体験と大型店舗による品質保証および価格設定への信頼がスーパーをわれわれの生活のなかに定着させた理由であろう。そのほか、駅の自動改札やＡＴＭの場合には、迅速性や簡便性が顧客にとってのメリットとなっている。

共同生産が生産者側にもたらすメリットは明らかである。生産者が従来行っていた活動を顧客が代わりに行うのだから、**人件費の節約となりコストを引き下げる**ことができるのだ。

かつて外食産業のすかいらーくが店舗の多くをガストという新しい業態に転換したのも、この論理が背景にある。店員によるメニューの手渡しやコップに入れた水を運ぶといった人的サービスを、お客が自分でできるように工夫し、係員の人数を削減して、低価格商品の提供が可能になったのだ。

人的サービスでは、その労働集約的な性格から生産性の向上が難しく、価格弾力性も低いと考えられている。この問題への解決策の一つは、この共同生産の特徴をより有効に利用する工夫であり、もう一つは情報化の方向であろう。今日の消費者は、迅速性と簡便性をより多く求めるようになり、また選択肢の中での自己決定感覚を大切にする方向にある。その意味で、セルフサービスのレベルを高めたサービス提供のあり方は、今後もよりいっそう多くなっていくであろう。

このように、モノ製品にはないサービス商品の特徴をまとめると、以下の四点となる。

① 無形性

② 生産と消費の同時性

③ 結果と過程の等価的重要性

④ 顧客との共同生産

サービスは、こうしたモノ製品が持たない特徴を有するためにモノ製品の製造の場合とは異なる生産・販売の仕組みを必要とする。このことは、サービスが全体の商品の大部分であろうと、モノとの組み合わせで、商品の一部分であろうと同じことである。

第5章

サービス・プロダクトとモノ・プロダクト

1　商品はモノとサービスの組み合わせ

モノ製品とサービスは、一方は形のある物質で、他方は無形の活動だという点で理屈のうえでは明確に区別することができる。しかし、われわれが購入する商品のほとんどは、実際にはモノとサービスの組み合わせとして提供されている。この場合、顧客の目はモノ部分に集中しがちで、サービス部分については何か問題が生じたときは気付くが、それ以外ではあまり意識されることがない。モノとサービスが作る全体商品の特徴を明確に打ち出し、その特徴を顧客にとって魅力あるものとして訴えるには、この組み合わせ方をしっかり把握し、お客にわたされる商品の全体（**トータル商品**）の構造をはっきりと理解しておかねばならない。

図1は、消費者の視点から、提供されているさまざまの商品の特性を、その商品を構成する有形部分と無形部分の組み合わせの観点から分類したものだ(16)。横線の上部分が商品の

図1 商品の特質： 有形性―無形性

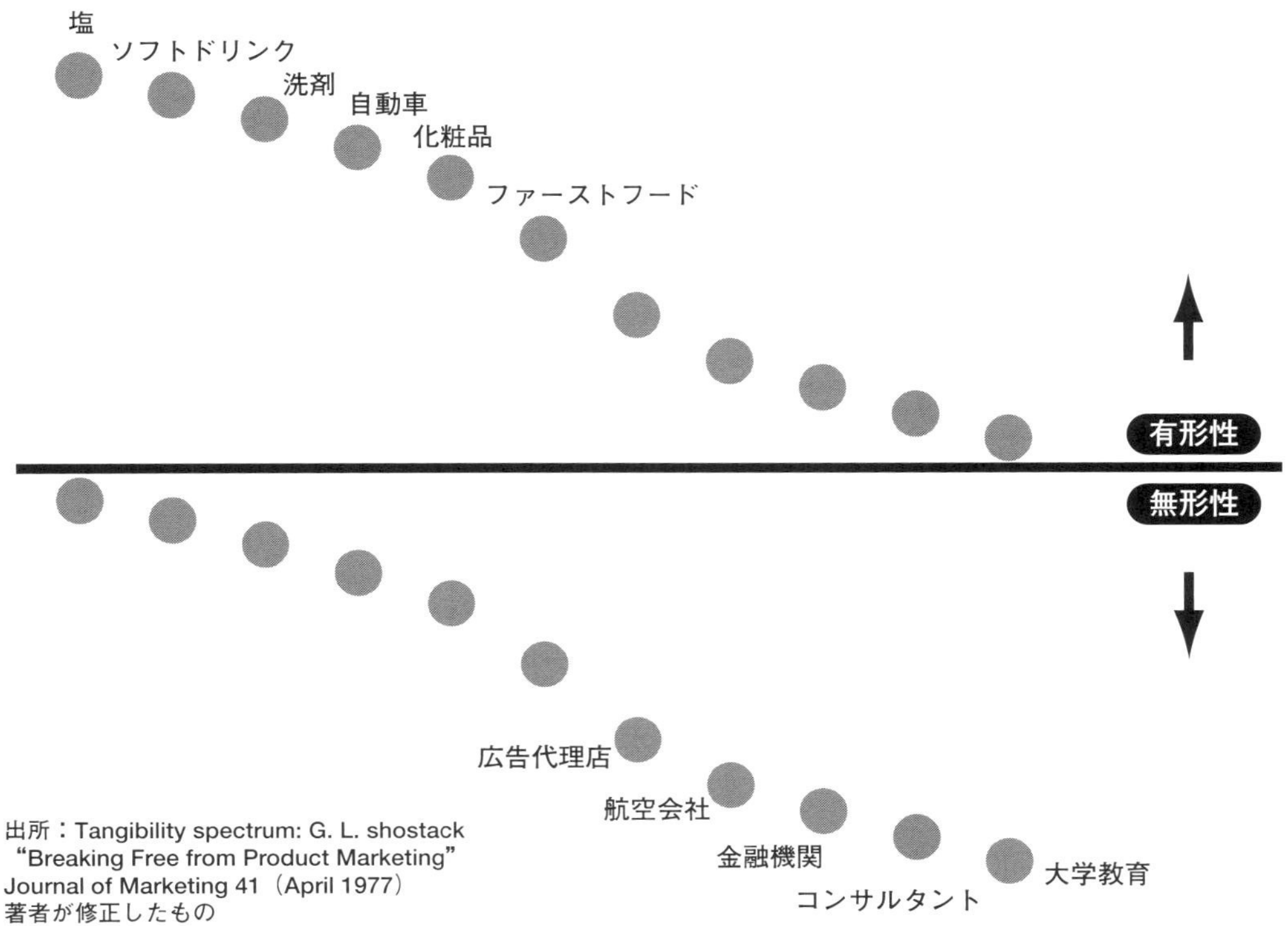

出所：Tangibility spectrum: G. L. shostack
“Breaking Free from Product Marketing”
Journal of Marketing 41（April 1977）
著者が修正したもの

有形部分で、下は無形部分である。例にあげられた各々の商品は、消費者の立場からすると、有形部分と無形部分の両方がそれぞれに商品の効用に貢献しているが、その割合は商品によって異なっている。

例えば、一番左に位置する「塩」を考えてみよう。塩を食塩と限定すれば、その使い方や効用についてはほとんどの人がすでに理解しているし、その働きも単純なものだ。だから塩より右に位置している「化粧品」のように、肌に合った化粧品を選ぶ相談や使い方の説明といったサービスを必要としない。ただし、消費者は塩を海や山から自分で採取することはできないから、塩の産地から小売店までの流通サービスは利用しなければならない。小売店で、いつも簡単に買えるというのが無形部分（サービス）となる。

中間に位置する「ファーストフード」の場合はどうだろう。ファーストフードのモノ部分はいうまでもなくハンバーガーやフライドチキンといった食べ物である。その美味しさや量などは顧客の満足感を大きく左右する。ファーストフードでは持ち帰りの客もいるので、物品小売店と同じく品揃えや迅速性などのサービス要素に関して顧客の期待に応えなければならない。また、店舗で食事をする顧客もいるから、食事の体験を充実したものにするサービス活動にも気を配らねばならない。食事をする顧客にとっては、部屋やテーブル、その他の備品が清潔で感じがよく、一定の雰囲気が感じられることが大切だ。このようにファーストフードでは有形部分は、顧客に渡されるモノ製品（食べ物）だけではなく、テーブルその他の物質的道具（モノ部分）も重要な役割を果たしている。顧客のニーズの充足や満足感という視点からとらえると、モノ要素とは商品としてお客に手渡される部分だけではないということだ。ファーストフードは、このように有形部分と無形部分が半々のハイブリッド商品として真ん中に位置している。

最後に、図1の右端にある「大学教育」を取り上げてみよう。ここにあげられた商品の中では無形部分が最も大きいとされる例だ。顧客（学生）にとって大学教育の中心は、授業やゼミといった形で進められる人的な教育サービス活動である。そこで右端に置かれている。しかし、大学教育においてもモノが果たす役割がないわけではない。校舎、教室、机・椅子、オーディオ設備などの物的な道具は教育サービスの効果に影響を与える。

このように商品がもたらす**顧客にとっての効果**という点から考えると、本来無形のサービスの提供においても、さまざまな有形物（モノ）が、その程度はさまざまであっても一定の役割を果たしていることがわかる。

2　サービス商品の構成要素

顧客にとって魅力のある商品を提供するには、顧客にもたらす効果の観点から商品全体をとらえること、つまり**トータルな商品**の見方が重要となる。例えば、メガネの小売店の場合には、売っているのはフレームに収まったレンズだけではない。メガネはファッション性の高い商品で、加えて検眼やフレーム選びの作業が入るので、メガネ店での一人の顧客への接客時間は比較的長くなる。そこで、接客における押し付けがましくないアドバイスや礼儀正しさなどはお客の満足度に大きな影響を与える。またメガネは使っているうちに汚れたりゆるんだりする。だからアフターケアが必要だが、このアフターケアが支払った価格に入っている当然のサービスであるように、顧客に受け取らせなければならない。そうすれば来店頻度が高まるし、再購入のチャンスも生まれる。もともとメガネは、そのうち度が合わなくなったり壊れたりするから、リピーターが生まれやすい業種である。リピーターを生んで顧客維持ができるかどうかがメガネ店経営のかなめなのだ。販売しているのがメガネ本体だと考えているメガネ店に発展性はない。

図2はラストとオリバーが、モノとサービスの組み合わせで提供されるトータルな商品を構成する要素を四つの部分にまとめたものだ[17]。モノ製品であれサービスであれ、われわれが購入する大部分の商品は四つの側面を持っている。

(A) サービス・プロダクト
(B) サービス環境
(C) サービス・デリバリー
(D) モノ・プロダクト

この四つの側面は、顧客への効用、つまりニーズの充足や満足感などに影響する要素と

図2　商品の構成要素

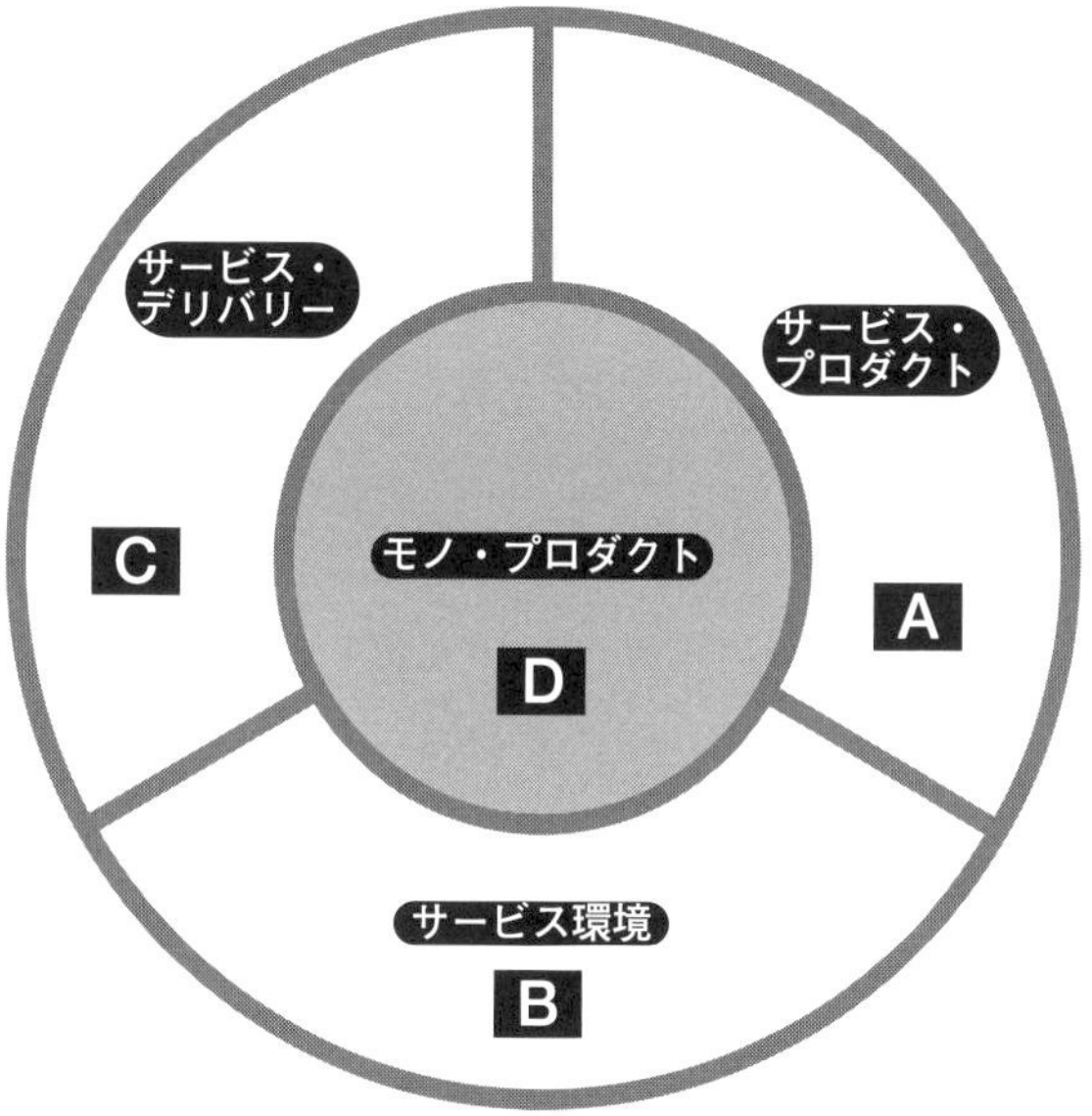

出所：R.T.Rust & R.L.Oliver
"Service Quality:SAGE Pub.,1994

いう視点から取り上げられている。また現実の商品に当てはめると、「塩」のようにモノ・プロダクトの部分が大きい場合もあり、「大学教育」のようにサービス・プロダクトが大きい場合もある（図3参照）。

(A)**サービス・プロダクト**とは、トータル商品のメニューに載せられた**サービス部分**のことである。それは顧客が望んでいる結果を得るために、予定され計画された一連の活動であり、サービスの目的的な活動内容のことである。例えば、病院における診断が終わった後に提示される治療計画、演劇の演出家や映画の監督の頭に入っている、役者による理想の演技など、患者や観客に提供される前の計画としてのサービスである。商品としてのサービス・プロダクトは非常に重要である。まだ実現していない理想値としてのサービスだが、これが顧客の購買意欲を刺激するからだ。

(B)**サービス環境**は、サービス活動が行われる**場の条件**を作り出す要素だ。映画館であれば、シートの座り心地が良ければ顧客はより満足するであろう。館内が清潔でユッタリしていて、便利な場所にあればなお良い。サービス環境はこのように、顧客に手渡されることはないが、サービス活動を助ける物的な道具類だといえる。サービス商品の構成要素として、サービス環境の重要性が高まるのは、景観の良さである。観光地の旅館やホテルは景色の良い場所に立地すれば、魅力が増すであろう。サービス環境は一般に、快適さとユッタリ感や便利さ、雰囲気などを演出する。ただ注意が必要なのは、提供されるサービスの種類によって適切なサービス環境は違ってくるという事実だ。高級なフランス料理店で

サービス・プロダクト
サービス環境

図3 商品の構成要素：塩と大学教育の場合

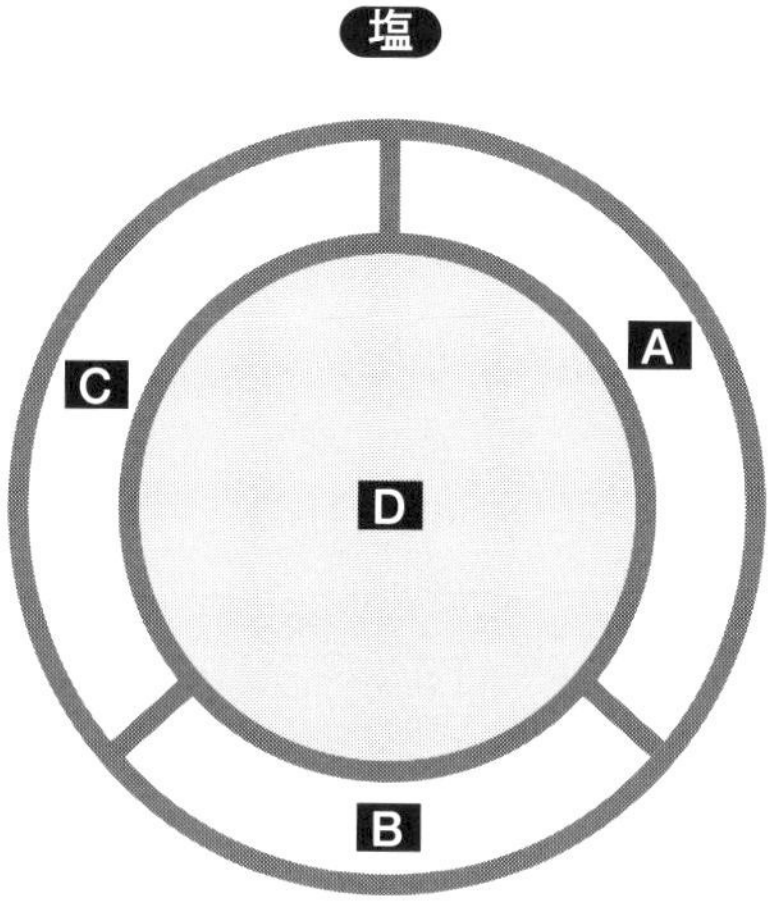

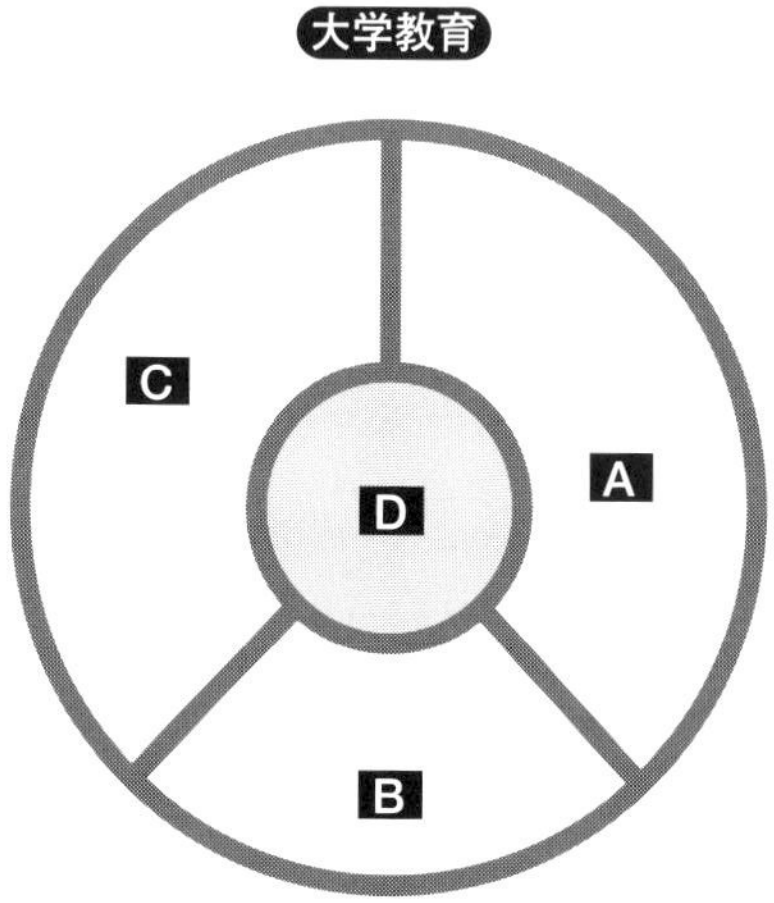

は照明は暗めの方が良い雰囲気であろうが、ファーストフードの店舗では、明るい機能的な照明が好まれる傾向がある。

(C)**サービス・デリバリー**は、顧客が**実際に体験するサービス活動**の流れである。デリバリー（delivery）という用語は、英語でサービスを渡すという意味で使われる。サービスは物質ではないからgiveという単語は使わない（サービス・マーケティングでは、**デリバリー・システム**とは、**サービス提供システム**を意味する専門用語となっている）。サービス・プロダクトとサービス・デリバリーとの違いは、前者が**予定され計画されたサービス商品**であるのに対して、サービス・デリバリーは顧客が**実際に体験する（実際値）サービス活動**だという点にある。モノ製品ではあらかじめ計画された通りに機械的または化学的に機能するのが普通だから、ほとんどの場合、理論と実際の差は生じない。しかしサービスでは、特に人間が生産に関与する場合には、理論通りのサービス活動が行われるとは限らない。サービスの生産では、それゆえ、理論値と実際値の乖離をなくすことが重要な目標となる。サービス・デリバリーを経験した顧客は、その経験に基づいて、サービス商品の質を評価し、次の行動（再購入、口コミ、離脱）を決める。サービス部分の大きい商品では、サービス・デリバリーは最も重要な中核的要素となる。

(D)モノ・プロダクトは、トータル商品の一部として顧客に渡される**物的な要素**である。自転車販売店で購入する自転車、デパートで買ったネクタイ、レストランの料理、またホテルの洗面所においてあるシャンプーや石鹸などアメニティー類がその例だ。デパート、

サービス・デリバリー
物的な要素

スーパー、コンビニ等の小売店では、われわれはモノ製品を買っていると考える。しかし、トータル商品の見方からすると、モノ製品は購入するトータル商品の一部（最も重要ではあるが）にすぎないのだ。

このように顧客への効果という視点からトータルな商品の全体を把握し、そのうえでトータル商品の四つの構成要素を明確にすることで、その商品の特徴を際立たせ、強みを訴え、弱い部分を改善する手がかりを得ることができる。

3　製造業のサービス

今日、先進的な製造業企業は、生産している自社のモノ製品にどのようなサービスを付加して、全体として差別化された特徴のある商品を提供するかという課題に腐心している。この課題に取り組む際の考え方をまとめてみよう。

どんな種類のモノ製品も、その最終消費者である顧客との間で三つのマッチング（対応活動）が計られ提供されていなければ、顧客にとってその製品の使用価値は生まれない。このマッチング活動の中に、製造業が提供できる新しいサービス商品の可能性が存在する。それらは左の三つの領域である。

①　製品の機能と顧客ニーズとのマッチング

② 製品の使用できる状態と顧客とのマッチング
③ 製品と顧客の使用能力・方法とのマッチング

第一の「**製品機能と顧客ニーズのマッチング**」は、従来から製造業の重要なマーケティング活動のテーマであった。マス・マーケティングの初期には企業は、市場が求めているだろうと一方的に仮定して製品を製造・販売するというプロダクト・アウト方式が主流だったが、後に一般的な顧客のニーズを把握して製品を作るというマーケット・インの発想が重要視されるようになった。

顧客からすれば、自分の希望に完全にカスタマイズした製品が理想の商品となる。このような方向で製品を提供できる仕組みを志向しているのが、情報・通信機器を利用したワン・トゥ・ワン・マーケティングの考え方である。また、ある範囲の中で可能な限り顧客のニーズにカスタマイズする方法としてマス・カスタマイゼーションと呼ばれる生産・販売の方法も出てきた。ここでは詳しくは述べないが、これらの発想に基づく顧客対応の仕組みも、顧客への付加価値活動として新しいサービスとして捕らえることができる。また、従来は外部化していたサービスを、製品が内蔵するという方向でのより深い顧客ニーズの充足も今後の方向である。なるべく故障しない、メンテナンスの不要な製品の提供である。フィルターの掃除を自ら行ってしまうルーム・エアコンなどが例としてあげられる。

二番目の領域は「**製品の使用できる状態と顧客とのマッチング**」である。すべての製品は、顧客がそれを利用できる状態でなければ、顧客にとっては何の価値も生まない。パソコンは工場に積んであっても意味はない。顧客がそれを使う場所に、使える状態でセットされていなければならない。また、顧客が欲しいときに入手できる状態でなければならない。つまり第二領域は、物流と商品と顧客との接点を整えるサービスである。パソコンに関していえば、設置場所への配送、機械のセットアップ、メンテナンス、バージョンアップ、下取り等、さまざまな必要な、また必要となるであろうサービスをセットで提供するといった方法である。

適切な在庫を維持して品切れをなくす、また鮮度が重要な商品の品質を保持するという活動もこのマッチングに関係する。量販店と製造業との製販同盟もこの領域での工夫である。金型部品の商社であるミスミはその革新的な販売方法が有名であるが、この企業の活動は結局、顧客の購買代理店として、顧客が求める状態で必要なときに必要な場所に製品を提供するサービスを徹底的に行っているのである。

最後の領域は、**「顧客の使用能力や使用方法とその製品とのマッチング」**である。パソコンは、内閣府の二〇〇八年三月の消費動向調査によれば、二人以上の世帯で七三・一パーセント、単身者世帯も含むと八五・〇パーセントにおいて所有されているという。しかし、こうした家庭でどの程度、実際にパソコンが利用されているかは不明である。たぶん多くの家庭では、インターネットかワープロとして利用しているだけではないだろうか。ここには、製品と使用能力との間に巨大なギャップが存在する。このギャップを顧客が簡便に埋めることができるようなサービスへの需要は非常に大きいと推測される。パソコン教室なども開かれているが、出席するのはなかなか億劫なものだ。パソコンメーカーやソフトメーカーは、多くの企業で電話による問い合わせを受けているが、最近では以前に比べるとかなり親切に対応してくれるようになった。

パソコンに限らず、今日、家庭で利用する機械類の性能は飛躍的に向上している。しかしその使用方法は、顧客が自分で読みにくいマニュアルを相手に時間をかけて勉強しなければならない。こうした顧客の不都合を解消するサービスをメーカーや販売店が工夫することは、今後の大きな差別化要素となると思われる。

以上は、一般の消費者を念頭においた議論だが、法人顧客を対象にした場合でも、請求・支払いといった販売に連動する会計業務を顧客に合わせたシステムにするとか、製品のパッケージに販売店の意向を反映させるといったさまざまな工夫をサービスとして提供し、製品の付加価値を高め差別化を図ることができる。

第6章 サービスの達人

1 接客態度は媒介変数

先に、サービスではその結果と過程の両方が重要であると述べた。顧客に直に接する対人サービスでは、サービス提供者である係員は最大限の努力を払って、結果と過程の両方で最大の効果を生むように努めるべきだ。こうしたサービス担当者の努力の基盤となるのは、第一に担当者一人ひとりの**知識**、**技能**、**経験など仕事遂行能力**の大きさであり、第二にはサービス組織が用意する計画されたサービス・プロダクトや物的な道具類であるサービス環境など、**サービス・システム**の質の高さである。サービスの品質は、従業員と企業組織の両方に影響されるのだ。

この章では、**サービス担当者である従業員**に焦点をあててみよう（サービス組織についてはパートⅡで検討する）。顧客にとっての結果と過程のサービス品質は、結果は、過程によって生まれるのだから実際には不可分で統合的なものだ。しかし、本章と次章では、仮に結果と過程を分けて、過程部分で発揮される担当者の望ましい役割について取り上げてみたい。

サービス活動の過程における担当者の役割は、大きく二つに区分できる。一つは接客態度といわれる側面であり、もう一つはサービスの内容にかかわる部分である。

「態度」という言葉は、社会心理学では「特定の対象に対する一貫性のある行動傾向」という意味で使われる。例えば、ペットについての態度を尋ねられると、それは犬、猫、小鳥などであり、自分はそれら動物が大好きで、実際に犬を可愛がっている、などと答える。つまり心理学での「態度」とは、ある対象への認知、感情、行動の三つを要素としたものなのだ。

しかし、われわれは普通、態度という言葉をもっと限定的にも使っている。「あいつは態度はいいのだが、実務能力がいまひとつ足りない」とか、「それが人にものを頼むときの態度か」といった使い方である。つまり、他人に接するときの**姿勢や礼儀、言葉遣い**といったコントロールしやすい表面的な行動である。接客態度という場合には一般にこの意味で使われることが多い。われわれは、この狭い意味での接客態度をサービス活動の媒介変数[18]と考えたい。つまり、具体的なサービス活動は、サービス担当者の接客態度を通して表現されるということだ。接客態度をサービス活動の内容とは別の独立した変数としてとらえる理由は、態度変数はサービス活動の技術的な原理とは別個の、もっと一般的な人間関係における論理に支配されているからだ。

図4　サービス活動と接客態度

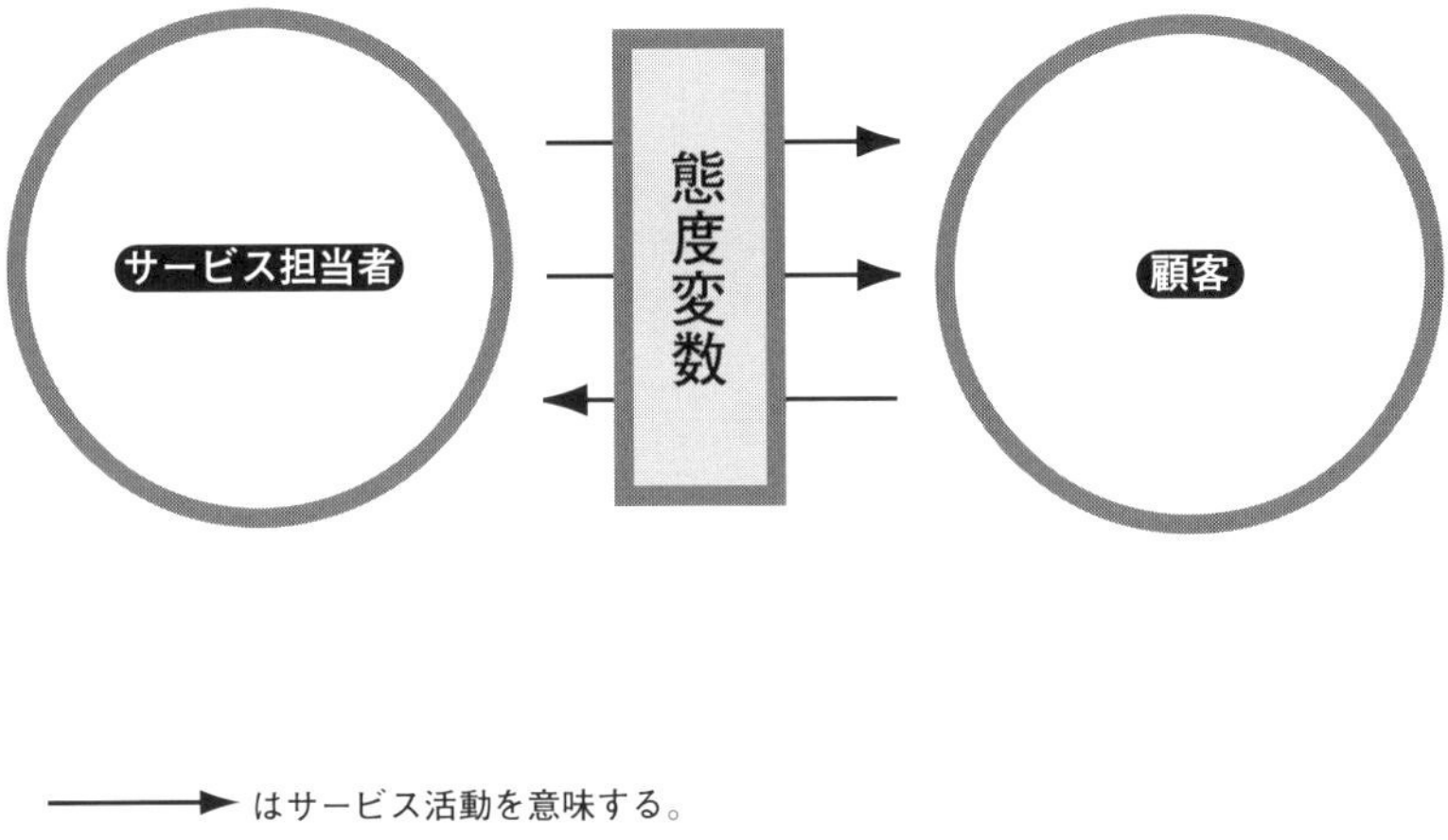

例えば、病院に行って医者の診断を受ける医療サービスの場合を考えてみよう。医者は、聴診器などの道具を使って患者の身体的反応を計りながら、いろいろな質問をして情報収集をする。そして総合的に患者の症状を判断する。こうした医者の行動は医療という技術の論理にしたがって行われる。だが、患者への指示や質問の仕方（接客態度）は、ていねいにもぶっきらぼうにも行うことができる。どちらのやり方で行われたかは、患者（顧客）の気持ちに大きな違いを生むであろう。

このように態度変数はサービスの技術的論理とは別だから、媒介変数としての態度がいっそう重要なのだ。態度が悪ければ、いくらサービス内容が立派であっても顧客は満足しないし、反対にサービス内容がいく分お粗末でも、担当者の態度が良いと顧客がそれなりに満足するといったことが起こる。サービス活動は、**態度という衣服**を着て顧客へ渡されるものだ。だから、態度変数はサービス活動と同じ目的、つまり顧客の満足感の増進を指向したものでなければならない。ていねいに、礼儀正しくがベースだが、お客が緊張しているような場合には、いく分くだけた対応も効果的な場合もあるだろう。担当者に親しみや好感が持てるような、状況に適した態度が求められるのだ（なお、態度変数がサービスの技術と一体になった数少ないサービスの例としては、カウンセリングがある。カウンセリングでは、クライアントへの態度そのものが治療の手段となっている）。

2 「もてなし」の限界

わが国では、この態度変数を強調した独特の言葉として「**おもてなし**」がある。態度変数は社会の一般的な人間関係の原理に基盤を置いているから、「望ましい接客態度」がその国の文化や伝統に影響を受けるのは当然である。わが国の「おもてなし」は、普通、客への気配りを意味している[19]。かゆいところに手のとどく徹底した気配りをすればするほど良いもてなしとなる。

このおもてなし発想で気を付けなければならないのは、「かゆいところ」を決めるのはだれか、という点である。わが国の伝統では、気配りは接待側がお客の気持ちを察して一方的にするのであって、お客の気持ちをあらかじめ聞いておく場合は少ない。お客がいちいち考えなくてすむように、あらかじめ主人側が「かゆいところ」をすべて決めてしまうのだ。お客の方は、それがゲームのルールであることを承知しているので、本当は「かゆいところ」が別であっても、主人の気持ちを察して感謝する。これが遠来の客をもてなす伝統的パターンである。

このアプローチは今日しだいに通用しなくなってきている。「察しの文化」がしっかり根付いていた時代が去りつつあるからだ。豊かな社会の到来とともに人々の価値観も多様化している。たとえ善意ではあっても、他人の欲求を推測し決めてかかるということ自体

おもてなし

がある種の危うさをはらんでいる。自分の欲求はハッキリ意識していて、そのくせ我慢する力の弱い現代の子供たちを見れば、こうした伝統的文化の変質は明らかではないだろうか。

新しい時代の接客態度には新しいより普遍的な原理が必要である。人々は他人に決められるよりも自分で決定すること、そして自分が今意識している欲求を大切にしている。おおざっぱにいえば、個人主義化への傾向を強めているのだ。

3　顧客志向の姿勢と礼儀正しさ

新しい接客態度の原理の基本は、まず**顧客の視点**からものを見、**顧客を理解する姿勢**である。おもてなしは、ここから出発しなければならない。主体は主人側ではなく、客の側にある。モノであれサービスであれ、企業が独り善がりで作った商品は見向きもされなくなってきているが、接客態度に関しても同じことがいえる。ゆっくり時間をかけた対応が求められる場合もあれば、ビジネスライクで簡潔な接客が好まれる場合もある。筆者がかつて勤務していた大学のゼミの女子学生が就職活動の会社訪問の帰りに、疲れを癒そうとお気に入りのアイスクリーム店に寄って好きなアイスクリームを注文した。いつも行っているので店員とは顔見知りなのだが、そのときはよけいなことはいわずに対応してくれてホッとしたといっていた。疲れていた彼女は、なにか尋ねられるのを恐れていたのだ。愛想がよく口数が多い接客がいつも正解とは限らないという例である。

顧客の視点からものを見るには、顧客の状況への観察力と共感性を持っていなければならない。柔軟な感受性を育てるには、管理者の指導が鍵となる。書店でアルバイトをしているほかのゼミ生は声がとても小さい。この書店の上司は彼女に、お客の目を見て話しなさい、とアドバイスしたそうである。彼女の声が小さいことが気になっていた私は、この話を聞いてとても感心した。こうした人間理解力のある管理者のもとに働いている従業員は、顧客の持つ状況への理解力も高くなるに違いない。

第二の基本原理は、**礼儀正しい態度とていねいな言葉遣い**である。サービスの提供者と顧客との関係は役割関係である。接客態度はこの役割関係をハッキリと反映したものであるべきだ。その意味で、担当者は顧客に対して礼儀正しく、ていねいな言葉遣いをしなければならない。ただし、へりくだる必要はない。顧客と担当者の関係は上下関係ではないのだ。ビジネスライクな対応であっても、顧客への感謝と大切に思っている気持ちが入っていればよい。開店時にデパートに行くと、入り口にきっちり背広をきた管理職がずらっと並んで、いっせいに「いらっしゃいませ」と連呼する。顧客重視の態度を率先垂範で示しているつもりだろうが、的外れもいいところだ。どのお客も並んだ背広姿のおじさんたちからのプレッシャーをはね返すために硬い表情で入っていく。顧客の心理を理解しない生産者発想の独り善がりの例である。

アメリカの小売店などでいつも気持ち良く感じるのは、さりげない無関心さと顧客との

礼儀正しい態度とていねいな言葉遣い

間《ま》の取り方である。フラッと店に入って商品をながめていると、しばらくすると「なにかおさがしですか」と声をかけてくる。「いや、見ているだけだ」と返事をすると、「どうぞ、ごゆっくり」という。見おわって店を出るときに「ありがとう」というと、必ず店員も「ありがとうございました」と声をかける。商品を見てくれて感謝している、という気持ちがこちらに伝わってくる。何も買い物をしなかったのに小さな充実感を感じる。何か買わないと何となく引け目を感じるわが国とは大きな違いである。顧客と店員は基本的に対等なのだが、役割が異なり、自分はその役割をしっかりはたすという雰囲気がある。

4 接客態度の五つの基本原則

新しい時代の接客態度には以下の五つの基本原則が含まれている。

① 顧客の立場に立ち、顧客の視点から状況を把握する
② 礼儀正しく、ていねいな言葉遣いをする
③ 安心感を与える
④ 顧客の自尊心を尊重する
⑤ 公平の原則を守る

①と②の基本原則はすでに説明したので、ここでは残りの三つを検討しよう。それらは「安心感を与えること」、「顧客の自尊心を尊重すること」、そして「公平の原則を守る」ことである。[20]

安心感を抱かせる

まず、顧客に**安心感を抱かせること**が接客の出発点である。マズローの欲求段階説を持ち出すまでもなく、安全の欲求は他の上位欲求の基盤となるのだ。人間は、心が安定した状態にいると気持ちが自由になり、自分の能力を十分に発揮することができる。反対に不安な状態では、人は萎縮し積極的な行動がとれない。サービスの消費場面は、サービス企業の係員との新しい相互作用が生じることが多いので、よほど慣れていないかぎり顧客は不安感を抱くのが普通である。初めておとずれる美容院や病院、レストランなどでどのように扱われるかについて、多少とも不安感を抱かない人はまれであろう。人間はこれからどんなことが起こるか明確に予測できない場合、だれしも緊張や不安を感じるものだ。不安は人を防衛的にして、顧客が十分にサービスを享受し、楽しむ力を削いでしまう。

そうした不安感は、担当者の温かい笑顔やあいさつによって楽しい期待に変わっていく。相手を受け入れ歓迎しているという雰囲気が鍵となる。最初の印象が瞬時に期待を作り上げて、あとあとまで影響することはよく知られているが、サービスの消費においても同じである。最初の受容的な温かさによって、まず顧客に「お客さまのご希望に一〇〇パーセントお応えする努力をします」というメッセージを送り、安心感を与える、これが大切な出発点だ。顧客が自信を持って自然な態度で係員とのやり取りが行えるように持っていければ、サービスを利用した後の顧客の達成感も高まるというものだ。

第四の原則は、**顧客の自尊心を尊重する**ということだ。どんな人間もそれぞれ誇りを持っている。人前で馬鹿にしたり、理不尽な押し付けをすると子供でも自尊心を傷つけられて怒ったり、ますますわがままになったりする。自尊心を傷つけられた記憶は長く残り、もしこれがお客であれば、絶対にリピーターにはならないであろう。それどころか知り合いに悪口をいうことで、仕返しをするかもしれない。

多くの対人サービスの場面で、二つの要因が顧客の自尊心と関係する。第一に、顧客はしばしば自分が（お客だから）主導権を取らなければならないと思い込んでいることだ。第二には、そのサービスについては係員の方がプロであるから当然多くの情報を持っていることだ。だから担当者が顧客に情報提供を行う場面では、第一の要因から顧客の自尊心が活性化し、お客はいわゆる「知ったかぶり」をしがちである。一方、担当者は顧客に「教えたがる」という態度を取りがちになる。自尊心の問題は、情報、建築、医療といった専門的な知識・技能を提供するサービスにおいて特に気を付けなければならない。

こうした微妙な状況では、担当者はいわゆる**業界用語を使ってはならない**。業界用語は業界人しか使わない言葉だ。だから一般人が理解できる言葉で説明する。これが基本原則である。第二に、顧客が信じていることは顧客にとっては真実なのだから、お客と絶対に**議論してはならない**ということがある。お客をやりこめてお客が面目を失えば、議論には勝ってもその仕事は失うことになる。教えるという姿勢は捨てて、顧客の主張はまず受け入れ、否定することなくビジネスライクに正しい情報を提供する。判断は顧客にまかせるのだ。こうしたやり取りをユーモアのある温かい態度で行うコミュニケーション能力を身に付けるべきだ。軽く扱いたくなる顧客ほど、強い自尊心を持っていることが多いことを忘れてはならない。

第五の原則は、すべての顧客を**公平に扱う**ということだ。公平感はサービスの評価に強く影響する。たとえサービスの結果が顧客の満足を得られないことがあっても、もし他の顧客にも同じように対応しているのであれば、不満感はさほど強くはならない。反対に他の顧客にくらべて自分への対応が不十分で、しかも結果が思わしくなければ、強い不公平感を感じることになる。お客は怒りを爆発させるかもしれない。

十数年前ロンドンのヒースロー空港で飛行機から降りて入国手続きを待っていたときのことである。英国国籍を持っている人とそれ以外の外国人とに分かれて、各々三つのブースがあった。ところが英国国籍の方はスイスイと通っているのだが、外国人向けの方は一〇〇人ほどの旅行客が溜まってしまい順番を待っている。一人の中年女性の係官が一人ずつどのブースに行くか指示をしているのだが、行列は遅々として進まない。とうとう一人のアメリカ人らしい男性が「何であっち（英国国籍用）が使えないんだ」と大声をあげた。するとその係官は固い顔をして「規則です」と答えた。この答えを聞いた他の人々の何人かが抗議の声をあげたが、結局無視された。私は小一時間してやっとブースにたどり着いたが、多くの人があいかわらずガヤガヤと文句をいっていた。

この例は、係官が不公平で差別的な態度を示したというより、基本的にはシステムの問題であろう。しかし、もしこの係官が「申しわけありません。でも現在の規則で一緒にはできないのです」といった表現をすれば、この係官もシステムの犠牲者なのだから、待っている人の怒りはもっと低かったであろう。接客態度の問題でもあったのだ。

また、サービス担当者は、他の顧客の目前で顧客によって態度を大きく変えるべきではない。重要なお客や馴染みの客へ特別な対応をすることは、営業の手段として意味のあることかもしれない。しかし、他の顧客を前にしてのあからさまな特別扱いは下品だし、必ず他の顧客へ悪影響を及ぼす。どんな顧客に対しても変わらない態度を保って接すること、これが品格のある接客態度である[21]。

サービス担当者は、これら五つの原則に基づく接客態度が自由に取れるように練習しておかなければならない。もちろん、サービス活動の内容に関係する知識、経験、技能などが顧客の欲求を十分に充たすレベルにあることが前提となる。サービスの達人とは、顧客に対する行動として表される業務と接客態度の二つの領域で、形式を越えた**自然な振る舞い**としてその能力が高い水準で発揮できるような人である。

第7章 サービス商品の特徴——サービス・エンカウンターの設計

1 サービス・エンカウンターはなぜ重要か

サービス・エンカウンターとは、顧客が企業の提供する具体的なサービスに直接に接する場面のことである。顧客がサービス組織と出会う（エンカウンター）場面のことだ。例えば、話題の映画を見に映画館に出かけるとしよう。まず、上映時間がわからないので、映画館に電話をして時間を尋ねる。映画館に出かけて切符売り場で切符を買う。入り口で係りの人に切符をちぎってもらう。席に着く前に飲み物を売店で買う。席に着いて映画を見る。終わって映画館の外に出るときに、係員に「ありがとうございました。」とあいさつされる。映画の鑑賞ではこのように六つほどのエンカウンターが起こる。もし映画の切符が自動販売ならば、四回の対人間と二回の機械との相互作用となる。通常は顧客とサービス担当者との人間対人間の相互行為の場面が多いが、映画のスクリーンやATM、インターネットショッピングのように機械が顧客の相手となることもある。

映画館の例でもわかるように、われわれは一種類のサービス商品を購入する際にいくつもの連続するサービス・エンカウンターを経験することが多い。ディズニーランドでは、一人の入場者が入場券の購入に始まって、平均七四回ものサービス・エンカウンターを経験するといわれている(22)。

サービス・エンカウンターがなぜ重要かは、それが**顧客とサービスの接点**だということを考えれば答えは明らかだ。顧客はその場面でサービスを消費し、その内容について決定的な印象を抱き、個人的評価をくだす。そのサービス商品全体についての満足感や不満足感がそこで決まってしまう可能性があるのだ。

サービスは、ホテル、レストラン、病院、航空会社のように、組織が全体として顧客へのサービスの生産を支えるシステム商品である場合が多い。モノ製品のように製品自体が単独で顧客に価値をもたらすことは少ないのだ。サービス・エンカウンターは顧客とサービス組織との接点であり、顧客への個別のサービスはここで生産され消費され完結する。サービス組織のシステム的特徴は、サービス・エンカウンターにおいて集約的に現れるのだ。サービス・エンカウンターは、その意味でサービス提供プロセスの決定的瞬間であり、クライマックスともいえる。

さて、サービス・エンカウンターが、間に時間的な間隔が入るとしても連続して起こるとすれば、各々のサービス・エンカウンターが持つ重要性には差があることが予想できる。例えば映画館の場合、売店に欲しい飲み物がなかったり、係員の態度が多少悪くても、映画の鑑賞というサービスの質の評価にはそう大きな影響を与えないかもしれない。病院に入院する場合には、看護師とのサービス・エンカウンターが他のエンカウンターに比べて特に印象が強くなる。アメリカのホテル・チェーンのマリオットの調査では、顧客ロイヤリティに影響するような重大なサービス・エンカウンターのトップ五つの内、四つが最初の一〇分間に起きると報告されている[23]。

しかし、引き続いて起こるサービス・エンカウンターのなかで、一見ささいなことと思われることが大きなインパクトを持つことがある。一つのケースを紹介しよう[24]。

ジョン・バリー氏はある朝、隣町の園芸用品店にトラックに乗って出かけた。隣町についたバリー氏は手持ちの現金が少なかったので、まず銀行に寄って個人小切手を現金化することにした。銀行の駐車場にトラックを止めて銀行に入り小切手を現金にかえて駐車場を出ようとすると、駐車場の係員が駐車券に無料の認印が必要だと告げた。バリー氏は銀行にとって返し、認印を押してくれるように頼んだ。ところが、その係員は汚れたジーパンとスポーツシャツのバリー氏を上から下までながめて、銀行と取引がなければ認印は押せないし、小切手の現金化は取引には入らないといった。そこでバリー氏はマネージャーを呼んで頼んだが、マネージャーも先ほどの係員と同じようにバリー氏の格好を上から下までながめて、ダメだと告げた。バリー氏は「もう結構だ」といって、駐車係に七〇セントを払って、銀行を後にした。

自分の町に戻ったバリー氏は、隣町の銀行とおなじ銀行の支店から自分の預金をすべて引き出し、他の銀行に口座を移した。引き出した銀行とはこれまで三〇年間取引があり、その額は百万ドルであった。この銀行は七〇セントの収入を得て、百万ドルの預金を失うことになった。

連続するサービス・エンカウンターのすべてに最上に品質を求めることは無理かもしれない。しかし、顧客が経験する複数のサービス・エンカウンターのうちの一つでも、平均的水準を大きく下回れば、サービス提供プロセスの全体を台無しにしてしまうこともあるのだ（このことを青梅慶友病院の大塚理事長は、一〇〇－一＝〇という簡潔な表現を使っておられる）。重要なエンカウンター部分では最高のサービスを提供し、その他のエンカウンターについても平均以上の質を確保する、これが基本方針でなければならない。

2 「真実の瞬間」について

サービス・エンカウンターの重要性を表した言葉として「**真実の瞬間**」がある。八〇年代の初めに赤字を抱えていたスカンジナビア航空を、一連の組織改革によって黒字に転換した当時の社長のヤン・カールソンが、その経験を書いた本のタイトルに使い、わが国でも翻訳され、広く知られるようになった。[25] カールソンの著書によって有名になったので、カールソンの造語のように考えられているが、実際には、スカンジナビア航空の改革プロジェクトにコンサルタントとして参加したリチャード・ノーマンが最初に使用した用語である。[26] ノーマンはスペインの闘牛の例を使って、闘牛士と傷ついた牛が、今まさに向かい合って、牛に細身の剣で最後の一刺しを与えるその瞬間のことだと述べている。つまりサービス企業が顧客にサービスを提供して、顧客を完全にしとめ、その顧客を会社の熱心なファンにする瞬間がサービス・エンカウンターなのだ。顧客接点を改善して真実の瞬間の内容を充実すること、これがスカンジナビア航空の改革案の一つの柱であった。

わが国では、この「真実の瞬間」の内容がいく分誤解されているようだ。「サービス」という言葉と同じように、真実の瞬間とは顧客に接する従業員の態度の問題だ、という理解が広がっている。前に触れたように、表面的な態度をいくら良くしても、サービスが顧客にとって望ましい結果を伴わなければ、本当に顧客をしとめることはできない。一期一会の精神で、持てる能力を全開にして顧客に対すること、これが真実の瞬間の意味する内容である。人間を相手にする場合、少しでも手を抜けば顧客は敏感にそれを察知してしまう。一途に集中した姿勢で臨まなければ顧客は失望し、再びそのサービスを利用することはないかもしれない。闘牛場の牛のように角で反撃してくるのだ。

サービス企業が質の高い真実の瞬間を提供するためには、いくつかの条件が必要となる。対人サービスに限って考えても、従業員の高いモティベーション、サービス内容に関連する高度な知識と技能、対人関係についての感受性の高さと状況理解力、そして組織として現場での処理を従業員に任せることができるエンパワーメントの体制などである。こうした条件をどのように実現するかが、サービス・マネジメントの課題でもある。

3　真実の瞬間における従業員の役割

真実の瞬間を充実するために必要な組織の諸条件は後に個々に検討するとして、ここでは、サービス・エンカウンターにおいて、従業員が果たすべき役割について検討したい。これらはサービス提供という仕事そのものに関連する役割であって、前章で述べた接客態度に関する役割とは異なる側面についてである。くり返せば、接客態度は一般的な人間関係の原則に基盤をおいたものであるが、次に述べる従業員の役割は、サービスそのものの提供という仕事を前提としたものである。つまりサービス担当者は、サービス・エンカウンターの場面で、人間としての顧客の側面とサービスを利用するためにやってきた購入者としての側面の両方に同時に対応しなければならない。顧客の二つの側面に十分気配りしながら、自然な態度で必要な役割をしっかり果たしていくこと、これが**本当のサービスの達人**なのだ。

サービス・エンカウンターで、顧客に接する従業員は、以下の複数の役割を十分に遂行できなければならない。それらは次の五つである。[27]

① カウンセラー（顧客の欲求を明確化する）

② コンサルタント（サービス企業が提供できるサービスについての情報提供）

③　ミーディエイター（サービス企業と顧客との仲介）
④　プロデューサー（サービス提供プロセスの演出）
⑤　アクター（サービス提供の実行）

サービス・エンカウンターにおける顧客とサービス担当者とのやり取りは、サービスの内容（例えば、小売りなのか、医療なのか）によって、また顧客があらかじめ購入する商品を決めて来ているかどうか、など複数の要因によって、簡単に短い時間ですんだり、長い時間をかけて話を整理しながら行われたりする。顧客と担当者との相互行為の内容は状況によってさまざまなのだ。しかし、顧客と担当者との間で、提供するサービスの内容についてすでに了解ができている場合を除いて、通常、担当者は（一人か、複数で）先の五つの役割を遂行しなければならない。最初の三つは顧客とのコミュニケーションを通じて提供するサービスの内容を明確化することを目的とし、残りの二つはサービスの実行にかかわっている。

4　顧客のニーズを明らかにする

第一の役割は、顧客が実際にどんなサービスを求めているのかを明確にするということだ。顧客はすでにそのサービスを利用した経験のあるリピーターでない限り、利用しようとする商品について具体的にハッキリしたイメージを持っているとは限らない。普通は漠然とした期待を持って来ている場合が多いのだ。また、明確なイメージを持って来ているのだが、うまく伝えられないかもしれない。サービス担当者には顧客との対話を通して、または顧客の様子やボディランゲージから顧客の隠された欲求を明確化して、顧客と共にその欲求を確認しなければならない。心理カウンセリングでは、クライアント（患者）の隠された欲求や心理的こだわり（コンプレックス）を会話の中から引き出して、クライアントに確認させ理解させる。そしてクライアントに、かかえている問題に自分で取り組ませるのが心理カウンセラーの仕事である。その援用で、ここでは顧客の具体的欲求を明確化する手助けの仕事を**カウンセラーの役割**と呼ぶことにしたい。

例えばレストランで、せかせかと入ってくる客は急いでいるに違いない。「お急ぎですか」と確認して、「早くお出しできるのはこれこれです」とメニューの説明をする。また恋人同士と分かる二人連れのお客にはすみの席に案内する。こうした心配りが顧客を満足させるのだ。小売店でモノ商品を購入する場合にも、顧客は買いたい商品をあらかじめ決めて来店しているとは限らない。どのような生活場面でその商品を使おうとしているかを顧客との対話を通じて理解する必要がある。顧客の目的やイメージがハッキリすれば、その小売店は顧客が考えているよりも幅広い提案ができるかもしれないのだ。

サービス商品はモノのように実際に並べて比較することができないから、カウンセリングの役割はとりわけ重要である。サービスの種類にもよるが、一般に馴染みのない専門的サービスでは、顧客がどんな目的で、どのような予算でサービスを利用しようとしているかをはじめの段階で確認しておかねばならない。はじめに顧客の期待を現実的で適切な内容にしておくことは、後に、提供したサービスの評価において問題を生じる可能性を少なくする。医療、教育、建築関係、エステティック・サロン、広告、法律関係、情報提供サービス、情報システム産業、ケータリングなど外食産業、葬祭業などのサービス業では、とりわけサービス提供前の事前のカウンセリングが大切である。対法人顧客の場合には、これまでも比較的重視されてきているが、個人顧客の場合にも実は重要なポイントであるのだ。

なおサービス企業にとっても、このカウンセリングの役割には重大な意味がある。顧客の欲求を明らかにし、顧客がどのような生活場面において商品を消費しようとしているかを明らかにするのが目的であるから、当面そのニーズに企業が応えられるかどうかは別にして、企業は顧客のニーズやその変化、商品に与えている意味や消費の背景となる生活について貴重な情報を得ることができる。インタラクティブな顧客接点でのマーケット・リサーチは、後にふれるリレーションシップ・マーケティングの重要な手法の一つでもある。顧客接点で顧客の欲求を明らかにし、それをデータとして利用できるようなシステム的な工夫が求められている。

5 何が提供できるのかを提案する

カウンセリングと対になっているのが、**コンサルタントの役割**である。顧客が何を求めているかが明らかになったら、次にそれらのニーズに、当社（店）はどのように応えられるのかについての情報提供を、要領よく的確に行わねばならない。もし前段階で顧客のニーズが明確になっていれば、企業の提供できる商品を適切に提案することは難しくはない。もし提案できる商品が一種類であればそれを勧めることになるが、顧客のニーズを充たす商品が複数ある場合には、それらすべてについて簡潔に説明し、顧客に選択をまかせるべきだ。たとえ、顧客のニーズにぴったりの商品があるとしても、他の商品についても説明をしたうえで顧客自身に選ばせることが大切だ。顧客には、複数の選択肢の中から自分で選んで自己決定するという、いわば買い物の楽しみ（自己実現）を経験する権利があるからだ。自己決定の結果として選んだ商品にはそれだけ深い満足感がともなう。

デパートであれ専門店であれ、小売店における最も重要なサービスは、顧客が買いたい商品が買えるということ、つまり品揃えである。品揃えの良さとはたくさんの商品を展示することではない。たとえ数が少なくても、顧客が買いたいと感じるような商品がそろっていることが大切だ。顧客が買いたいと思う商品群を見つけるうえで、コンサルタントは重要な役割を果たす。顧客のニーズや商品を利用しようとする生活場面をハッキリさせて、次に選択可能な商品グループが提案できれば、顧客はその中に欲しいと思う商品を見つけるに違いない。複数の商品を示し、その特徴を比較しながら説明するというプロセスは、顧客が一定の意思決定へ到達するプロセスでもある。これは顧客とサービス担当者との共同作業なのだ。顧客の欲求と担当者の提供する情報が共鳴して一定の決定に到達する**共創的プロセス**である。顧客のニーズとコンテクスト（生活場面）を明らかにしようともせず、たんに質問に答えるという形の従来の接客方法では、販売サービスの真の価値創造が行われているとはいえない。

共創的サービスプロセスにおいて、担当者は本来の意味でコンサルタントでなければならない。つまり、その領域についての十分な職務知識と経験を持ち、もし顧客のニーズに合う在庫品がないような場合には、顧客に妥協することを勧めるよりも、取り寄せるまで待ってもらうか、それが競合店であっても在庫のある他店を勧めるぐらいの見識が必要だ。たとえ他店での購入を勧めたために今回の取引を失っても、それによって顧客の信頼を獲得できれば、大切なリレーションシップを作り上げることに成功することになる。もし引き続いてその顧客が来店し、その都度十分な対応ができれば、顧客はその担当者を、その商品カテゴリーでの「**自分のコンサルタント**」と見なすようになる。しっかりしたリレーションシップの成立である。反対に、おいしいことをいって手持ち商品の購買を動機付ける方法は、長い目で見れば結局顧客を失望させることにつながり、顧客とのリレーションシップ形成の可能性を低いものにしてしまう。

なお、サービス担当者がコンサルタントの役割を果たすうえで、注意すべき点は、提供する情報をひけらかさず、控えめに提案することである。「この選択が正しい」といった教える態度や押し付けは、顧客の信頼より反発と不快感を生んでしまう。「お客のため」という善意ではあっても、特定商品を強く勧めるのは適当ではない。無理に勧めて顧客がそれにしたがったとしても、自己決定の領域を侵されたと感じた顧客が再び来店する可能性は低いのだ。

またくり返しになるが、業界用語を顧客に対して使ってはならない。そうした担当者は、独り善がりで相手の立場に立てない人間と見なされるだろう。顧客はこうした担当者には信頼感を抱かない。サービス担当者としては基本的な資質に欠ける失格者である。

6 顧客と企業との仲介

一つのエピソードから始めよう。

カリフォルニアのサンタモニカに住むジョン・スミス氏は心配で夜も眠れない状態であった。彼は明日の午後、花嫁の父となるのだが、結婚披露のパーティー会場の予約日を変更していなかったのだ。二ヵ月前、予定されていた一〇月五日の結婚式が花婿の仕事の都合で一週間後に延期され、お客への招待状は正しく一〇月一二日の日付で発送された。しかし、披露パーティーの予約を一週間遅らせることを、会場となるホテルに連絡するのをうっかり忘れてしまっていた。結婚式の一〇日前に気付いて慌ててホテルに連絡したのだが、もうその日は予約がいっぱいで約五〇人の招待客が入る部屋はないという返事だった。

進退窮まったスミス氏はホテルに出かけて支配人に面会し、泣かんばかりに窮状を訴えた。支配人は黙って話を聞いていたが、最後に「では、おまかせいただければ、やってみましょう」と答えてくれた。

さて当日、教会での結婚式をすませて、参加者たちがホテルに向かうと、部屋ではなくプール脇の芝生の庭に案内された。プールとは移動式の植え込みで分けられて、白いテーブルクロスのかかったテーブルが置かれ、料理が用意されている。松明（たいまつ）がところどころに置かれて、建物からはライトが会場を照らしている。音楽が流され、スピーチ用のマイクも用意されていた。星空の下のパーティーは大成功のうちに終了した。

サービス担当者は、自分が属する組織の一員として顧客に対応する。だから、組織の効率的運営を考えて利益を確保しなければならないし、定められた手続きや規則を守らなければならない。また、組織の対応能力を越える要求は断らなければならない。しかし顧客は、個人的な理由から、企業の持つさまざまのルールや枠を逸脱する要求を出してくることがある。そこで担当者は組織を代表するとともに、顧客の要求を最大限生かせるように**仲介者（ミーディエイター）の役割**を果たさねばならない。

通常のルーティン作業やルールからは外れるとしても、さきのケースのような臨機応変の状況適応的な対応が望ましい。こうした通常業務の枠を越えたサービスは、結果的に顧

仲介者（ミーディエイター）の役割

客に強い満足感を生じて、強固なリレーションシップを生むきっかけとなる場合が多いのだ。

どのような場合にルールや手続きを逸脱した対応をとったらよいのかについては、一般化するのは難しい。どう努力しても組織が提供できる能力を越える要求に対しては、丁重に断るほかはない。しかし、工夫やプラスアルファの努力によってできることには応えるべきである。こうした判断において重要なのは、第一に担当者の柔軟な姿勢や発想力であり、またそうした従業員の能力の支えとなるのは、組織の理念や企業風土である。顧客志向の理念に立って、担当者に一定の臨機応変な活動を許すような風土を育むことが必要だ。官僚的な規則一点張りの組織風土では、従業員が柔軟な発想をすることはできない。その意味で管理者のリーダーシップが最も大きな影響力を持つ。もう一つの例をあげよう。

北陸の小都市のある冬の日、婦人服の専門店が新しくオープンすることになった。開店大売り出しの広告が効いたのか、開店三〇分前からお客の行列ができていた。その朝は晴れ上がっていたが、戸外の気温は零下の寒さであった。入り口は大きなガラス戸になっていたが、中では一人の店員が、開店時間にドアロックの解除ボタンを押すために立っていた。開店十分前には行列は三〇メートルほどになっていたが、寒さのためにお客たちは足踏みをしたり、手をこすり合わせたりしていた。中の店員はその様子を見ながら、まだドアを開けようとはしなかった。

やっと開店時間がきてドアが開き、人々がどっと入ってきたが、ドアのすぐ前に立っていた中年の婦人が、店員を捕まえてこう叫んだ。「少しぐらい早く開けたっていいじゃない。まったく融通がきかないんだから」。その店の店長は、店員の脇に立っていたが、こうつぶやいた。「まったく、中年女性はずうずうしいな」。その後この店は、新しい商品は入ってくるが、接客態度が悪いという評判を挽回できないで、低迷を続けることになった。

小売店のような対人サービスでは、短いサービス・エンカウンターの間に仕事の大部分が終了してしまう。だから、サービス担当者の臨機応変な対応が大切であり、臨機応変の対応がとれる権限を与えること（エンパワーメント）が重要なのだ。現場従業員のエンパワーメントとは、規則をゆるめたり、仕事上の権限の幅を拡大することだけが方法ではない。大切なのは、規則は規則として守る一方で、必要と思われる判断を従業員が下したときに必要な逸脱が実行できるということだ。顧客満足を第一に考えるという理念に裏打ちされた臨機応変の行動を許容する職場の雰囲気（風土）が必要条件なのだ。だから、従業員を育て、部下の能力に信頼感を持った管理者のリーダーシップが決め手となる。

7 サービス・エンカウンターの演出と実行

サービス担当者は、受け持っているサービス・エンカウンターについて、その全体のプロセスを仕切り、つつがなく終了させて顧客が満足して帰っていただけるように取り計らう職責を担っている。その意味で、サービス担当者は演劇における**プロデューサー（演出**

プロデューサー（演出家）

家）と同じ役割を持つ。そのためには、顧客が来店（店舗の場合）してから出ていくまで、しっかりその動きを把握し、必要な場合にはバックオフィスとの連絡・調整に手抜かりのないように気を配らねばならない。たとえサービス提供プロセスが、さまざまな部署で分担して行われるようになっていても、顧客は一人で全体のプロセスを体験する。顧客の立場に立って、顧客が体験するであろう全体の過程に気を配り演出をする。これがプロデューサーの役割なのだ[28]。

製造業では新製品の企画から製造・販売までの一連の流れに責任をおうプロダクト・マネジャーという役職があるが、これと似た考え方である。ハーバード大学の医学部の付属病院であるベス・イスラエル病院では、受け付け時から患者に一人の看護婦が割り当てられ、入院から退院まで患者の入院生活に責任を持つ仕組みができている。彼女はその患者に対するケアの実行者および管理者として、主治医と相談しながら担当する患者の二四時間の看護やケア計画を立案する。看護婦の勤務時間が終了すると次の担当看護婦に指示を残し、出勤すると再び同じ患者を受け持つのだ[29]。こうした看護婦の存在がいかに入院患者の大きな精神的支えになるかは想像に難くない。

一回のサービス・エンカウンターですべてのサービス提供プロセスが終了する業種（小売り業等）を除いて、サービス・エンカウンターが連続して起こるような仕事（ホテル等）では、一人でプロデューサーとしての役割を完全に果たすのは困難である。しかし、各エンカウンターを受け持つ担当者が顧客の全体的サービス経験に責任を持つという意識があれば、どの部分で問題が発生しても問題解決行動はスムースに進むに違いない。自分の担当するエンカウンターがうまくいって、次に渡してしまえばそれで済みという態度ではなく、全体的な流れの中で自分が担当する部分の意味を把握し、先の段階に進んだ顧客の総合的満足に関心を払う、という姿勢である。こうした姿勢を各部分の担当者が持つことによって、顧客の経験する全体的なサービスの品質が高まるのだ。

顧客にとってのサービス・エンカウンターの質は、顧客の数によって左右されるという経験則がある。レストランや小売店の場合、入っている顧客の数が多すぎても少なすぎても顧客に対する応接の質が下がってしまう。多すぎれば十分に手が回らないであろうし、少なすぎると活気がなくなり従業員の集中力が落ちて、ダラダラしてしまう。こういう場面では、管理者のプロデューサーとしての役割が特に重要になる。

サービス担当者の五番目の役割は、自分の担当するサービス・エンカウンターにおいて、自らが直接顧客に働きかけてサービス活動を実行することである。顧客との相互作用を通してサービスを実行する役割、つまり**アクター**（**演技者**）である。この役割は直接顧客にとっての**価値の創出**にかかわる活動であり、サービス担当者にとっては最も重要な職務でもある。いままで述べてきた四つの役割はこの価値創出機能の基盤となるのだ。例えば、医者の治療活動、理美容サービスのカットやパーマ、コンサルタントのクライアントへのプレゼンテーション、情報サービス産業では顧客法人へのＳＩサービスの提供などである。

この役割を果たすうえで、サービス担当者にどんな能力が求められるのだろう。第一にその職務に関する十分な知識、技能、経験などであり、第二にお客の立場に立てる共感性と感受性、つまり人間理解力である。人の気持ちに鈍感な人間は、いかに実務能力が高くてもサービス担当者には向かない。第三に、人間理解力に劣らず大切なのは、表現能力である。サービス担当者は言葉による表現能力と共に身体を使ったノン・バーバルな表現能力も求められる。対人関係における印象形成で、言葉はたった七パーセントの影響力しか持っていないといわれている。残りは声、表情、ボディランゲージによるものだ。その意味で良きサービス担当者は、巧みな演技者でなければならない。だが、演技といっても心のこもらない演技は人の気持ちを動かすことはできない。結局、心の通い合うエンカウンターの形成が極意なのだ[30]。

以上サービス担当者の五つの役割について検討してきた。これらには一回のサービス・エンカウンターにおいてすべての役割が実行されなければならない場合と、各役割が連続する異なったエンカウンターで分担される場合とがある。サービス提供システムの設計者は、各エンカウンターにおける役割の内容を明確にして固有の価値創出機能を定義したうえで、各エンカウンターの連結点の設計にも注意を払わなければならない。たとえ各部分の機能が十分に発揮されていても、連結点の不具合が全体の流れを阻害する可能性は十分にあるからだ。どんなに飛行機の旅が快適であったとしても、飛行機を乗り継いで到着した目的地に、預けたトランクが届いていなかったら快適な気分は吹っ飛んでしまうだろう。

第8章 サービスの分類と構成要素

1 サービス商品はどのように分類できるか

サービスの場合、その本質が活動であるために、モノ製品に比べると、基準の設定のしかたで多くの分類が可能である。

モノ製品の産業財や消費財と同じように、対象によって対法人顧客向けサービスと一般消費者向けと分けることもできる。サービスの産業財としては、コンサルタント業や情報サービス業などがあり、消費財的なものとしては外食産業、医療、教育など多彩な業種が存在する。また、効果の持続性から、教育のように耐久消費財的なサービスと外食のように一回ごとの非耐久消費財的サービスとに分けることもできる。

さて、われわれの視点からすれば、サービスをたんに分類するだけでは意味がない。その分類がサービス・マーケティングに何らかの示唆を含んだものであるべきだ。その意味で取り上げるに値する分類としては、サービス生産方式による分類[31]やサービス生産における相互制御関係に注目した分類[32]などがあるが、ここではラブロックの「サービス対象別の分類」[33]を取り上げてみよう。

ラブロックによれば、サービス商品はまず、(1)サービス活動の対象と(2)サービス活動の性質の二つの次元によって分類される。**サービスの対象**は、①「人間」を対象とするカテゴリーと、②人の「所有物」を対象とするものの二つに分けられる。もう一方の**サービス活動の性質**は、対象に物理的な変化を生む、①「物理的働きかけ」と、主に情報を素材として、人の心理的プロセスや仕事に関連する情報内容に影響を与える、②「無形の働きかけ」の二つに分けられる。したがって、二つの次元はマトリックスとなって、計四つのセルの中にサービスが分類されることになる。

この分類の背景にある発想は、サービスとは人やその所有物への何らかの働きかけであり、対象に何らかの変化を生み出す活動だ、ということだ。つまりサービスとは自分または自分が所有する対象の現在の位相（状態）を変化する加工・変換機能なのだ[34]。

Aのセルは、「人」に対する「物理的な働きかけ」のサービスである。交通機関は人間の空間移動を行う。レストランは人の食欲を充たし、スポーツクラブは人の筋肉を鍛えて健康を増進する。この種のサービスでは、顧客はサービスが提供される場所に出向いて、サービス活動に直接参加しなければならない。また、長短はあっても一定時間サービス活動に参加する時間を過ごさねばならない。顧客にとっての関心は、サービスの結果だけでなくサービス活動に参加するためのプロセスの内容も考慮される（例えば、ホテルで宿泊

図5 サービスの分類 Lovelockの場合

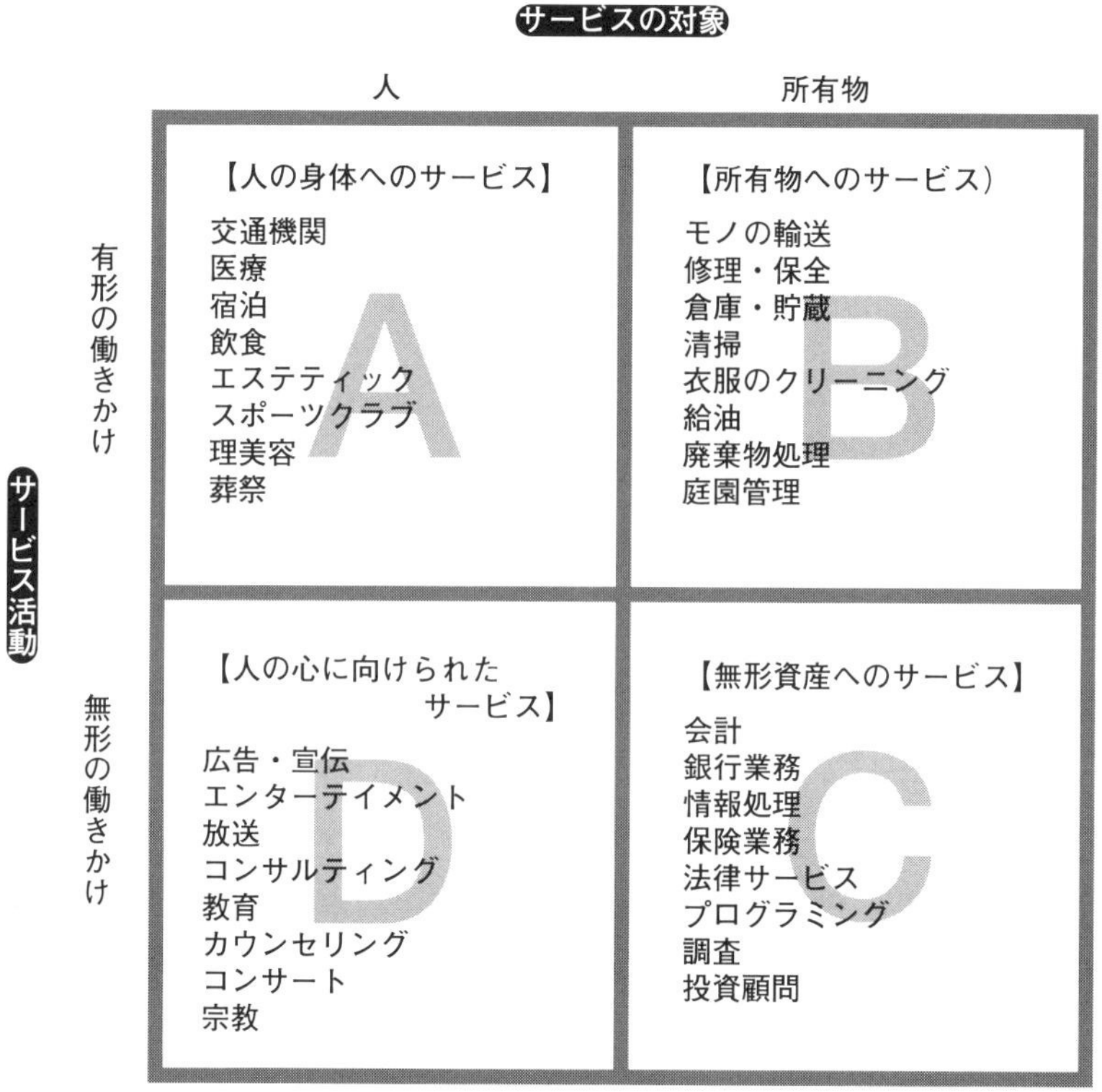

	人	所有物
有形の働きかけ	【人の身体へのサービス】 交通機関 医療 宿泊 飲食 エステティック スポーツクラブ 理美容 葬祭 A	【所有物へのサービス】 モノの輸送 修理・保全 倉庫・貯蔵 清掃 衣服のクリーニング 給油 廃棄物処理 庭園管理 B
無形の働きかけ	【人の心に向けられたサービス】 広告・宣伝 エンターテイメント 放送 コンサルティング 教育 カウンセリング コンサート 宗教 D	【無形資産へのサービス】 会計 銀行業務 情報処理 保険業務 法律サービス プログラミング 調査 投資顧問 C

出所：C. H. Lovelock
Service Marketing, Pentice-Hall, 1996, p29

できるかどうかだけでなく、快適に泊まることができるかどうか)。したがって、顧客の支払うコストには価格だけではなく、時間、心理的コスト(対人関係でのストレスなど)、肉体的努力(痛み、疲れ)などが含まれる。

Bのセルは、「顧客の所有物」(生物・無生物を問わず)に対する「物理的働きかけ」のサービスである。物品の輸送、機械類の修理やメンテナンス、衣服のクリーニング、庭園の管理、ペットのケアなどが例としてあげられる。ほとんどが半製造業的な仕事となる。サービス対象である所有物が、衣服や小さな機械類のように、持ち運びできるかどうかによってサービス生産の場所が決まってくる。ハウス・クリーニングや住宅の修理の場合にはサービス機関は顧客の所に出向くことになるが、その他は、クリーニングをクリーニング店に持っていくように、サービス工場(サービスの生産場所)に顧客が対象物を持っていく。このサービス・カテゴリーでの顧客の主な役割は、注文と説明、そして支払いである。顧客がサービス生産に直接参加することは少ない。

Cのセルでは、「顧客の無形資産」に対する情報処理サービス(「無形の働きかけ」)が入る。銀行の預貯金や貸し付け、会計処理にともなうサービスは、顧客のキャッシュ・フローに関連する情報処理である。貨幣そのものは物質であるが、会計処理では情報だけが流通する。他に保険、情報提供サービス、調査などがこのグループに含まれる。法律サービスも、顧客の無形資産への法律的処理が主たるものである(刑事裁判における弁護活動も、依頼人の社会的責任という無形資産が対象である)。このカテゴリーのサービスでは、サービス活動の主体は人間の脳とコンピュータであり、作業としては情報収集とその処理が主な内容であって、多くの場合、通信手段として情報通信システムも利用される。また、情報そのものは無形のサービス・アウトプットであるが、それらは手紙、レポート、テープ、CDなどのモノに変換・体化することができる。この種のサービスの結果は、実際に書類化されることでサービスが完結すると見なされる場合が多い。

Dのセルのグループでは、「人」に対する「無形の働きかけ」をサービス内容としている。人の心との相互作用を行うサービスだ。広告・宣伝、教育、放送、コンサート・演劇、カウンセリングなどが含まれる。人の心に訴えるものは態度に影響し、その結果、行動にも影響するので、このカテゴリーのサービスには一般に倫理的規制（外的なものであれ、内的なものであれ）が必要と考えられている（例えば、暴力や性的な内容に関連する規制）。この種のサービスでは、放送のように、顧客にかならずしも物理的に特定の場所に居ることを求めないが、サービスを消費するには心理的に活性化している必要があり、感覚的にはサービス提供の場に存在していなければならない（例えば、iPodで音楽を楽しむには、身体は移動しても、耳は音楽を聴いている）。したがって顧客は一定時間をそのために費やさねばならない。また、この種のサービスの内容は情報提供であるので、容易にCD、ビデオテープなどのモノに転化することができる。

2 サービス・カテゴリーの示す経営上のヒント

サービス企業の経営者や管理者は、製造業の場合に比べて、自分の企業を他の企業や産業と共通していると考えるより、独自でユニークなものと見なしがちである[35]。レストランの経営者は、自分の店がホテルやスポーツクラブと同じ種類の経営上の課題や問題点を抱えているとは考えないものだ。逆もまた真であろう。しかし現実は、多くのサービス企業は他の企業と共通する課題も持っていて、また同時にその業種に独特の問題も存在するのだ。サービスの分類は、共通する部分と独自な領域の両方を明らかにして、そのカテゴリーごとに存在するマーケティング上の課題や経営上のヒントを示してくれる。

(1) サービス・ベネフィットは何なのか

各カテゴリーは、そのサービスが顧客にとってどんなベネフィットが大切なのか、について管理者に一段上からの理解をもたらす。自分の企業の個別商品が提供するベネフィット内容を理解しているのは当然だが、より広い範囲からの見方ができる。例えばAのセルでは、病気の治療や食事といった、顧客の物理的・生理的な変化をもたらすことを目的としている。その場合、顧客がサービス生産場所までやってきて、サービス活動に直接参加しなければならないとすれば、顧客にとっての関心はそこで過ごす時間が快適で、楽しい体験となるかどうかである。またBのセルでは、顧客の所有物への広い意味での加工（例えば、汚れた衣服のクリーニング）が目的であるから、顧客の関心は確実に信頼できる加工が期待できるかどうかにある。また、Aのセルでは対象が人であるが、人をあたかもモノのように扱い、実際にはBのセルで扱ってしまってはいないか、といった反省を喚起することもある。医療サービスでは、こうした勘違いが起こりやすいことがよく知られている。

(2) 顧客の行動と期待についての理解

サービス対象が人間の場合（AとDのセル）、顧客にとってサービスは体験であるから、体験の質が充実したものとなるような工夫が重要である。特にAのセルのように、顧客がサービス過程に参加する場合、サービス担当者の接遇、サービス施設の快適さ、セルフサービス機器の使いやすさ、他の顧客の特徴と行動、および適切な情報提供などに気を配る必要がある。またどのセルであっても、情報機器の利用によってサービスの効果性と効率性が一挙に向上する可能性があるから、研究を怠らず適切な投資を検討しなければならない。

(3) 代替チャネルの検討

特にCのセルでは、サービス提供の具体的方法が、情報機器と通信手段の発達によって、大きな変化を遂げる可能性を持っている。例えば、情報機器を使ったホームバンキングは、従来、銀行まで顧客が出向き、書類の処理をしていた状況を大きく変化させた。調査や不動産情報の提供も店頭やオフィスに出かけなくても、ファックスやe-メールによって結果を入手することが可能になっている。今日、CやDのセルのように、サービスの内容が情報処理である場合では、サービス・デリバリーの手段が予想を越えたスピードで変わりつつあるのだ。

(4) サービス施設のデザイン

どのセルの場合でも、サービス生産場所まで顧客が出向かなければならない場合、サービス施設の立地とデザインは顧客志向の視点から計画されるべきだ。どんなサービスでも顧客にとっての快適さが重要だが、サービス内容によって迅速、簡潔が求められる場合と、ユッタリ感や豪華さが重要な場合とでは施設のデザインも異なってくる。サービス内容に合った体験を提供することがポイントである。

また、顧客が出向かなくても、サービス施設の方が顧客の所へ出向くという点に特徴を出すという発想もある。現在でもレストランのケータリングや老人医療機関へ出張治療をする歯科医師、お客の所に出向く美容室、また在宅医療などがある。今後は、情報機器の利用によって、ハイコンタクト・サービスがローコンタクト・サービスへと転換する業種も多くあるであろう。その場合、機器の使い勝手の良さや使い方についての情報提供がサービス組織の大切な課題となってくる。

代替チャネル
サービス施設

以上、ラブロックのサービス分類を取り上げて、各カテゴリーが示唆する意味を検討した。なお、この分類を理解するうえで、二つ注意すべき点がある。第一は、この四つのカテゴリーは、その分類に属するサービスの核となる技術の性質を示している。しかし、サービスの技術は、モノ生産の場合のように変換される対象だけを取り出して加工するわけにはいかない。人の身体を対象にしても心を無視することはできないし、心を対象にしても身体を切り離すことはできない。そのため、例えばエンターテイメントは心を対象としていても、遊園地のジェットコースターやフリーフォールのように身体でスリルを体験させることが手段となる場合がある。反対にAのセルのように人の身体に対するサービスであっても、そこに心の充実感がともなわなければ、優れたサービスとはいえない。

第二に、この分類が、人と所有物とを一つの基準としているために、小売りサービスのように、所有物を入手する販売サービスが分類できないという点だ。小売りサービスは、購入したモノの使用価値や買い物体験を重視すれば、AかDのセルに入るが、モノの所有権の移転サービスと見なせば、Bのカテゴリーに入る。この分類が示唆する意味を評価して、小売りサービスは無理に一つのカテゴリーに分類するよりも、分類をまたがる例外として扱うべきであろう。

3 サービスのデザインと構成要素

(1) サービスはパッケージ

どんなサービスでも、その核となる加工機能だけが提供されているという場合は少ない。街角に設置してある缶コーヒーなどの自動販売機でさえ、複数の商品から選ぶことができる。つまり自動販売機は、缶飲料の販売というコア・サービスに加えて、限られた範囲ではあっても品揃えサービスも提供しているのだ。シティホテルの場合、安全な宿泊というコア・サービスに加えて、レストラン、ランドリー、モーニング・コール、プールやジム施設、OA機器の貸与、コンシェルジェ・サービス等、多くのサービスが提供されている。大学のような教育機関でも、学生へのさまざまのサービスがパッケージとなっている。主な項目だけをあげても、入学式・卒業式のようなセレモニー、オリエンテーションや履修要項による情報提供、学生証の発行による身分保証、学生食堂、購買部、図書館、クラブ活動への便宜供与、ゼミ合宿、学園祭、就職指導、コミュニティ活動、同窓会、学校行事に関連する学生の事故に対する障害保険への加入まである。最近は大学の大衆化現象を反映して、ますますきめの細かいサービスが学生に提供される傾向になっている。

このように一つのサービス商品はパッケージとして、コアとなるサービスとそれに付随するサブ・サービスから構成されているのだ。

(2) サービスの構成要素

サービス商品を構成する要素には以下の四つがある[36]。

① コア・サービス
② サブ・サービス(促進的サブ・サービスと支援的サブ・サービス)
③ コンティンジェント・サービス
④ 潜在的サービス要素

一般に一つのサービス商品は、一つのコア・サービスと複数のサブ・サービス、およびあらかじめ商品構成としてはデザインできないコンティンジェント・サービスと潜在的サービス要因を含んでいる。

① 料金の基盤となるコア・サービス

コア・サービスは、そのサービス商品の中核となる機能を受け持っている。その商品のサービス・コンセプトを実現する活動である。例えば、航空会社のコア・サービスは、安全に短時間で空港から空港へ乗客を運ぶ活動である。このサービスの技術は、旅客機、空港、運行システム、情報通信システムなどから成り立っている。この場合、コア・サービスとは、顧客が対価を支払って消費しようとする中核的サービスである移動のことだ。だから、どんな場合に、顧客は提供されたサービスへの支払いを拒否でき、または払い戻しが請求できるかを考えるとコア・サービスが明らかになる。天災以外の理由で大幅に遅延した新幹線や航空機。ゴミが入っていて食べられない料理（レストラン）、やはり天災以外の理由で安眠できなかったホテル等々では顧客はコア・サービスが充たされないという正当な理由で代金の支払いをする必要がない。もし、こうした場合においても代金の請求を受けるようなら、顧客は断固戦うべきなのだ（なお、医療、法律、教育といった資格を必要とする専門的サービスの場合は、サービス提供過程が適切であれば結果責任を負わなくともよい、という社会慣行があり、一般にも認められている。例えば、通常の治療をほどこしたが、結果として入院患者が死亡しても、そのことでは病院は責任を問われない。しかしアメリカなどでは、専門職の優位性が徐々に崩れていく傾向が見られ、しばしば法廷で取り上げられるようになってきている）。

② 特徴を出すサブ・サービス

サービス・パッケージの中で、コア・サービス以外の副次的サービスを**サブ・サービス**と呼ぶ。副次的サービスであるから、重要性はコア・サービスより低いともいえるが、顧客にとっては、必ずしもそうではない。なぜなら、コア・サービスは顧客にとって当たり

図6 サービスの構成要素

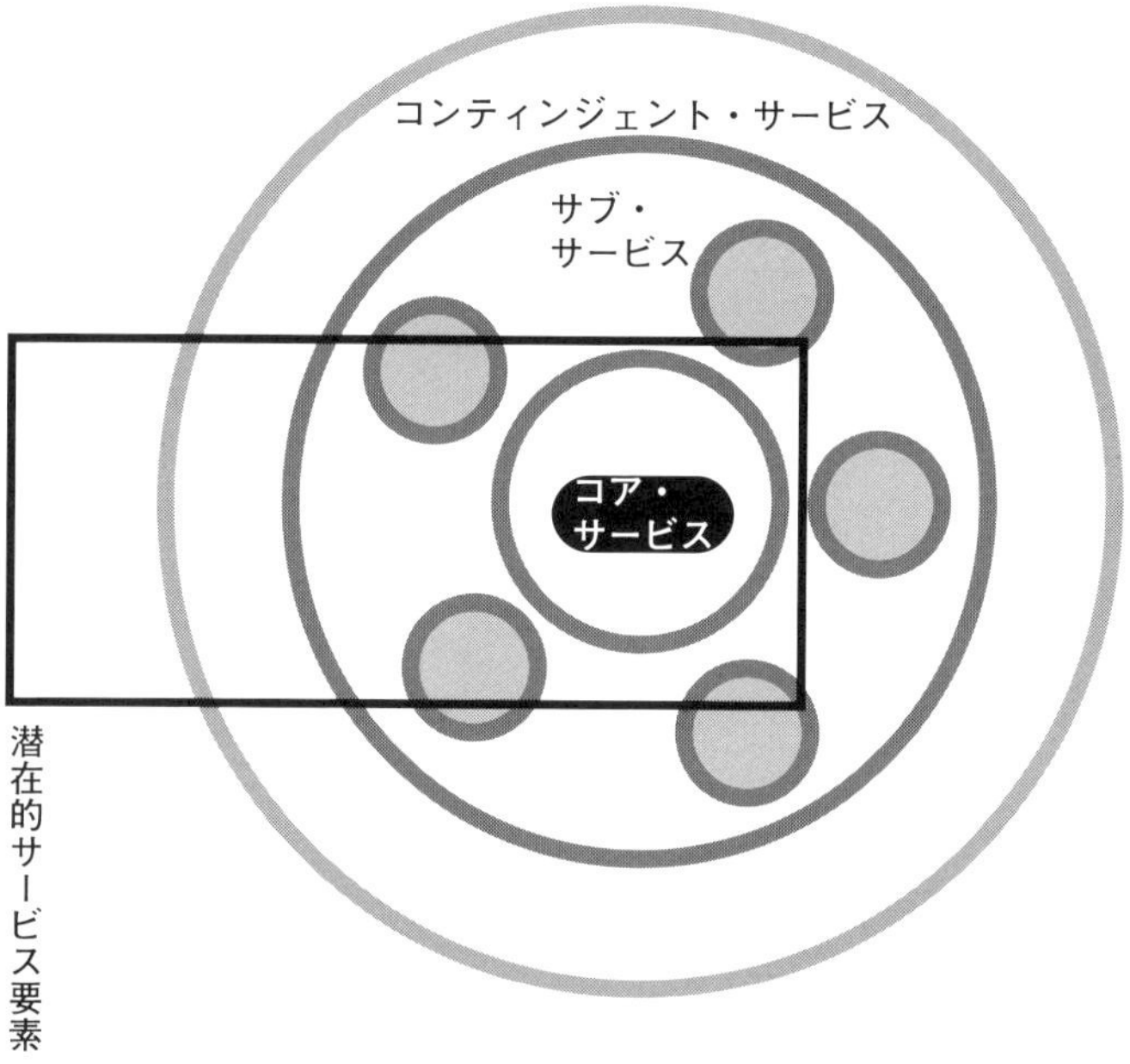

前のサービスであって、サービス商品の特徴は、実際にはサブ・サービスが主張していることが多いからだ。

特に競争の激しい業界では、企業はしばしばサブ・サービスの拡充に熱心になる。日本を離発着する航空路線では、機内食に特徴のある日本食を出すことにしのぎを削っている。バブル崩壊後のデパート業界は、ハウスカードの割引率で競争している。金融ビッグ・バンの後には、金融機関においても、ある程度サブ・サービスの競争が見られるようになった。

なお、サブ・サービスには2種類あり、サービスとしては独立しているが、コア・サービスの実行に不可欠な①促進的なサービスと、コア・サービスの質を高めるような②支援的サービスである。例えば、大学でいえば、図書館サービスは教育に不可欠であるから、促進的なサービスであり、一方、学食（食堂）は、存在しなくても教育には直接には関係ないので、支援的サービスに分類される。

コア・サービスとサブ・サービスとの関係について次のような仮説がある。コア・サービスは、その属性の内の一つでも不十分な場合、顧客はそのサービス全体に不満を感じる。しかしコア・サービスが十分に提供されていても顧客満足の向上には貢献しない。これに対しサブ・サービス（特に支援的サブ・サービス）は個々の質が悪くてもあまり不満足は感じないが、反対にその属性の内のどれか一つが優れていれば、他の部分の悪さを代償して、満足感の向上に寄与する、というのである。[37] 例えば、電車のような交通機関の場合、乗客の安全が脅かされたり、運行時間にしばしば大きな遅れがでれば、電鉄会社全体への不満につながる。しかし、電車が安全であり、遅れが発生しないことは当たり前であるから、満足感には影響しない。一方、多少駅舎が古くても、駅員がとりわけ親切だったり、他社にさきがけて車両を新しくしたりすれば、こうした支援的サブ・サービス要素によって、その電鉄会社への満足感は高まるのだ。

そこで、顧客満足を高めるために取るべき戦略は、コア・サービスについては最低許容基準をしっかり守ること。そして、代償作用のあるサブ・サービスについては、どれか集中的にある部分の質を大きく改善することが取るべき方向となる。

なお、コア・サービスと促進的サブ・サービスの内容は、顧客へ提供できるサービスのメニューにあらかじめ載っているサービスで、いわば「**定常業務サービス**」である。したがって、そのサービス商品の代金（例えば、ホテルの宿泊料金）を支払えば、別に定めてある場合を除いて、顧客はどのサービスについても利用できる権利を持つ。しかし、支援的サブ・サービスは、例えば、ホテルのレストランのように、別料金を請求されることが多い。

③ 臨機応変のサービス――コンティンジェント・サービス

コア・サービスと促進的サブ・サービスは、定常業務つまり通常の仕事に含まれる。しかし、サービスの仕事ではしばしば通常の仕事の範囲ではこなせない事態が発生することがある。そこで「**状況適応的なサービス**」が必要とされることになる。この種のサービスを状況適応的という意味で**コンティンジェント・サービス**と呼ぼう。

コンティンジェント・サービスは、主に定常的な仕事の流れを乱すような撹乱要因に対応するサービスだ。こうした撹乱要因は、先に触れたように、サービス組織の生産と販売機能が外部環境に直に接しているために、顧客に接している現場で発生し、そのためにその時その場での処理が求められる。お客を長い時間待たせて、上にお伺いを立てるといったことは避けねばならない（阪神大震災のときに、せっかくやってきた海外の救助隊が、神戸まで到着していながらお役所が許可を出さなかったので、必要な医療活動が早期にできなかったという馬鹿げた事態が起きた。アメリカでは災害時は、最初に現場に到着した人が指揮をとるという原則があるそうだが、まさにそうあるべきだ）。

撹乱要因には、大別すると主に二つの発生源がある。第一はサービス組織の外部環境から来るものと、第二に顧客を原因とするものである。第一のタイプは、火災や地震、事故といった顧客の安全にかかわるものや、天候不順、断水、停電、必要な原材料の到着の遅れなどがある。こうした要因への対応は、普通、サービス組織が責任を持って行うべきものだ。特に顧客の安全に関する問題の処理は最優先事項だ。

第二の顧客を発生源とする撹乱要因の処理は、第一のタイプより微妙な注意深い処理を必要とする。顧客はその職業、価値観、人種、文化や性格、また個人的な事情などさまざまの個人的な背景を背負っている。ベジタリアンは野菜だけの機内食を、イスラム教徒は豚肉料理を除いた料理を求めるかもしれない。盲導犬をつれた障害者がレストランへ食事に来るかもしれない。こうした状況で、どのようにサービス担当者は対応したらよいのであろうか。

規則やマニュアル通りの機械的な対応は、どう対応すべきか考える必要がないので、楽な方法である。一般に自分が担当している仕事に誇りも楽しみも見つけだせない人は、なるべく判断を必要とする状況を避けて、頭では週末のレジャーのことを考えながら、機械的に決まり切った仕事をこなす。こういう人にとって仕事とは時間の経過そのものであって意味のある活動内容ではない。気の毒だといわざるを得ないが、こうした状況はモノ製品を組み立てるといった単純反復的な作業において起こりやすいという産業社会学の研究がある。しかし、サービスでは対象が人間なのだから、こんな対応をされたのではたまったものではない。イギリスのある小都市のバス会社に、「バス停で待っていたのに、バスが通り過ぎてしまった」という苦情が寄せられた。その会社の担当はこう答えたという。「乗客を乗せるためにいちいち停まっていたら、バスの運行スケジュールを守ることができません」(38)。

コンティンジェント・サービスでは、顧客の側にも必ず顧客の要求が通るとは限らないという予想がある。だから、顧客の求めに応じてこのサービスを提供することは顧客に大きな満足感をもたらす。経営者の立場に立つと、適切なコンティンジェント・サービスは望ましいが、顧客からどのような要求が出るか予測できないから、あらかじめルールを決めておくことは難しい。だからこそ、サービス担当者には顧客志向の姿勢と組織運営のバランスが取れた、状況に合った適切な判断力が求められ、また臨機応変の判断を許す組織風土と高度なリーダーシップが重要なのだ。

④　潜在的サービス要素

これまで検討したコア・サービス、サブ・サービス、コンティンジェント・サービスは各々顧客に対して具体的で明確なベネフィットをもたらす。コア・サービスとサブ・サービスはあらかじめサービス組織が計画し、サービス商品として作り上げられている。コンティンジェント・サービスは、企業が対応できる幅のなかで、顧客の求めに応じてエクストラとして提供する予定外のサービス内容だ。

四番目の**潜在的サービス要素**は、これまで検討した三つのサービス要素とは異なり、企業が計画したものではないが、顧客自身がいわば勝手に見つけだすサービスの効用である。企業がその効用をあらかじめ認識して、予定した提供内容に組み込めば、サブ・サービスの一種と考えることもできる。

例えば、最近わが国でも盛んになってきたが、夏休みなど子供の学校が休みの期間中に子供を一、二週間キャンプやスキー教室などに送る団体教育がある。こうした教育サービスの本来の目的は、子供たちに集団生活を体験させ、スキーの技術を身につけさせたりすることだ。しかし同時にこの期間中、親たちは子供たちの世話から解放され、自分たちだけの時間を過ごすことができる。この点が親たちの隠れた誘因となっていることは、アメリカなどではよく知られている。[39]

こうした副産物的な効果は、モノ製品の場合よりもサービスにおいて起こりやすい。企業内で独自に進められているプロジェクトの権威付けにコンサルタントを雇うといったことは、どの国でも起こることのようだ。海外旅行へ行く真の目的は近所や知人へ自慢するためかもしれない。また病院へ入院するのは、スキャンダルにかかわる政治家や財界人が世間の追求を免れるためといったことも耳にすることがある。また、まことに残念ながら、大学生の一部には、大学へ進学するのは、たんに大卒という資格を得るためであり、四年間楽しい学園生活を送るほうに関心があって勉学が目的ではないといったケースも少数ながら見受けられる。

潜在的サービス要素については、サービス組織があらかじめすべてを把握してサービス提供項目に入れておくのは困難であろう。また、本意ではないという見方もできる。しかし、顧客のニーズを充たしていることも事実である。あらかじめ把握できる事項については、特別のニーズを持った顧客層として対応を考えておくべきである。

(3) サービス商品のデザイン

サービス商品はこれまで検討したサービス要素の組み合わせとして提供される。そこで、この要素の組み合わせに着目したサービス商品のデザインについて考えてみたい。なお、社会の変化や顧客の新しいニーズに対応する「サービスの内容」に関わるデザインはパートⅡで検討する。ここでは、サービス内容には基本的な変更はないが、サービス商品の構成の仕方を変えることで新しいサービス商品を創造しようとするアプローチを取り上げる。

① サービス商品の広範化

中心となるコア・サービスに加えてサブ・サービスの数を増やしていく方向のデザインである。人々の時間の重要度が増すにつれて、一ヵ所で複数のサービスを済ませてしまうことが魅力になりつつある。ワンストップ・ショッピングの発想だ。自動車の販売代理店は、自動車本体の販売だけでなく、登録・駐車場の届け、ローン、自動車保険、メンテナンス、下取りなど一連の関連するサービスを提供している。銀行、保険など金融機関も総合的な金融サービスや危機管理サービスを提供しようとしている。新しい写真館では、たんに七五三や成人式用の写真を撮るだけでなく、必要な衣装をレンタルし、着付師を用意するところも出てきた。単独のサービス商品からシステム商品への転換である。ノーマンはこうした傾向を「広範化（ブロードニング）」と呼んで、「取引を十分に活用しようとする企業側の戦略から生まれ」、それはちょうど顧客が投資したものを十分に活用しようとすることに対応している、と述べている(40)。

商品のシステム化の傾向とは別に、コア・サービスは基本的には変わらないが、顧客対象の種類や活動に合わせて多くの商品ラインを用意するという動きもある。ヤマト運輸では、従来の宅急便に加えて、生鮮食料を運ぶクール宅急便、スキー板やゴルフクラブを運ぶスキー宅急便とゴルフ宅急便、夕方預かった会議資料などを翌朝10時までに運ぶ「タイム」、通販会社などの集金を代行する「コレクト」、新しいトランクルーム・サービスを加えた「収納便」などをラインアップしている。これらはすべて、モノの運送というコア・サービスを基本として商品バラエティをつける発想だ。最近では、運送に物販をプラスして新しいサービス商品を開発している。システム化がいわば縦の商品群の深化であるのに対して、この動きは横の広範化といえよう。

　また、ファーストフード店が出前（宅配）を始めたり、ホテルが託児施設を設けたりといった、サブ・サービスの拡大も目立つようになってきた。しかし、これは商品の広範化とは区別しなければならない。たんなるサブ・サービスの追加と、システム商品として、全体との関連性が備わっている場合とは異なるからだ。また同様に、多角化とも区別される。多角化は、新たなコア・サービスと関連するが異なったコア・サービスを用意することだからである。多角化は新たなサービス生産システムを必要とするので、広範化よりも大きな投資額が必要となり、それだけ事業の危険度も高い。

　サービスのシステム商品化も、サブ・サービスの追加も、また多角化も、すべて顧客に取ってはマルチ・サービス化となるが、サービスをデザインする立場からは区別され、導入に際しては各々慎重な検討を必要とする。

商品のシステム化
多角化

② シングル・サービス化

特定のコア・サービスに特化してサービス提供を行うアプローチである。例えば、人間ドック専門病院、ホスピス、全機種のパソコンのトラブルに対応した指導だけを行う電話サービス企業、結婚式や披露宴のビデオ制作会社、変わったところでは、小笠原流の結婚式をするために本人と両親を対象とする三ヵ月間の講習会やDNA検査による親子判定を行う企業などさまざまなサービスがある。顧客の欲求の高度化と細分化、そして技術の変化が急速に起こっているために、顧客の特化した機能を充たす「狭い」サービス提供者の活躍する機会は少なくない。いわゆるニッチ産業である。これらの企業は、顕在化し始めた市場ニーズをいち早く捕まえたり、新技術の利点を技術のライフサイクルの早い時点で利用したりして需要機会を活用する。[41]

コア・サービスに企業努力を集中して華々しい成功を収めた企業として有名なのは、アメリカの航空会社サウスウエスト航空である。[42] サウスウエスト航空は一九七一年に四機の航空機から出発した企業だが、現在（二〇〇九年）はアメリカの国内線の中堅航空会社として五三七機の航空機（ボーイング737）を持ち、アメリカ航空産業で最も利益率の高い企業となった。この企業はさまざまなユニークな特徴を持っているが、顧客へのサービスという点からとらえると、航空サービスの最も基本的なコア・サービスの提供にサービスを限定して、コア・サービスの質を最大限に高めることに成功しているということだ。

サウスウエスト航空では、機内食を出さず、映画も上映しない。またコンピュータ予約システムも持っていない。座席指定もしない。しかし、最新鋭の中型航空機をそろえて安全性を高め、正確な離発着時間を守っている。また、チェックインのために乗客を待たせることのないように、予約番号だけでボーディングパスを渡している。そして何よりも低価格なのだ。こうしたアプローチを「ノーフリル」と呼んでいる。フリルとは女性のスカートやブラウスの飾りのことだが、そうした不必要なフリルを取り去って、コア・サービスである正確で安全、低価格という航空サービスを提供しているのだ。

③ サービス・パッケージの束を解く

従来は一つのコア・サービスを中心にサブ・サービスが束になって一つの標準化されたサービス・パッケージであったものをほどいて、各々のサブ・サービスを一つのサービス商品として提供することである。自動車の販売代理店などが行う車検のためのサービスは、これまでは、検査、必要な部所の修理・補修、車検場へ持っていっての検査、という一連のサービスがパッケージになっていた。これを自動車の所有者が持ち込んだ車を車検場に運んで検査を受けるという部分（ユーザー車検）だけを受け持つサービスが出てきた。車検に必要とされる内容を上回る部分の修理を避けて検査業務だけを代行してもらい、費用を安く上げるためである。不必要な過剰なサービスを避けて、必要な部分だけを充たそうというねらいである。

こうしたニーズは、顧客が自分の要求水準をハッキリ意識するという傾向が拡大するにつれて大きくなっていくであろう。生命保険も、従来は養老保険式の危機管理と貯蓄の両方を兼ねたものが一般的であったが、最近は目的別に年金保険、掛け捨ての生命保険、入院保険、ガン保険など多彩な商品が提供されるようになった。顧客は自分の必要とするサービスだけを、従来より安い価格で簡便に手に入れることができるのである。サービス・パッケージの束を解く結果、提供できる商品の品揃えの幅が広がることになる。一部経費を上げることになるが、顧客の生活上の欲求により細かく、かつ深く応えることができる。

⑤　サービスのモノからの独立

かつてのモノ中心の社会では、人の労働も現在のようには高額ではなかったので、モノの販売に無料の顧客サービスを付けることがしばしば行われた。初期のコンピュータ業界では、プログラムソフトは無論のこと、機械の設置、操作方法の訓練、補修まで製造・販売会社が負担して提供された。つまりサービスは「タダ」だったのだ。しかし、今日のように一方で人件費が高くなり、他方、機械が高度化し、かつ顧客層が法人から個人客へと広がったために、従来の顧客サービスをコンピュータ本体に付けて提供することは難しくなっている。商品としての原価構成のなかで、ハードよりもソフトやサービスの比重が大きくなったからだ。

そこで今日では、ソフト、設置、使用方法などが個別の商品として販売されるようになった。サービスがモノから独立して商品として販売されているのだ。似たような動きは、さまざまな分野で起りつつある。最近では一般顧客の知識量が増大してより専門的な知識を求める傾向が強くなっている。中途半端な情報提供ではなく、まとまった知識や技術を提供する情報提供サービスとして独立し始めているのだ。

第9章 サービスの品質

1 サービスの品質はなぜ重要か

わが国が輸出する家電製品や自動車は、これまで、その品質が優れていることで世界的な評判を得てきた。製品の品質の良さが、八〇年代に日本を一大経済大国に押し上げたといっても言い過ぎではない。家電製品といったモノ製品の品質とは、具体的には、機能が優れている、壊れない、デザインが良い、複数の機能を持つといった点で評価される。自動車の場合には、信頼性、デザイン、耐久性、機能性、プレスティージ、補修や修理のしやすさ、使いやすさなどの観点から判断される。

こうした製品の品質はまず設計の段階で決められる。しかし、より重要なのは、その製品を製造する段階で設計した品質を作り込む過程である。そして最終段階で、製造された製品が計画した規格に合っているかどうかが品質検査によってチェックされる。わが国のモノ製品の品質が高いのは、この製造過程で品質を組み込むプロセスが優れているからで、

モノ製品の品質

一時期、日本製のＩＣチップが世界を席巻したものこうした品質管理の水準の高さが理由であった（なお、アメリカの製造業は八〇年代に日本との品質競争に負けたことで、ＴＱＭなどの品質管理技法を日本から学び、製造過程の改善に大きな努力を払った。その結果、九〇年代には再び立ち直って現在に引き続く発展のきっかけとなった）。

モノ製品の場合、品質は、生産された結果としての製品が、予定された規格に適合しているかどうかで判断される。それは工場内の製造過程で実現されるのだが、顧客とは直接には関係のない内的なプロセスである。つまりモノ製品の品質は、工場のエンジニアが判断する品質であって、顧客がその製品をどう評価するかは、市場に出して見ないとわからないのだ。実際、製造サイドが自信満々で出した製品が販売には失敗し、反対に事前には気にもしなかった製品のある特徴が消費者に受けてヒットした、といったことはよく聞く話である。

さてサービス商品では、顧客に提供する前にその品質(43)をあらかじめ用意しておくことは難しい。準備はできても、実際のサービスはその場で生産されるからだ（それゆえ準備が大切になる。サービス・マネジメントは優れた品質のサービスを生産するために、どのように生産の仕組みを作り、準備しておくかが中心的なテーマなのだ）。またサービスの品質は、サービスの性質から、提供されるその場、そのときに消費者によって判断される。もちろん、評判、口コミ、立地、建物、値段、サービス担当者の態度などから事前に品質をある程度推測することは可能だ。われわれはこうしたサービス品質のキュー（手がかり）を使ってサービス商品の購入を決定する。しかし、実際のサービス品質は消費してみなければわからない。

サービスの場合、品質を判断するのは、生産者側ではなくわれわれ顧客なのだ。つまり、サービスの品質は顧客の主観的な判断によって評価される、ということになる（この点が工場の技術者が判断するモノ製品とは大きく異なるのだが、実はモノ製品の場合も最終的には顧客が判断するのであって、それが結局、売上高に影響する）。そのため、品質は製品の客観的状態を表すという見方は、サービス商品ではあまり意味を持たないのだ。

サービス商品の場合、品質が顧客によって主観的に判断されるということが、サービス・マーケティングにおいて、サービス品質に注目し重視しなければならない最大の理由である。サービス商品はモノ製品のように、事前にその品質について正確な情報を得ることもできないし、触ってみることも、試しに使って見ることもできない。だからサービス商品の購入にはモノを買うより大きなリスク（購買リスク）をともなう。そこで、サービスを消費するその場その時にすばらしいサービスを体験させることによって、顧客を満足させ、リピーターになってもらい、また知人友人に薦めてもらう（口コミ）。これがサービス・マーケティングの唯一の本道だ。モノ・マーケティングでは品質はある意味所与の条件であるが、サービス・マーケティングでは、品質の高さとその価値を顧客に印象付けることは、最も重要な課題なのだ[44]。

なお、サービスの品質管理でもモノ製品のように、測定可能な客観的指標を利用できる場面があることにも触れておこう。例えば、待ち時間、クレームの数、飛行機の予定された離発着時間と現実とのズレなどだ。マクドナルドでは、ハンバーガーを作ってからお客に出すまでに一〇分を過ぎたら廃棄している。フライドポテトは七分である。また従業員は三〇分おきに三〇秒手を洗うことになっている。こうした指標が、有効な品質管理の手段となっていることは間違いない。しかし、これらは多くの場合、周辺部分についての品質についてであって、顧客が重要視する全体的なサービスの品質の指標として利用するには不十分なのだ。

2 サービス品質の特徴

モノであれサービスについてであれ、その品質を顧客がどのようにして判断するかを基準にすると次の3種の品質に分類することができる。(45) それらは、①探索品質、②経験品質、③信用品質である。

①**探索品質**は、消費者が商品を購入する前に評価できるような品質である。例えば、洋服、宝石、家具、住宅、自動車などであり、実際に触ったり、試しに使ってみたり、商品の仕様書を検討したりできる。大部分のモノ製品は探索品質を基に品質の評価がなされる。この種の品質を評価するのは比較的簡単なことである。

②**経験品質**は、商品の購入時または購入後にその商品を使用することによって判断され

探索品質
経験品質

る。例えばレストランでの食事、パック旅行、理容・美容、ホームヘルパーなどでは、実際にそれらの商品を利用し体験することで初めて評価することができる。多くのサービス商品がここに含まれる。

最後の③**信用品質**は、専門的サービスの場合のように実際にそのサービスを経験した後でも、そのサービスが期待された効果を生じるかどうか不明な場合の品質をさす。例えば、お腹が痛くて医者の診断を受けた場合、医者が盲腸だと診断しても、実際にはお腹を切って虫垂の状態を確認するまでは、その診断が正確かどうかはわからない。そこで、われわれは医者の診断を信頼して手術を決心する。つまり、サービスの結果が後になるまでわからないために、サービスを受ける時点では、サービス提供者を信頼して購入を決めざるを得ないような商品である。この種のサービスとしては、医療サービスの他に自動車やコンピュータなどの修理、法律相談、投資顧問、占いなどを例としてあげることができる。モノ製品は主に探索品質と一部経験品質が関係し、サービスは経験品質と信用品質によって判断されることが多い。

もしわれわれが信用品質が関係するようなサービスを購入した場合、どのようにそのサービスを評価するのだろうか。

ここでわれわれは、先にサービスの特徴の一つとして述べた点、つまりサービスが顧客にとって意味を持つのは、その結果のみならずサービス提供のプロセスも重要なのだ、という点を思い出さねばならない。顧客は価格などコストを払ってサービスを利用するわけだから、そのサービスについて顧客は必ず何らかの評価を行うだろう。そこで信用品質のように、結果が後にならなければわからないようなサービスでは、人々はとりあえず評価することのできるプロセスについてサービスの質を判断しようとする。

つまり、サービスの場合には、結果品質と課程品質の二つが問題であって、結果について直ちに判断できないときには、顧客は全体的品質の判断を過程品質に求める傾向がある。そこで、本当は腕はいいのだが無愛想な大工よりも、客の話を良く聞き、説明がわかりやすく、礼儀正しい建築士の方が多くの顧客を集めることになる。信用品質が求められる他の専門的サービス（例えば、医師、弁護士、会計士）などでも、顧客の評判が良いのは、クライアントのかかえる問題に共感してくれて、期限を守り、自分から連絡をくれる担当者だという調査がある(46)。

3　サービス品質の基準

それでは、サービスの結果品質と過程品質はどのようにして判断されるのだろう。サービスは体験だから、顧客はサービスを経験している最中と事後に評価を決めることになる。小売りサービスでは「欲しいモノが買えた」、娯楽や外食サービスでは「楽しかった、美味しかった」、機械の修理や医療関係では「具合の悪かったところが直った」といった認知が結果品質を示している。結果品質はこのようにサービスの結果についての評価であっ

結果品質

て、信用品質を持つサービス商品以外については比較的わかりやすい。

では、過程品質についてはどうであろう。人々はサービス活動過程のどんな側面に注目し、評価するのだろうか。サービス品質の基準についてはさまざまな研究があるが(47)、なかでも最も有名なのは、SERVQUAL(Service quality を短縮したもの)である(48)。これはサービスについての顧客の主観的な品質を測定するために開発された測定手法である。当初は、信頼性、反応性、能力、礼儀、信用性、安全性、アクセス、コミュニケーション、物的要素、顧客理解の一〇項目が調査によって抽出されたが、統計的な処理を経て、次の五つの項目にまとめられた(図7)。

①信頼性(Reliability)とは、企業が約束した(明示的にせよ、暗黙裡にせよ)サービスを正確に、キッチリと提供することへの信頼感である。サービス商品そのもの、とりわけコア・サービスに対する評価基準である。顧客が自分の支払いに対して当然受け取るべきだと見なしているサービス内容について、シッカリその部分が提供されたかどうか、ということだ。モノ製品の場合には、われわれはその基本的機能について信頼がおけるかどうか(壊れずにしっかり働く)を問題にするが、サービスでも信頼性は基本機能を問題とする。小売りサービスの場合には、欲しい商品がちゃんと品揃えに含まれているか、ホテルでは快適に睡眠できるか、情報サービスでは、提供されたシステムが期待通り働くか、といった部分についてである。アメリカの宅配業者であるフェデラル・エクスプレスは、小包を出した翌日の午前一〇時までに配達することを約束している。この企業はこの約束を確実

過程品質
SERVQUAL
信頼性

図7　サービス品質の側面

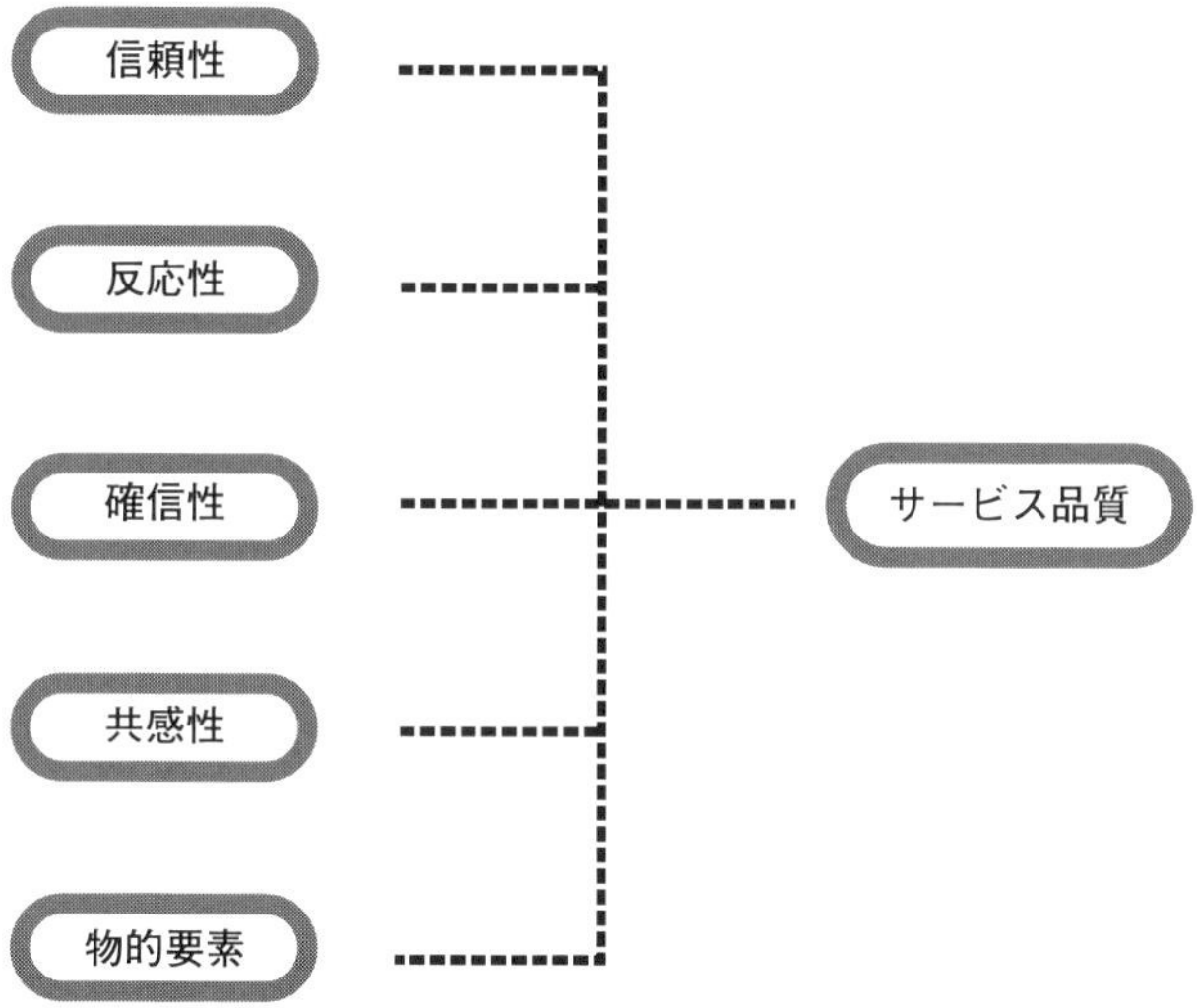

に守るためにさまざまな努力を払い、お客の高い信頼性を獲得している。

信頼性はサービスの結果についての評価項目だが、次の三つはサービスの提供過程（デリバリー・プロセス）に関する基準である。

②反応性（**Responsiveness**）は、積極的かつ迅速に顧客の求めに応じて対応するかどうかの側面についてである。サービス提供にあたっての担当者の姿勢と行動についてだ。ここに含まれるのは、第一にサービス提供のスピードであり、もう一つは顧客の要求に応えようとする担当者の意欲だ。お客が入って来たのに、仲間と笑いながら私的な話をしている店員は反応性について低い評価になる。また、しばしば経験することだが、お客に対応するより仕事上の連絡を優先する姿勢もいただけない。お客に関心を集中し、お客のちょっとしたサインでも敏感に反応するといった態度が反応性の評価を高めるのだ。

③確信性（**Assurance**）は、顧客に対してサービスの質に関する信頼と確信を印象付けられるような、企業と従業員の能力を意味している。具体的には従業員の持つ「知識・技能」と顧客への「礼儀」に関する評価である。従業員が仕事についてシッカリした知識と技能を持っていなければ、結果品質の高いサービスは期待できない。また、彼らが礼儀正しくなければ、お客としてどう扱われるのか不安を感じざるを得ない。

高い確信性は、サービスの購入にあたって顧客が感じるリスクを軽減することができる。われわれは、自信がなさそうで、態度のぞんざいな医師から手術を受けようとは思わないし、経営についてあやふやな知識しか持たない人をコンサルタントには雇わない。この人

反応性
確信性

にサービスを頼んでも大丈夫と思わせる印象が確信性なのだ。

④**共感性（Empathy）**は、顧客の個人的問題や気持ちを理解し、問題を一緒に解決しようという姿勢である。お客を一人の人間として扱うことだ。対法人ビジネスであっても、顧客企業の抱えている固有の課題を把握し、それへの問題解決に努力するという姿勢がこの基準に関係する。顧客を一人の個人として理解して、彼（または組織）の個別の問題に誠心誠意対応することである。医師が患者の病気にだけ対応するのではなく、患者の人生における病気の影響を踏まえながら治療するという姿勢を示せるかどうか、である。

⑤**物的要素（Tangibles）**は、建物の外観、部屋の造り、備品、従業員の服装、パンフレット等コミュニケーションの道具類などを含む。これら物的な要素は、第一にサービスが提供される環境（第5章の「サービス環境」）を作り上げていて、その意味でサービスの質の一部をなしている。第二に物的な要素は、サービスを生産する道具類でもある。優れた手段を利用するサービスの品質は高い可能性を示す。第三に、物的要素はサービスの品質を暗示する手がかり（キュー）を事前に提供する。これらの意味によって、優れた物的な要素は高いサービス品質の基礎の一つとなっている。

小売店であれ、レストランであれ、ホテルであれ、われわれは清潔で感じの良い外観や部屋を好む。物的要素はサービス活動の「場」として、サービスの品質の重要な構成要素だ。また、物的要素は、提供するサービスのイメージを作り上げ、サービス品質を暗示するものとして、新しい顧客への訴求力を持っている。その意味で大切なマーケティングの

共感性
物的要素

手段でもある。わが国では最近の少子化現象によって、幼稚園は園児獲得の激しい競争にさらされている。英語を教えたり、英才教育を行ったりとサービス内容（教育）の工夫も行われているが、平行して盛んなのは建物や教室のリフォームだそうである。子供というより、親が好みそうな木造りの可愛い外観が大切なのだ。親たちはそうした物的な要素が保育の質を暗示していると感じる。幼稚園のマーケティングである。

4 サービス品質をどのように測定したらよいか

われわれは、こうした五つの基準によってサービスの質を判断することができるが、実際に品質を判断する際にどの基準が重要となるかは、対象となるサービスの種類や、顧客のそのときの欲求や個人的な価値観などによって異なってくる。例えば、結婚の披露宴では建物や部屋の豪華さが重視される。そのため、物的な要素の重みが他の場合よりも大きくなる。また、医療や福祉施設の場合には、反応性よりも顧客への共感性が重要だろう。素早いサービスよりも、患者や老人の気持ちに即したサービスが大切だからだ。そこでサービス企業は、顧客がそのサービスに対して一般にどんな基準を優先するかという情報を把握して、その評価構造に合った形でサービス品質を構成できるような仕組みを用意しなければならない。

アメリカの研究機関の調査(49)が、特定のサービスに限定せずにさまざまなサービスを調べた結果によると、サービス品質を評価する際の平均的な重要性は、信頼性三〇パーセント、反応性二五パーセント、確信性二〇パーセント、共感性一六パーセント、物的要素七パーセントであった。したがって多くの場合、約束したサービスの基本機能を確実に提供するという信頼性が最も重視されていることがわかる。

まず基本が充たされねばならないという当然の反応である。しかし当然であるために、信頼性に関してサービス提供者が特徴を出すのは困難だともいえる。顧客はある水準で期待した結果が出るのは当たり前と考えるからである。銀行で通帳への記入が正確なのは当然であり、わが国では公共交通機関が時間通り運行されるのも当然である。そこで信頼性以外の、反応性、確実性、共感性など、合計すると重要度の六割を占める過程品質に関係する諸要素の質を高めなければ、全体としての良い評価は得られないことになる。

それでは企業は、顧客が認知するサービス品質についての情報をどのように集めることができるのだろう。一般に、顧客の意識調査や苦情処理、販売員が顧客との対応のなかで集める情報、顧客のインフォーマルなコメントなどがよく利用される方法である。ときには、お客に扮した調査員がお客としてサービスを調査するミステリーショッパーなどが使われることもある。しかし、より直接的に調べるには、顧客を対象にしたサービス品質調査を行う。代表的な方法は先に触れたSERVQUAL（サーブクアル）である。

サーブクアルでは品質の評価を、顧客が抱いている「期待」と「実際の経験」の一致または不一致によって行うという立場を取っている。[50] 別名ギャップ（Gap）分析という。期待と実際の経験（実績）との差（ギャップ）によって測定するのだ。

普通、われわれが何か目的的な行動をしようとする場合、これから起こる出来事について、何かしら予測を立てる。情報が少なければ予測は漠然としたものとなるが、情報量が多ければ明確な予測ができる。サービス商品を購入しようとする場合も同じであって、そのサービス内容と品質の水準について普通なんらかの予測を立てる。これが「期待」である。

期待はそれを具体的な水準として表すには、何かの基準を必要とする。例えば、信頼性を表す例として電車の時刻表にしたがった運行を取り上げてみよう。もし貴方が電車の到着を待っているとして、何時にその電車が到着することを期待するだろうか。四つの場合が想定できる。

①　予定時間通りの到着（理想的水準）
②　一～二分遅れでの到着（望ましい水準）
③　一〇分遅れの到着（我慢できる水準）
④　一〇分以上遅れての到着（受け入れられない水準）

日本の電鉄は通常、非常に正確に時間通り運行されているので、わが国では普通、期待は①の「予定通りの到着」（理想的水準）となろう。しかし、他の先進国では電車運行時間の多少のブレは当然という国もあるので、そこでは「望ましい水準」が期待となるだろう。

サーブクアルは当初、把握しやすいという点から「理想的水準」を「期待」とする質問票を作っていたが、改訂版では「望ましい水準」を「期待」とするように変更した[51]。さて実際の測定は、特定のサービスを対象に、同じ品質基準について「期待」と「実績」のレベルを尋ねる質問を用意し、その差をとって、実績が期待を上回っていれば、その品質基準については高く評価され、反対に実績が期待を下回っていれば、低く評価されたと見なすのである。

期待と実績との対比によってサービスの品質を測定する方法は、たんに実績についての評価をもとめるアプローチよりも、期待を尋ねることで顧客の欲求構造を反映できるという点で優れている。例えば、フランス料理店では一般に料理が出てくるのが遅いが、このことを理解しているお客たちの場合、反応性についての期待は低くなるだろう。もし料理を頼んで、ファーストフード店のようにすぐに持ってきたとしたら、多くのお客は、早いことを評価するより、注文してから料理したのではなく、作り置きを持ってきたと考えてかえって不愉快になるだろう。つまりフランス料理店では、反応性への期待ははじめから高くなく、実際に遅く料理が出てきても、期待と実績との差はあまり出ないで、品質の評価もさほど悪くはならないのだ。もし、実績だけで評価するとすれば、たとえ料理の遅さを客が重視していなくても、反応性が悪いという評価結果になってしまう（筆者は、サーブクアルの日本語版を作成し、あるファミリーレストランでサービス品質を測定したことがある。その結果、顧客が何を重視しているのかという点と各要素についての品質評価の両方によって立体的な情報を得ることができた)[52]。

この期待と実績を対比する一致／不一致理論の方法について、いくつかの疑問が提起されているが、グルンルースは三点にまとめて、それらの疑問に答えている[53]。

① 顧客の期待が低ければ品質が高く評価される可能性があるから、実際の品質が低くても高く評価される結果となる、という批判。反対に顧客が高すぎる期待を持っている場合、実際よりもサービスは低く評価される。これに対し、グルンルースは「その通り」と答えている。たとえ顧客の評価と無関係に独立した客観的品質が存在するとしても、本当に大切なのは顧客が判断する品質なのだ、ということである。それゆえ、ある顧客にとって水準が低いと見なされるサービスが、他の顧客にとっては素晴らしいと受け取られるということが起きても不思議ではないのだ（ある人には不味い料理も、他の人には美味しいことはよくあることではないか）。

② マーケティングの視点から、もし顧客の期待が高すぎる場合にどのように対応すべきか、という疑問である。誇大広告気味のコミュニケーション活動の結果、明らかに提供できるサービス水準を越えた高い期待を顧客が持ってしまったと判断できるような状況である。グルンルースの解答は、顧客の期待を現実的なレベルへ持っていく努力をすべきだ、ということである。そうしなければ、多くの顧客が失望して去っていってしまう。また、

悪い口コミが広がることになる。

③　顧客が、期待よりも高い品質のサービス経験をして満足した場合、二回目のサービス購入の際には顧客は一回目よりも高い期待を持つことになる（学習効果）。そのサービス企業は無限に前回より高い実績を提供し続けなければならないのか、という疑問である。この場合、二回目の顧客は以前より現実に近い期待を抱くので、期待と実績は同じ水準となり、結果として一回目よりも品質評価は下がることが起こるかもしれない。だが、このことはサービス企業にとって特に悪いことではない。それが真実であり、その実績が競合他社と比較して実際に低水準でない限り、顧客は離れてはいかない。それで良いのだ。もちろんサービス企業は、現実的で達成可能な最高水準のサービス品質の提供を目指して日々努力を続けなければならない。だから、優れた経営者を擁する企業のサービス水準は実際に向上を続けている。

またグルンルースは、一回目に実績が期待を上回り、二回目に期待と実績が一致する、といった見方そのものがスタティック（静的）であり、現実はもっとダイナミックなのだと主張する。顧客、サービス担当者、サービス組織、競合企業、そしてその他の環境も変化し続ける。だから各々のサービス・エンカウンターそのものがその場その時でユニークなものであり、サービス評価もその都度独自な出来事なのだ。そうしたダイナミックなプロセスの中で品質向上の仕組みを組み込むことが、サービスの経営活動だと述べている。(54)

それでは次に、サービスへの期待は実際にはどのように形成されるのだろう。図8のよ

図8　サービス品質の評価

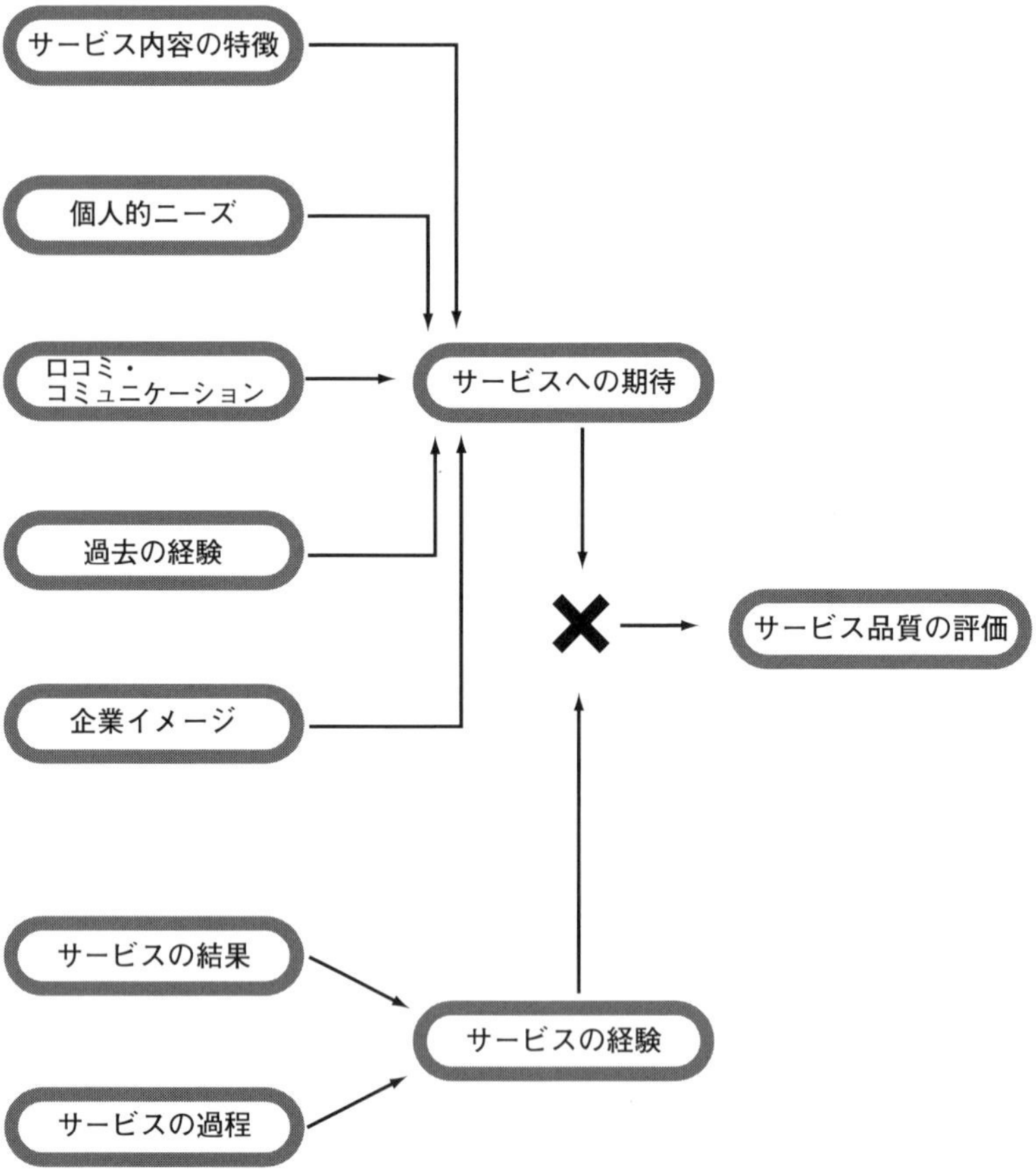

出所：M.Christopher, The Customer Service Planner?, 1993,
Butterworth-Heinemann, p.68

うに、期待は主に五つの要因から作られる。第一に購入しようとする①サービス商品の特徴である。ファーストフード店での食事と高級料亭での食事とでは、当然、期待の内容も変わってくる。また、予想される価格帯によっても期待は影響を受ける。第二に②個人的なニーズが関係する。そのサービスを消費することの個人的な緊急度（歯が急に痛みだした）や欲求の強さ、生活水準、好み等々である。第三にその人に対する知人の③口コミや企業の宣伝・広告といったコミュニケーション活動が影響する。特に口コミは信頼度が高いので、サービス品質への期待に大きな影響を与える。第四には購買者の④過去の経験である。そのサービス商品を以前購入した経験があれば、品質への予想はかなり正確になるだろう。また同一のサービスではなくとも、同じカテゴリーのサービスを過去に購入した経験があれば、その情報も影響する。最後は⑤企業イメージ（コーポレイト・ブランド）である。そのサービス企業の評判や規模、これまでの活動などから企業イメージは形成され、潜在顧客の期待に影響するのである。

5 サービス品質は満足度や顧客価値とどんな関係にあるか

サービスに対する品質の評価と顧客の満足感や価値の判断とは密接な関係にある。満足感については第13章で検討するが、ここではサービス品質とそれらとの違いや関係を明らかにしておこう。

サービス品質、顧客満足、顧客価値の三つは、概念としては各々ハッキリとした違いがある。しかし、これらはすべて顧客の主観的な認知によって決まるために、現実場面でこの三つを別々に把握するのはなかなか難しく、それらを別々に測定することはより困難な課題である。しかし、これらの指標はサービス企業にとって各々異なった意味を持ち、経営について示唆する内容も違うので、概念的な違いを明確にしておくことは大切である。

サービス品質と満足感の違いは三点にまとめられる。まず第一に、サービス品質はサービス商品の特定の側面についての評価だということだ[55]。先に検討したように、多くのサービスは信頼性、反応性、確信性、共感性、物的要素の五つの側面でその品質を評価することができる。どの側面を評価するかは顧客の期待の内容によって異なる。

それに対して満足感は、複数の要因が関係して形成される総合的な単一の感覚である。影響する要因としては、例えば、サービス品質、利用した物的な要素の品質（演奏会に行くのに車を利用したが、途中で故障して時間に間に合わなかった）、価格、状況的要素（急いでいるか、時間的余裕があるか）、個人的な要因（飛行機は嫌いだ）などである。つまり、そのサービスを利用する際の状況的な要因のすべて、またはその内のある要素が満足感の形成に関係する。

第二に、サービス品質が顧客の主観的な評価ではあっても、なるべく客観的な基準を利用しようとする知的な認知プロセスであるのに対して、満足感は特定の具体的なサービス取引についての感情的で直接的な感覚であるという点である[56]。したがって満足感は、その場の状況で起こるさまざまな細かい出来事によっても左右される。例えば、入院患者は治療の質については評価していても、病院の食事が美味しくないことで不満を持つかもしれない。また、お気に入りのレストランに行っても、たまたま知り合いのサービス担当者がいなかったためにガッカリするかもしれないのだ。

第三に、サービス品質の評価が、事前、最中、事後のすべてのプロセスで起こる長期的な評価であるのに対して、満足感は、サービスを体験した後の短期的な感覚である[57]。

なお、一般にサービス品質の評価は、満足感より先に起きて満足感に影響すると考えられている。しかし、後から考えれば「満足したのだから品質も良かったはずだ」という見方もできる。人は細かい内容は忘れても、そのときの感情はよく記憶していることが多いからだ。だから、普通は品質の評価が満足感の先に来るのだが、満足感が時間の経過とともに結果としてそのサービスについての品質の評価になることもある[58]。

サービス品質と満足感は、このように、サービスの異なった側面についての評価であり、各々に影響する先行要素も違っている。したがって、この二つは区別して検討することが望ましい。「サービスの質は良いと思うが、私は嫌いだ」といったことも起こるからだ。

顧客価値

さて、次に**顧客価値**についてである。価値はそのサービス商品が顧客に与える効用全体についての評価である[59]。価値は、サービス商品がその顧客にもたらす効用と、それを得るために顧客が支払った費用（コスト）、つまり得たものと払ったものとの対比で決まる。この費用のなかには、価格に対する支払いだけでなく、交通費など他の金銭的費用、歩いてその店まで行かなくてはならないといった身体的な費用、時間的費用やストレスといった精神的費用などが含まれる（次章でくわしく検討する）。

価値の評価は、サービス品質の場合と同じく感情的というより理知的な評価活動であって、それゆえ、サービス価値の評価が満足感よりも先に起こることが多い。また、普通、われわれは価値についての判断を、モノやサービスの消費活動についての最終的な評価としている。例えば、クリーニングの出来上がり（品質）もいいし、係りの応対にも満足していたが、その店舗が遠くにあるので、近くに新しくできたクリーニング店に代えてしまうことが起きる。不便な場所まで出かけるという時間的・身体的コストがベネフィットを上回って、新しいクリーニング店の方の価値が高く評価されたのだ。

これらの三種類の評価を、われわれは意識的に、または無意識のうちに使っている。そして消費者の再購入の意思決定に最も大きな影響を与えるのは三つの内、顧客価値についての評価である。

残る問題はサービスの評価をどのレベルで行うかということだ。例えば、レストランで食事をしたその一回の体験についてなのか、何回か通って体験したサービス・エンカウンターの経験に基づくその店舗についての総合的判断なのか、それともその特定企業の全体を対象とするか、または、その企業の属するファミリーレストラン業界を対象とするのか、ということだ。

このようにサービスに関する評価の対象は、一回のサービス・エンカウンターから、そ

図9 サービス品質・満足感・価値の分析レベル

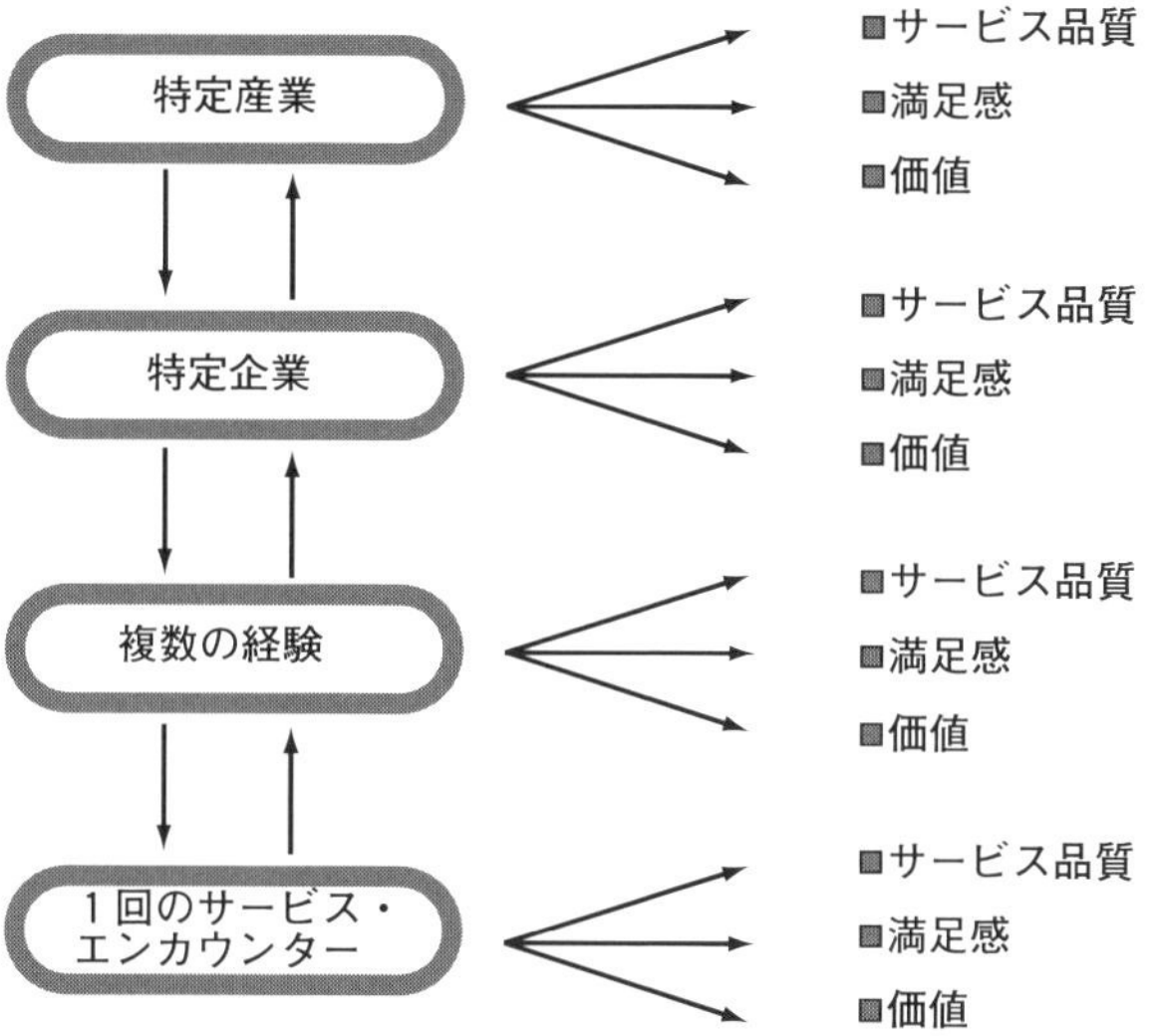

出所：V.A.Zeithaml and M.J.Bitner,
Service Marketing, 1996, McGraw-Hill, p.125

の企業の属する産業にいたるまでさまざまなレベルで取ることができる。[60]
　顧客が評価するサービス品質、満足感、顧客価値の三つについての情報を、経営上の意思決定に利用しようとする場合、次のように分析対象を設定すべきである。まず、調査サンプルを大量に、また何回か継続的に調査ができる場合には一回のサービス・エンカウンター（つまり、今回の食事）を対象とすべきであろう。もっとも小さな具体的レベルからデータを積み上げることが可能で、諸要素との関係も分析しやすいからだ。しかし、より簡便に調査をするには下から二番目のレベルの特定の店舗を対象にする調査が望ましい。いく分抽象度が高まるが、まだ具体的な体験に基づく反応も得られるからである。企業を対象とする場合には、総合的な印象はつかむことができても、個別の問題点を明らかにするのは難しい。企業を分析対象にしても、結局調査対象者は第二レベルでの自分の経験に基づいて回答することになり、それに企業の全体的イメージが重なって、問題点がぼやけてしまう恐れがある。なお、品質、満足感、顧客価値の三つを別々に調査するのは手間と費用がかかるので、例えばサービス品質の調査に満足感と顧客価値の調査を組み込んで、一つの調査とするのが実際的な方法であろう。
　最後に、あるサービス調査を材料にして、サービス品質、満足感、顧客価値の三つを実際例によって検討してみよう。
　かなり古いデータで恐縮だが、一九九七年一二月二〇日号の『週刊ダイヤモンド』誌は、「女性が選ぶ顧客満足度ランキング」という特集を掲載している。二〇歳から六〇歳の女性三、〇〇〇人を対象としてさまざまなサービス業を企業ごとに評価させた調査結果である。総合満足度の一位と二位は、他の業種を押さえてハンバーガーのファーストフード業態を展開するマクドナルドとモスバーガーであった。業種別に順位を判定する際の調査項目は、「接客」、「立地」、「価格」、「品揃え」、「店内環境」、「特典」の六つである。

こうした調査項目から判断すると、この調査は、顧客満足度と顧客価値の調査だといえよう。顧客価値の評価に関係するのは「価格」と「立地」および「特典」である。立地は食事に行くのに便利かどうか、という顧客側のコストを表している。サービス品質に関係する項目としては「接客」、「品揃え」、「店内環境」と三項目あるが、これでは不完全であって、ちゃんとした品質の評価ができるとは思えない。評価対象企業の数が示されていないが、各業種の多数の企業を対象としているので、経営上の示唆を得るというより、たんにランク付けをすることが目的となっている。

なぜ企業レベルの調査で、マクドナルドが一位でモスバーガーが二位となったのだろうか。この点について考えてみよう。まず、週刊ダイヤモンドの調査と筆者の個人的観察に基づいて両企業の特徴をまとめてみる。まずサービス品質ではどのような違いがあるのだろうか。

第一に「信頼性」についてである。信頼性とは約束したサービスを提供する能力であるが、両社ともこの項目についての評価は高い。当たり外れが少ないのだ。お約束の内容である料理の「味」についていえば、両社とも高い水準にはあるが、モスバーガーは特に味に定評がある。モスでは注文を受けてから焼くというやり方を守っていて、味にこだわっている。筆者の大学の学生たちも「モスは他とひと味違う」という者が多い。「確信性」については、両社ともに高い水準にあって、あまり差が感じられない。店舗の従業員は両社ともに明るく、ハキハキしていて感じが良い。「反応性」については、マクドナルドにいく分かの利がある。モスでは注文を受けてから焼くために、どうしても遅くなるからだ。「確信性」と「反応性」の両方についていえることだが、マクドナルドではシステム（仕組み）がシッカリできていて、サービス品質はシステムに支えられているという印象がある。「共感性」については、ファーストフード店であるためにあまり強くはないが、モスの方に多少手作り感覚が残っている。「物的要素」は、両社ともにあまり差がない。いく分マックの方が派手で、モスは簡素な感じがする。

サービス品質について総合的な評価をすれば、以上のようにあまり大きな差はない。モスは手作りにこだわり、マクドナルドは総合的な質にこだわっている。しかし何にこだわるかはコンセプトの違いであり、顧客の好みがどちらを選択するかを決定する。

両社の大きな違いは、「立地」、「価格」、「特典」など顧客価値の項目において現れる。モスは、味が良ければ立地が悪くてもお客は来てくれる、というのが創業以来の発想である。しかし、マクドナルドは一号店を銀座に出したように、立地を重視し繁華街など人通りの多さにこだわっている（九四年まではモスの店舗数がマクドナルドを上回っていたが、九五年から逆転し、二〇〇八年にはマクドナルドは店舗数三七五四店を数えるに至った）。

「価格」については、マクドナルドの低価格攻勢はよく知られている。かつて実施した半額キャンペーンは業界に衝撃を与えた。一方モスは最近まで激しい価格破壊のなかで超然とした姿勢を保っており、少し以前には有機や低農薬野菜への切り替えを理由にかえって値上げをしている。これはモスが料理の質にこだわっているという姿勢の現れであり、こうした方針を「新価値宣言」と呼んでいる。また、マクドナルドは毎月のように新しい「おまけ」(特典)を提供しているが、モスはまったく無関心のようである。

週刊ダイヤモンドの調査でも、「立地」についてマックが六六・一、モスが二七・五。「価格」についてはマックが五四・四でモスが六・二という評価。「特典」ではマックが三二・三でモスがマイナス七・一である。

つまり週刊ダイヤモンドの調査では、対象となった顧客は、得たものと支払った費用という対比からマクドナルドを高く評価し、モスをマックの下においたのである。マクドナルドの方がお買い得という評価なのだ。それが総合満足度で一位と二位との差となったと考えられる(なお、品質評価については、実際に調査を行ったわけではなく、発表された資料や筆者の側聞および経験に基づく印象によっている)。

パート II

サービス・システムの運営と革新

顧客価値創造の仕組み

第10章

顧客価値の実現とサービス組織

われわれは、パートIにおいて、サービスまたはサービス商品とは何か、という疑問に答えるために、サービスをさまざまな側面から検討した。パートIIでは、パートIでの検討を踏まえて、サービス企業として成功を収めるために、どのようにサービス組織を**サービス・マネジメント・システム**として作り上げたらよいか、というテーマに取り組みたい。

第10章では、このテーマを考えるうえで出発点となる二つのサブ・テーマを取り上げる。第一に、顧客がサービスの購入の際に、何を判断の基準とするかということに関連して、**顧客価値**について検討する。二番目に、サービス企業が成功した企業となるために満たすべき**効果性**や**効率性**および**環境への適応**の課題を検討し、最後にサービス組織を**全体システム**として把握することの重要性について触れてみたい。

I　究極の判断基準は顧客価値

今日では顧客価値という用語は、経営関係の論文や論説ですでに定着した言葉として、目にするようになった。しかし、その意味する内容は、必ずしも明確ではないように思われる。顧客価値の発想は、消費者は購入しようとするモノやサービスに、どの程度の価値があるかを判断して購入を決定するという前提から出発する。顧客がモノやサービスを購入するかどうかを決めるのは、価格でもなくその商品の魅力だけでもない。その商品が買い手にどんな大きさの価値をもたらすか、ということなのだ。顧客価値はモノやサービスにたいする「顧客の視点」からの判断であり、モノやサービスの購入の決定を左右する[61]。

価値の大きさは、生産者ではなく、顧客が評価する。つまり「顧客価値」の発想に移ることよって、マーケットは商品を一方的に作って市場に出すという「プロダクト・アウト」の呪縛から離れ、「マーケット・イン」の見方を一段階先に進めることができるのだ。マーケット・インの見方は、市場のニーズを製品に取り込むことを意味するが、価値は一般顧客のたんなるニーズを越えて、もっと個人顧客の心理の中心に位置している。

顧客価値はその性質から、突き詰めると顧客の個人的な判断に行き着く。モノであれサービスであれ、ある商品がその購入者にとって持つ最終的な意味は個人的なものだからだ。だから、人は他人から見ると理解できないような買い物をすることがある。しかし当人には十分な理由と価値が存在するのだ。

したがって、最大限の顧客価値の実現を志向すれば、すべての顧客への完全なカスタマイゼーション（個客化）が必要になる。しかし、効率性の観点からそれは不可能だとすれば、次善の策は、可能な限度いっぱいのセグメンテーションをすることである。可能な限り一人ひとりの個別のニーズを把握して、企業側の商品の提案ができるように共通点を小ぐくりにした最小限のロットの範囲を見いだすことだ。具体的にはリレーションシップ・マーケティングがこうした目的に沿うものである（リレーションシップ・マーケティングについては、後述する）。

また顧客価値は、顧客がそのモノやサービスを利用する「場や時」といった状況や文脈に影響される。今日の消費者は、たとえ普段はつましく生活していても、必要なときには高額の消費をすることを厭わない。最近は、こうした使い分け消費が広がっている。日本郵船の客船「飛鳥」のクルーズは料金が高額であるにもかかわらず、しばしば売り切れが出ることで知られている。二〇一〇年に行われる予定の一〇三日間世界一周クルーズの価格は、一人当り三九〇万円から二、二五〇万円だという。その価値があると思えば、消費者はこうした額のサービス消費にも積極的になるのだ。その顧客が立っている状況や文脈を理解したうえで、そこに新しい意味を生む生活価値や生活シーンを提案していく。こうした発想法を抜きにしては、これからの新しいサービス商品を生み出していくことはできないだろう。

それでは、顧客価値の大きさは、顧客によってどのように判断されるのだろう。ヘスケットやサッサーを中心とするハーバード大学のグループは、図10のような方程式を提案している[62]。

この方程式は割り算になっているが、ポイントは、価値とは分母の「**支払ったもの**」と、

図10 顧客価値の方程式

$$\text{サービスの顧客価値} = \frac{\text{顧客にもたらした結果} + \text{過程の品質}}{\text{価格} + \text{サービスを消費するための諸コスト}}$$

分子の「**得たもの**」との対比で決まるということだ。消費者は普通、いくらポルシェのようにカッコのいいスポーツ・カーが欲しいと思っていても、その魅力に引かれて無条件に手に入れようとはしない。ちゃんと価格やその他のコストを考え、自分の財布と相談して決定する。欲しい商品が、支払うべき費用と見合うかどうかを計算するのだ。

経済学では財の価値を「使用価値」と「交換価値」でとらえるが、使用価値とは一般に物財が消費者にもたらす有用性や効用のことで、交換価値は金銭などで計られる相対的な価値のことだ。顧客価値の方程式にも、その商品を購入することで得られる使用価値（分子）とその商品の相対的な価値を決める交換価値（使用価値と分母である費用との対比で決まる）の二つが含まれている。

サービスの顧客価値の方程式では、モノ製品のような物財の場合と異なり、分子（顧客が得たもの）に、サービスの効用である「顧客にもたらした結果」だけでなく、サービス提供過程でのサービス品質についての評価を含んでいる。サービス商品が顧客にもたらすのは、結果と過程の経験であるから、この二つを含むのは当然である。サービスの顧客価値を大きくするには、結果と過程の両方、または片方のサービス品質を向上することが必要なのだ。

オモチャの小売店では、子供の欲しがっている特定のオモチャが置いてあって、それを買うことができれば、小売りサービスが提供する「顧客にとっての結果」は十分である。そのうえ店員が親切で、使い方の説明や危険性などについてやさしく説明してもらえれば、過程品質も高く判断されるだろう。

医療や複雑な機械の修理など、サービスの結果について評価ができにくく、信頼品質が問題になるようなサービス商品では、しばしば結果よりもサービス過程の品質が顧客の判断のより所となり、分子部分の主要な要素となる。医者の評判が患者への対応の良さに左右されることは、よく耳にする話である。

分母（支払った総コスト）には、**「価格」**と**「価格以外の入手コスト」**が含まれる。価格以外の諸コストとは、そのサービスを利用するために顧客が負担する種々のコストである。時間、手間、歩いて店舗まで行かなければならないといった肉体的コスト、またストレスなどの精神的コストなどである。

この方程式の分母に**「入手コスト」**が含まれていることは、サービス企業に多くの示唆を与える。サービス企業はこのコストを下げることによって顧客価値を高めることが可能だからである。例えば、店舗を増やすことでサービス拠点を多く用意することは、顧客が店舗まで出かける手間や時間を少なくすることでき、入手コストを引き下げる。また、インターネットによる物品販売も、自宅で二四時間注文ができるのだから、非常に便利である。高級なフランス料理店などでは、利用経験の少ないお客にとっては精神的なコストは小さくはないが、接客担当者がだれに対しても公平で親切なら、初めてのお客でも安心し、来店したことを悔やまずに満足して帰ることができる。この方程式の他の要素が一定ならば、顧客の利便性を向上し、入手コストを引き下げる工夫をすることによって、そのサー

結果と過程
入手コスト

ビス商品の全体的な顧客価値を高めることができる。

これまでのマーケティングでは、モノ製品の使用価値と価格の対比だけで論じられてきた。サービス・マーケティングの顧客価値の方程式は、得た内容と支払った内容を広げて、より現実の判断プロセスに近いものにすることに成功している。

一つの例をあげてみよう。どの街にも一軒か二軒の写真館がある。だれでも一度は、子供の七五三や成人式を迎えた子供の記念写真を撮るために訪れたことがあるだろう。この写真館が現在厳しい環境の変化にさらされている。まず現在の少子化現象のために、大切な潜在顧客の総数が急激に減少している。また、子供や家族のお祝い事の節目には記念の写真を撮っておくというこれまでの考え方も変わりつつある。操作の簡単なデジタルカメラやビデオが身近にあるので、わざわざ値段の高い写真館に行かなくても自分で撮ればよいと感じる人が増えているのだ。写真館は普通、DPEなどのサービスもしているが、これらのサービスについては、数時間で仕上げてしまうチェーンのDPE店が街のそこここで営業している。しかも写真館の多くは入りづらい雰囲気を持った店構えをしている。

実際、一般消費者の写真関連の家計支出は増えているにもかかわらず、写真館の数は七八年の七、六〇〇軒をピークに減少を続け、二〇〇五年には三、八〇〇軒になっている。

こうした状況のなかで新しいタイプの写真館が登場した。スタジオアリスという可愛らしい名前を持った、子供をターゲットとする写真スタジオである。一九九二年に一号店ができて、二〇〇九年には三九〇店近くに拡大成長した。

スタジオアリスのサービスを顧客価値の方程式で分析してみよう。まず、分子の結果品質であるが、写真館のサービスのコア・サービスは、記念写真の撮影とその写真の入手である。これまでの写真館の技術は、銀塩フィルムによる撮影であり、出来上がった写真は修整が施され、長期間保存しても劣化しないという特徴を持っていた。また「シャッター一押し一〇年」というように、最善の瞬間をとらえてベストの構図で撮影するという点に写真撮影の技術があった。

スタジオアリスの写真機はデジタルである。最近のデジタルカメラの発達によって、出来上がりの写真密度も銀塩フィルムに負けない水準に上がってきた。デジタルの良さは、フィルムと異なり、何枚撮影しても費用が増えないという点にある。したがって、最善の一枚を撮るのではなく、何枚もの写真を撮ることによって、結果的に撮影の専門技術を陳腐化したわけである。撮影した写真はモニターに映して、家族みんなで話し合いながら好きなカットを選ぶことができる。必要なら修正もコンピュータを使って行うことができる。

スタジオアリスでは平均四〇〇着ずつ用意されている衣装を何回も取り替えながら撮影することができる。着付けやヘアメイクの専門家もいて、貸衣装を含め全部無料である。スタジオアリスの写真撮影サービスの結果品質は、自分たち家族が自ら選んだ写真を入手できるという点にあるといえよう。

過程品質についても工夫がある。七五三の写真を撮りにくる子供たちは小さいので、すぐに飽きてしまう。だから従来の写真館の場合のように、長時間、固定した姿勢を取らせることは難しく、子供にとっても苦痛である。スタジオアリスのスタッフの主力は若い女性たちで、縫いぐるみを使って話しかけたりして、子供を楽しい気分にさせ、笑顔の良い表情を見せるようにもっていくことに注意を払っている。子供が楽しく振る舞っている間に、多くの写真を撮影するのだ。

分母のコスト要因に移ろう。価格は、何枚写真を撮っても撮影料は定額である（二〇〇八年九月現在、三、一五〇円）。モニターを家族で見ながら選んだカットをプリントすれば、一枚ごとに料金がかかる。つまり顧客の支払い額は、撮影料とプリントした枚数と大きさによって決まってくる。プリントの枚数を少なくすれば、写真館よりも割安ですむが、多くプリントすれば、それに応じて高くなっていく。

入手コストについても従来の写真館に比べると、さまざまな工夫がされている。出店場所は多くが大型商業施設内に設けられていて、買い物のついでに寄ることができる。外装は明るく店内の様子も見えて、入りやすい雰囲気になっていて、これまでの写真館のように、重々しいが入りにくい雰囲気を避けている。

このように、スタジオアリスのサービスは、従来の写真館の場合に比べて、顧客価値の全体が大きくなるように工夫され、デザインされているのだ。

2 サービス組織の成功を判断する評価基準

次に、サービス組織の成功・不成功はどんな基準によって判定されるべきかを考えてみよう。どんな組織であっても順調な活動を続けていくためには、少なくとも四つの充たすべき条件がある。第一に組織が存在する環境への適応であり、それらは、①**外部環境への適応**と、②**内部環境への適応**の二種類がある。二番目には組織活動の質を表す二つの基準があり、それらは組織目標の達成度を表す、③**効果性**と、もう一つはしばしば「生産性」という用語で示される、④**効率性**である。これらの四つの条件を充たすことは、すべての組織にとっての必要な要件なのだが、サービス組織では製造業など他の組織とは異なった特徴も持っている。

まず、①**外部環境への適応**について考えてみよう。外部環境とは、市場、一般経済状況、社会環境、国際関係、国内外の政治状況など、企業の外部にあるすべての環境条件のことだ。（第2章参照）。環境とは一般に、組織にさまざまな影響を与えるが、企業の側からは操作できない与件の条件を意味している。だから組織に重大な影響を与える環境要因については、敏感にその変化をとらえて対応を図らなければならない。現在、外部環境要因のなかでとりわけ注意を要するのは、変化する顧客心理に加えて、エコロジーと国際環境および情報化であろう。これらの要因は、現在の市場構造を激変させる可能性を秘めている。

外部環境への適応

人も組織も過去の経験から離れて、新しい状況へ適応し転進するのはなかなか困難な課題である。過去に美味しい成功経験を持つ場合にはとりわけそうであろう。特に、変化する状況へ適応するために、これまでのやり方や方法を大きく変える必要がある場合、担当者には勇気と果敢な決断が求められるからだ。

環境適応の二番目、②**内部環境への適応**とは、オープン・システムとしての組織が外部から取り入れる多くの環境要素へ組織を適合させることである。企業の経営資源であるヒト、モノ、カネ、情報は、外部から組織に入り、内部の活動システムを構成する。このうちとりわけ、ヒトと情報が重要な検討対象である。

わが国でも、米国ほどではないにしても、企業間労働移動が盛んになってきた。また現在、終身雇用の維持もだんだんに難しくなってきている。こうした流動化する状況で、人材をどう処遇し、成長をうながし、従業満足を確保するか、という課題が存在する。一般にサービス関係の仕事は、長時間労働で離職率も高いといわれている。パートタイマーを含めて、働きがいのある勤務システムを構築しなければ、技能と経験の蓄積も望めず、結果としてサービス品質の低下が生じることになりかねない。とりわけ外食産業と医療分野、特に看護師、介護士さんたちの勤務体制の改善が急務である。

また、情報技術は外部要素でもあるが、重要な内部要因でもある。現在は情報化の発展期ではあるが、従業員の平均的な情報リテラシーの向上を進めなければ、内部システムの情報化に効果をあげることはできないし、競合他社に遅れを取ることになろう。

環境適応に関するサービス企業特有の特徴は、次の二つから生じる。第一に、サービスでは生産（販売）と消費が同時であるために、外部要素としての顧客は、直接サービスの生産にかかわってくる。サービス組織では、核となるサービスの生産場面で外部環境と直に接しているのだ。顧客はさまざまな要求をサービス組織にぶつけ、組織はそれへの対応を迫られる。第二に、顧客はサービスの生産についてはは共同生産者であるので、顧客に上手に生産に参加させる工夫が大切となる。顧客は、この意味で、外部要因であると同時に内部の「第二の従業員」でもある。例えば、コンピュータのトラブルを電話で相談を受けながら解決するサービスでは、電話口にいる顧客にコンピュータを操作させながら、問題解決へ持っていく話し方や教える手順が決定的に重要である。巧みに顧客を誘導し必要な作業をさせることができれば、短時間で問題の解決に至るだろうが、そうでなければ何時間かかってもよい結末にはいたらないであろう。

次に、組織活動そのものに関して「充たすべき条件」を検討しよう。三番目の③**効果性**とは、組織の目標達成度の高さを意味している。企業は、利潤、市場シェア、顧客シェア、顧客満足の向上、品質の向上など、多くの目標を持っている。これらの目標は普通、上位目標から手段となる下位目標へとつながる連鎖を形成している。具体的にどんな目標を設定するかは、経営戦略上の決定課題となる（例えば、顧客満足度の向上を具体的な企業目標とするなら、それは結果的に顧客シェアを高め、利潤の増大をもたらすといった関連になる）。

設定する企業目標は、従業員が具体的な活動にまでブレイクダウンでき、頭に描けるよ

環境適応に関する特有の特徴
第二の従業員

うな操作的な（具体的な）定義ができるものでなくてはならない。その意味では、上位目標とのつながりについての洞察と確信を持って中位の目標を掲げるやり方が、従業員を動機付けるうえで効果がある。

最後の、④**効率性**とは、ある結果を得るために投入したインプット要素とその結果（アウトプット）との対比によって計算される。一〇人で行っていた一定量の作業を五人で同じ時間内で達成することができれば、効率（生産性）は倍になったことになる。インプット要因にはヒト、モノ、カネといった経営資源があり、おのおの、労働生産性、物的（機械）生産性、投下資本利益率といった指標がある。どんな組織でも、経営資源には限りがあるのだから、一定の効率性を保たなければ存続できない。

一般に、効果性と効率性の二つは、「あれかこれか」というトレードオフの関係[63]にあり、両方を同時に向上することはできない、と考えられてきた。例えば、美味しい料理を作るには、値段の張る良い食材が必要である。行きとどいたサービスを実現するには多くの従業員を多く雇わねばならない、といわれている。しかし、サービス・マーケティングの問題意識は、「あれか、これか」の発想に疑問を呈する。「あれも、これも」、つまり効果性と効率性の両方を向上する可能な方法を見いだし、理論化することを目標としているのだ。サービスの品質を高めるために、より多くの人材を雇うのでは意味がない。マンパワーが一定で、より高い質のサービスを提供する。または、より高度のサービスをより少ない経営資源で実現する、こうしたアプローチの可能性をさぐることが基本姿勢なのだ。

例えば、技術革新の結果、効果性と効率性を両立させたケースとして銀行のＡＴＭ（自動金銭預け払い機）によるサービスがある。ＡＴＭは数多く設置されていて、顧客にとっては銀行まで足を運ばずに済む。営業時間も店舗より長く、また、機械の操作は比較的簡単で短時間で済むので待ち時間も少ない。対人接触のわずらわしさもない。このように、ＡＴＭは顧客の利便性（効果性）を大きく向上させた。同時に、銀行にとってもコストの削減につながり、アメリカのシティバンクの場合、銀行の店舗で人が行うより、二五倍も低い費用で運営できる（効率性）ということだ[64]。

3　サービス組織のシステム的全体性について

最近わが国でも、優れたサービス企業の実例を紹介した翻訳書がよく読まれるようになった。ノードストローム[65]やサウスウエスト航空[66]などが取り上げられ、さまざまなエピソードが紹介されてきた。これらの事例は、実際に素晴らしいサービスの提供が可能で、効果をあげているという事実を広く知らせることに大きく役立っている。

しかし、こうした優れたサービスの事例は、ヘスケットらが指摘しているように[67]、そうしたサービスが提供されている背景や文脈、全体的なサービス生産のシステムの説明を抜きにしては、個別の逸話から他のサービス企業が何かを学ぶことは難しい。

例えば、ノードストロームの売場係りの対応が素晴らしいのは、その係員が自分の売場の品揃えやディスプレーから販売まで一貫した責任を持っていて、自分の裁量の範囲でどんなこともできるというエンパワーメント、また、係員の報酬の大きな部分が自分の担当する売場の売上高にリンクしているということ、そのうえ企業文化としての顧客志向の発想が背景にあることを知っていなければ、個々の有名なエピソードの意味を十分に理解することはできない。ノードストロームのさまざまな逸話が生まれた基盤には、そうした売場担当者の素晴らしい対応を可能にする企業システムがあるのだ。

サウスウエスト航空の場合も同じである。顧客と従業員の両方を重視する理念と方針、そして個々のサービス・エンカウンターにおいて顧客を驚かすような仕組みが背景にあるから、多くの逸話と質の高いサービスが可能となるのだ。例えば、サウスウエスト航空では離発着の時間が正確なことが知られている。これには到着した飛行機を次の目的地へ離陸できるように短時間で準備することが条件となる。サウスウエストでは他の航空会社の半分の時間、約20分前後で準備をするのだが、このことは地上作業員がチーム制という協働作業システムを持っているから可能なのだ。また、サウスウエスト航空は他の航空会社のように、ハブ空港システムを採用していない。だから、乗り継ぎ客が存在しないので、荷物の積み降ろし作業がない。よけいな作業がないだけ、離発着時間は正確になる道理である。そのかわり、乗り継ぎが必要な顧客はサウスウエストを利用できない[68]ことになる。一種の顧客セグメンテーションをしているのだ。

顧客がサービスの質を判断するのは、サービス・エンカウンターにおいてである。しかし、サービス・エンカウンターのサービス内容を決めているのは、バックヤードを含めた全体のサービス生産システムなのだ。後に説明するが、サービス組織は、いくつかの主要な要素から成り立っているサービス・マネジメント・システムである。その構成要素の相互の関係は、製造業などの場合よりもより一層緊密なものであって、ある要素の状況が他の要素の状態に影響するというシステム的な特徴が強く出ることが多い。

製造業組織では、製品開発、設計、製造、販売の各機能はおのおの独立して活動することができ、各部門の連携には一定のタイムラグが入ってくるのが普通だ。一方、サービス組織の場合、各部門の活動は製造業の場合に比べ、より緊密な連携が必要となることが多い。例えばレストランで、接客担当者と厨房との連携作業がうまくいっていなければ、お客はいつ料理が食べられるのかわからないことになる。ホテルでは、前のお客がチェックアウトした後で、次のお客がチェックインする時間までに、部屋のハウス・キーピング作業が終了していなければならない。

つまり、サービス・エンカウンターでのサービスの質には、サービス組織を構成する各部分の活動が集約的に影響するということだ。したがって、サービス組織を作り上げる各々の要素の質とそれらを連結するマネジメント活動、および基底部分となる経営戦略、方針、理念、企業文化などを検討しなければ、優れたサービス品質を個々の顧客へ提供することはできない。

次章以降では、サービス組織を全体として検討するフレームワークとして、三つのサービス・システムに関する理論を紹介したい。それらは、「サービス・マーケティング・ミックス」、「サービス・マネジメント・システム」、および「サービス・プロフィット・チェーン」である。

第11章

サービス・マーケティング・ミックス

1 サービス・マーケティング・ミックスの特徴

企業が市場に商品を提供しようとする際に、販売活動に関連して決定しておくべき主要な要因のまとまりを「マーケティング・ミックス」と呼ぶ[69]。一般に、「製品」、「流通」、「販売促進」、「価格」などが、主要な要因としてあげられている。普通、企業はモノ製品やサービスを生産するために、ヒト、モノ、金、情報といった経営資源を動員して生産のための組織を作る。一方マーケティングは、組織が生産する商品を市場へ提供するための働きかけの諸活動であって、マーケティング・ミックスとはそれらの活動を領域ごとにまとめて、働きかけの手段とするものだ。この章では、サービス企業のマーケティング・ミックスを検討することによって、サービス組織の全体的な活動を把握することを目的とする。

まず、マーケティング・ミックスの考え方が、サービス企業のサービス・マーケティングとモノ製品のマーケティングにおいて同じであるかどうかを検討しておこう。

　一般にマーケティング・ミックスの要素としては、先にあげたように、製品（Product）、場所または流通（Place）、販売促進（Promotion）、価格（Price）の四つがあり、まとめて「4P」と呼ばれている。これらは、顧客がその商品を購入するかどうかの決定に影響する主要な要因であり、したがってサービス・マーケティングにおいても重要な要因となる。しかし問題は、サービス企業の場合これだけで十分なのか、という点にある。

　あるレストランで食事をするかどうかを検討している場合を考えてみよう。まずお客にとって気になるのは料理の内容である。また、どんな種類の料理か、メニューの種類は多いか、そして大切なのは美味しいかどうかである。これらは「製品」にかかわる問題だ。次にそのレストランはどこにあるのか。歩いていける距離なのか。繁華街にあるか、それとも山の中にあるのか。こうした「場所」についての評価は人によってさまざまであろう。次は「販売促進」である。盛んに宣伝している店なのか、知る人ぞ知る店なのか、どんなメディアを使って広告しているか、などの「販売促進」活動が影響する。最後は「価格」。高いのか安いのか。価格が適切かどうか、または「お値打ち」かどうか、つまりコストパフォーマンスを考えない人はいないだろう。これらが伝統的な「4P」について、顧客が事前に考慮する項目である。

　だがこれだけでは検討は終わらない。まだ考えるべき項目がある。まず従業員の接客態度はどうなのか。礼儀正しいか、親切か。それとも乱暴で失礼な言葉遣いをするのか。次に、その店の外観や雰囲気はどうなのかが気になる。特に恋人など大切な人と一緒に行く場合、建物や食事をする部屋の雰囲気、センスの良さは大いに気にする点であろう。最後にサービス提供の方法も気になることだ。係りがすべてやってくれるフルサービスなのか、それともビュッフェ・スタイルのセルフサービスなのか。いつも長い時間待たされるのか、予約ができるのか。料理はお仕着せなのか、それとも細かく注文ができるのか、などなどである。

　はじめの接客態度などは、顧客に接する「**ヒト**」の問題である。二番目は、サービス提供の場を構成する「**物的な要素**」がかかわっている。最後は、サービス企業の「**サービス提供過程**」の問題だ。このようにわれわれは、サービス消費の場合には、伝統的な4P以外に、「ヒト」、「物的環境要素」、「提供過程」といった要因を考慮することが多い。これらの三つをザイタムルとビットナーは「**サービスの証拠**[70]」と呼んでいる。顧客のサービスの体験を構成して、サービスの結果というより、主に「**過程**」の側面での質を左右して顧客の満足感に大きな影響を与える要素なのだ。顧客の体験を作り上げる要素であるから、初めてのサービス購入時よりも、すでに一度経験した二回目以降、つまりリピート消費の意思決定に大きな影響を与える要素だといえよう。

　なぜ、これらの「サービスの証拠」をマーケティング・ミックスの要因としてあらかじめ計画し、準備することが重要なのだろう。その理由は、それらがサービス商品の本質的な特徴と関係するからである。例えば、無形性や生産と消費の同時性というサービスの特徴から、ヒトが顧客にサービス提供をする場合、あらかじめ対人サービス商品を作っておくことはできない。理髪店では、そのたびごとに整髪をするのであって、あらかじめ刈った頭を用意しておくことは不可能だ。だから、顧客は出来上がりの良い整髪をしてもらうためには、優秀な職人さんを選ばざるを得ない。豊富な経験と高い技術、そして優れた美的なセンスを持つ従業員をそろえた理髪店では、いつも安心して整髪してもらえる。このように「ヒト」は、対人サービスでは重要なマーケティング要素なのだ。

くり返しになるが、顧客はモノ製品の場合に比べて、サービス消費においてはリスクを感じる度合いが高い。そのため、そうしたリスクを軽減するための手がかりを求める。「物的な要素」は、これから購入しようとするサービスの質を推測する場合の重要な手がかりとなる。初めて宿泊する旅館やホテルの場合、外観や建物の作り、部屋の調度や清潔さなどを、気にしない人は少ないであろう。病院、学校、レストランなどでも建物や備品などは、そこで提供されるサービスの質を推測する一つの重要なヒントとなるのだ。

「提供過程」も重要である。ファーストフード店とフランス料理店は提供過程が異なる。同じ食事の経験でも、そのために顧客の期待は大きく異なってくるのだ。

このようにサービス・マーケティングにおいては、モノ中心のマーケティングの４Ｐに加えて、「**ヒト**」（People）、「**物的環境要素**」（Physical evidence）、「**過程**」（Process）、の三つのＰが必要となる。したがって、サービス・マーケティング・ミックスの場合には、「**7P**」[71]となるわけである（表１）。

表1 サービス・マーケティング・ミックス

P Product（サービス商品）	■サービス品質 ■サブ・サービス ■パッケージ ■プロダクト・ライン ■ブランディング
P Place（場所）	■立地 ■チャネル・タイプ ■生産・販売拠点 ■交通 ■チャネル管理
P Promotion（販売促進）	■プロモーション・ミックス ■販売員 ■広告 ■セールス・プロモーション ■パブリシティ
P Price（価格）	■価格水準 ■期間 ■差別化 ■割引 ■価格幅
P People（人材）	■従業員 雇用・訓練・動機付け・報酬 ■顧客 教育・訓練 ■企業文化・価値観 ■従業員調査
P Physical evidence（物的環境要素）	■施設デザイン 美的・機能・快適性 ■備品・道具 ■サイン ■従業員の服装 ■他の有形物 レポート・カード・パンフ
P Process（提供過程）	■活動のフロー 標準化・個客化 ■手順の数 単純・複雑 ■顧客参加の程度

2 サービス・マーケティング・ミックスの内容

マーケティング・ミックスの考え方では、各々の要因の間の関連性を考慮して、統一した戦略のもとに各要因の具体的内容を計画することが重要だといわれている。顧客への複数の働きかけがチグハグでは効果をあげられないからだ。このことは、前章で説明したサービス生産では各部分のシステム的な関連性がより強いという理由から、サービス・マーケティングにおいては、よりいっそう大切なポイントである。サービス・マーケティングではサービス・マーケティング・ミックスの各要素を検討してみよう。

3 サービス商品(製品)

サービス商品については以下のような項目について決定することが必要である。

a サービス・コンセプトの設計
b サービス品質の決定
c サービス・パッケージの決定
d プロダクト・ライン、ブランディングなどの決定

(1) サービス・コンセプトの設計

どのようなサービス商品を提供するかを決定する場合に最も重要な要素は、**サービス・コンセプト**の設計である。コンセプトとは「企業の主張を込めて、ユニークに満たそうとするニーズ[72]」のことである。つまり顧客のニーズを企業側からとらえ、いい換えた表現である。「企業の主張を込めて、ユニークに」というのは、その商品コンセプトが他企業には真似のできない独自のポジショニングを持とうとするためだ。ニーズをとらえる際の顧客のセグメンテーションは、リレーションシップ・マーケティングではできるだけ小さく、深くなるが、マス・マーケティングでは、反対になるべく広く共通するニーズをとらえようとする。こうして把握した市場のニーズを、マーケット・インしてコンセプトにし、商品として表現することがサービス・コンセプトの設計である。

例えば、駅の立ち食いそば屋のサービス・コンセプトは何であろうか。「簡単に早く、食欲を充たす」ことがコンセプトである。落ち着いてユックリ朝食を取ることができなかったビジネスマンが、簡便に食欲を充たしたいというニーズに対応した外食サービスなのだ。だから、「そば」は美味しいにこしたことはないが、特別美味しくなくともよい。普通、味とスピードはトレードオフの関係にあることが多いが、ここではスピードの方が大切なコンセプトなのだ。

どんな人でも「こんなサービスあったらいいな」と一度は思った経験があるだろう。そ

サービス・コンセプト

れが「ニッチ（適所、すき間）」と呼ばれるニーズである。それを商品コンセプトとして事業化したものがしばしばニュービジネスと呼ばれている。筆者は、日本生産性本部が主催する経営アカデミーの「新規事業開発コース」に、一〇年以上講師として参加している。このコースでは、企業から派遣された社会人を対象に一年かけて新規事業の計画を立てる指導をしているが、毎年、「なるほど」と思わせる新しい事業コンセプトが数多く提案されている（これまで受講生によって作成された新規事業計画案の三割から四割が、すでに事業化の段階に入っているそうだ）。新しいサービス・コンセプトの種はまだまだ数多く存在するのである。

(2) サービス品質の決定

サービスの結果と過程の品質について、どの程度の品質水準にするかを決定しておかねばならない。この決定はサービス・コンセプトと緊密な関係があり、サービスの品質水準がコンセプトの内容の一部となることもある。例えば、最近の少子化傾向のために産科病院では激しい患者獲得競争を行っているが、シティホテル並みの入院生活ができる病院も出てきている。これなども、サービス品質が商品コンセプトとなっている例だ。

サービス品質水準の決定は、サービス・オペレーションの水準と表裏一体であり、高度なサービス品質を求めればオペレーションも高度なものとなり、経営資源もそれに見合うものが必要となる。病院が最先端の医療水準を目指せば、それなりの医療設備やシステム、そして先端的な知識と技能を持った医師や医療スタッフをそろえなければならない。

この種の装置産業的サービスでは、一般に組織の効果性と効率性が相反する関係にある（高額な設備を導入すれば、経費がかかる）が、対人サービスでは、かならずしもそうではない。ヒトにサービス提供の技術が内在している場合には、効果性と効率性が両立することがしばしば起きる。特に、やる気のあるモチベーションの高い従業員がサービス提供の核となっているサービス組織では、高い効果性のみならず、結果的に効率性も高めている場合が多いのである（単純な例でいえば、やる気のある従業員は、良い結果を生むだけでなく、当然、時間当たりの労働生産性も高いからだ）。

(3) サービス・パッケージの設計

第8章で検討したように、サービス商品はコア・サービス、サブ・サービスなどの構成要素から出来上がっていて、普通、それらの組み合わせを内容とするサービス・パッケージとして提供される。サービス企業は、サービス・パッケージとしてどんな種類と範囲のサブ・サービスを含むか、その種類と組み合わせを決定しなければならない。

最近、外食企業やコンビニの一部で、出前をして料理や商品を宅配する企業ができてきた。新しいサブ・サービスを追加して特徴を出そうという戦略である。格安車検業界も競争が厳しくなってきたといわれているが、大阪のある企業では、顧客の自宅に出向いて車検料の見積もりを出す「出前サービス」を始める。この例も同じ発想である。

また反対に、従来入っていることが当然であったサブ・サービスを廃止するというやり方もある。旅館とホテルの違いの一つは、料金に食事代を含むかどうかであったが、最近では素泊まりを提供する旅館も出てきた。食事をカットすることで宿泊代を切り下げて、安く宿泊を提供し、例えば温泉を楽しんでもらおうというコンセプトだ。

必要とされるサービスを総合して、ワンストップ・ショッピング的にサービスを提供しようという考え方もある。洋服の安価販売で有名なアオキインターナショナルは、ブライダル市場に参入して、関連する総合サービスを提供するブライダル専門館を作った。ウェディングドレス、フォーマルウェアの販売・レンタル、結婚指輪の販売、披露宴のためのホテル選びから新婚旅行の予約などを行う。結婚という行事に関連するすべてのサービスを一ヵ所で充たすというのがサービス・コンセプトだ。顧客は式場、ホテル、デパート、旅行会社などを回らなくとも、一ヵ所で済ますことができる。集められたサービスの各々がコア・サービスを持っているわけだが、この企業の場合には、ブライダルに関連するサービスの総合的提供をコア・サービスと考えて、それを構成するサービスをサブ・サービスと見なしているわけである。

(4) プロダクトラインとブランド

プロダクトラインとは、サービス商品の品揃えのことである。サービス企業には、宿泊業、交通機関、外食産業のように、主に一種類のサービスを提供する組織が多いが、例えば総合病院のように、内科、外科、産婦人科、整形外科、神経科など、技術のカバーする範囲の異なる複数のサービスを提供するところもある。その場合、どのようなサービス商品をそろえるかがプロダクトラインの決定である。

例えば、最近コンビニエンスストアは、小売りサービスだけではなく、さまざまなサービスを提供するようになった。宅配便の取り次ぎ、クリーニングの取り次ぎ、公共料金の収納業務代行、旅行商品購入の取り次ぎ、マンション・住宅情報の提供、コピー、ファクシミリ・サービス等々のサービスである。これらはおのおの独自の料金を求める個別のサービスである。コンビニのプロダクトラインは今後も拡大しそうな様子である。

ブランディングとはブランド名を付けて商品をブランド化することだ。ブランドの効果はさまざまあるといわれているが、サービス商品も適切なブランド名を付けることで、ブランド化することができる。「ジャルパック」は、日本航空が主催するパックツアーだが、一時期、パックツアーを代表する商品と見なされたことがある。自動車会社のBMWジャパンはBMWを購入した顧客に、「サービス・インクルーシブ」という五年間二〇万キロまで、車検を含む点検・整備を契約期間中無料で行うという総合メンテナンス・サービスを販売している。車種により、また契約内容により価格設定がさまざまに異なる複雑なサービス商品だが、「サービス・インクルーシブ」というブランド名によって、特徴を持った一つのサービス商品であることを印象付けている。

プロダクトライン
ブランディング

4　場所（立地と流通）

マーケティング・ミックスのなかで、もともとは立地の問題を扱う「場所」の領域は、現在では普通「製品流通のチャネル」の問題に拡大されている。つまり、販売する場所から、その場所に至る卸や小売りを含んだ流通の概念になっている。サービス企業の場合、サービスの特徴から場所とチャネルの両方を検討する必要がある。したがって、サービス・マーケティングでは「場所」に関して以下の二つを検討する。

a　立地

b　チャネル

(1)　立地の問題

サービスはモノのように流通させることができないので、顧客がサービス生産の場所まで出向かなければならない。その意味で、サービス企業にとって立地の決定は重要な課題である。ホテルやレストランは、普通、交通の便の良いところに立地した方が有利である。また小売店も繁華街や駅前のように人が集まる場所に多く立地している。

しかし、顧客のさまざまな利便性を考えると、ことはそう簡単ではない。例えば、買った荷物が大きく重たくなる可能性のあるスーパーやホームセンターでは、駐車場が十分にあるかどうかが来店客数に影響する。また、複数の用事を済ますことのできる商業集積地は顧客にとっての魅力は大きい。銀行に行って、隣で買い物をし、ついでに郵便局に寄って、帰る前にコーヒーを飲むことができるからだ。各々のサービスの質が水準以上であれば、こうした商業集積地は人を集めることができる。この点で、ある規模以上のショッピング・センターは集客力が見込めるのだ。

業種の異なるサービスでなく、同種のサービスをそろえることで集客に成功しているのが、郊外に立地するシネマ・コンプレックス（複合映画館）である。かつて大衆娯楽の中心であった街の映画館は、一九六〇年の約七、五〇〇軒を最高に減り続け、二〇〇〇年には二、五二四軒となった。映画館が一軒もない都市が全国の六割にもなった時期があったそうだ。しかし最近は、映画館が少しずつ勢いを盛り返している。このように映画館が盛り返したキッカケとなったのが、シネコンである。海老名市の大型ショッピング・センターの中にある「ワーナー・マイカル・シネマズ海老名」は七つのスクリーンを備えて、現在、年間約百万人の観客を集めている。建物が明るく、きれいといったイメージも影響しているが、家族で車で出かけられ、特にどれと決めておかなくても、七つもある上映映画のなかから好きなものが選べるという便利さの力が大きい。駅前のように人の集まるところに立地しなくとも、利便性やサービス内容の魅力で顧客を集めることが可能なことをこの例が示している。

サービスの生産場所にお客に来てもらうのではなく、顧客の所に生産場所を移すことで、サービス価値を高めている場合もある。これまでも、タクシー、医者の往診、家庭教師、電気製品の出張修理などがあるが、最近、車に機器を積み込み企業や老人ホームに出かける歯医者さん、同じように車に設備を積み込んで老人ホームなどへ出張サービスを行う美容室などが話題となっている。いろいろな事情で生産場所まで行くことが難しい人たちへのサービス提供が、こうした工夫で可能になったのだ。

立地に関して、従来の常識を覆した新しい発想によって成功しているビジネスホテルがある。ビジネスホテルは駅のそば、というのがこの業界の常識だが、長野市のホテルルートインは、郊外のロードサイド（国道18号線）に五〜一〇キロおきに八つものホテルを立地させ、急成長をしている。ロードサイドでは、車があっという間に通りすぎてしまうので、ドライバーの関心を引きにくいが、集中して立地しているので一〇分も走れば、次のホテルが目に入ることになる。また、集中出店は経営効率化にも威力を発揮する。このホテルでは、三〜五ヵ所のホテルを一人の支配人が管轄し、従業員も融通することができるので、ぎりぎりの人員で間に合う。売上高に占める人件費の割合は二〇パーセントを切り、通常よりも一〇パーセント近く低い。一つのホテルが満室になっても隣のホテルに回すことができるので、売り逃がしがない。そのうえ、食材などの仕入れも一括でできるので効率的な運営ができる。サービス企業の立地には制約条件が多い。しかしこのビジネスホテルのように、人が思いつかないような工夫をすることで、有利な戦略を編み出すこともできる。

(2) チャネル

商品およびその所有権の移転経路をチャネルと呼ぶが、この定義でもわかるように、普通はモノ製品の流通に関連して使われる。しかしサービス商品でも、あたかもチャネルが存在するような印象を与えるサービス企業もある。例えば、航空券は航空会社から旅行代理店へ流れ、そのうちの一部は格安航空券として次の旅行会社に降りていく。しかし、航空券は航空サービスの予約であって、サービスそのものではない。使用の権利をともなう切符が流通しているのだ。

サービス企業が規模の経済の原則を生かそうとするなら、生産（販売）拠点を多く設置しなければならない。ファミリーレストラン、レンタルビデオ店などのチェーン展開は、このことを事業の基盤としている。チェーン・オペレーションは、サービス企業において今後ますます拡大していくと思われるが、こうした企業でもサービスそのものを流通させているわけではない。サービス自体は、個々の販売拠点で生産されるのだが、提供するサービス内容に不可欠なモノ製品（外食企業の食材、半製品、コンビニの商品など）を流通させ、またサービス生産のルール（例えば、接客の仕方や店頭展示のやり方）を統一し、多くの販売拠点を持つことによる情報優位性を活用することで、規模の経済を利用しているのである。

立地やチャネルを考える場合、今日では情報技術の影響に触れないわけにはいかない。ここでは立地とチャネルについての整理をしておこう。

情報には、野口悠紀雄が指摘しているように[73]サービス財的情報と資本財的情報がある。前者は情報の内容（コンテンツ）にかかわり、後者は手段的な役割を持つ。スカイパーフェクTVなどのCS放送やインターネットを経由する音楽提供などは、サービス財的情報を今までとは異なる新しいチャネルを使って提供するサービスである。またインターネット・ショッピングなどEコマースと呼ばれる商取引は、一般顧客や法人顧客に対する販売サービスを電子空間（サイバースペース）上で提供する。これらの新しいサービスには、情報の手段的側面とコンテンツの両方が関係している。情報技術の発展によってサイバースペースという新しい流通チャネルが生まれたのだ。

また情報機器があれば、「どこでも」、「いつでも」利用できるわけであるから、情報技術を利用するサービスの場合、立地は考慮する必要のない要素に転落する。もしホームバンキングが技術的に十分に進めば、銀行はこれまでのように多くの街に支店の店舗を設ける必要がなくなるときが来るであろう。情報技術の発展は、広い意味で情報を素材とするサービス活動、例えば、金融、保険、教育、広告・宣伝などの分野でチャネルの選択肢を広げ、将来、立地の問題を取るに足らないものにしてしまう可能性がある。

5 販売促進(プロモーション)

モノ製品のマス・マーケティングでは、プロモーションは非常に重要な位置を占めていて、顧客と商品とを結び付ける役割をになっている。例えば、人目を引くような宣伝が大きく売上げに貢献した、といった事例にはこと欠かない(例えば、缶飲料の日本茶やウーロン茶のコマーシャル)。

しかし、サービス商品の場合にはまったく違った条件の下にある。サービスは形のない活動であるから、モノ製品のように写真に撮ったり、試しに使ったりすることができない。またモノ製品は、その機能について製品としての規格が決まっており、だれが使っても同じ効果を生むのだが、サービスの効果(結果と過程)は、常に一定とは限らない。例えば、テレビで宣伝しているトヨタの車を買った人は、だれでも同じデザインの同じ機能を持った車を手に入れることができる。だが、痩身美容の宣伝を見てエステの店舗を訪ねた人が、宣伝の美人と同じようなスタイルになれるとは限らない。そして、顧客は多くの場合、そのことを理解していて、リスクを感じながらサービスを購入するのだ。

つまり、サービス商品についてもプロモーションは必要なのだが、モノ製品の場合のような信頼は得られず、大きな宣伝効果も期待できないのだ。そこでサービス商品のプロモーションでは、「口コミ」が非常に重要な手段となる。サービスをすでに体験した第三者の評価は、素直に潜在顧客の気持ちに影響することができるからだ。だから良い口コミが広がるような、優れたサービス品質を提供することが、決定的に重要となる。また同じ意味から不満を持った顧客への苦情処理も大切な課題である。

伝統的なマーケティング・ミックスのプロモーション領域に含まれる項目には、宣伝・広告、パブリシティ、セールス・プロモーション、人的販売などがあるが、ここでは次の二つを検討してみよう。

a　宣伝・広告
b　物的要素

(1) 宣伝・広告

サービス商品の宣伝では、サービス内容をそのまま伝えることは難しいために、他の要素に置き換えて映像化し、イメージや信頼感を訴えようとする。心躍るようなパレードを見せるディズニーランド、ピエロの格好をしたロナルドが話しかけるマクドナルド、これらはイベントやマスコットを見せることで、テーマパークや店舗の雰囲気を伝えようとしている。接客担当者の大きな写真を載せて、信頼感のイメージを出している証券会社、快適さを訴えるために乗客用の座席を新聞広告の正面に据えた航空会社などである。サービスの効果を訴求するのは難しい課題だが、宅配業者のフェデックスの広告で、新聞の半分を黒塗りにして、真ん中に小さな白抜きの文字で「一晩だけ」と書いてあるのがあった。一晩で荷物をアジア諸国へ運ぶという「アジアワン」というサービスの宣伝である。このようにサービスの宣伝では、活動の一場面、従業員、物的な要素、背景となる景観などをサービスそのものの代替物として利用することが多い。効果やサービス内容を伝えるには文字を使うことになるが、フェデックスの場合のように、読ませるための工夫が決め手となる。

(2) 物的要素

物的要素は、サービス・マーケティング・ミックスの要素として後であらためて検討するが、建物やユニフォーム、備品などは、顧客にサービス内容や質をイメージさせる重要な要素である。だから、例えばファミリーレストランでは、建物のデザインや色彩、ロゴマーク、ユニフォームなどを統一して、それらとサービスを関連付けて顧客に植え付けようと努力しているのだ。

6 価格

価格は、顧客にとって二つの機能を持つといわれている。(74) 第一にコストパフォーマンス

宣伝
物的要素

機能であり、市場での相対評価をもとにした価値判断の情報を提供する。A社と同じ商品をB社からA社より安く入手することができれば、コストパフォーマンスが高い買い物をしたことになり、良い決定だということができる。第二は、品質推定機能であり、顧客は普通買おうとする商品について完全な情報は持っていないので、価格によって品質を推定し、購入するかどうかの判断材料とする。

この二つの機能は、モノ製品の場合に有効に利用できるのだが、サービス商品の場合にはサービスの持つ無形性の特徴から、より心理的な考察を必要とする。サービスはまず、購入前に他の同種のサービス商品と比較するのが困難である。モノ製品では、事前に規格、デザイン、価格などを知ることができ、同種の製品を比較するのは簡単だ。だが、第9章で述べたようにサービス商品の多くは、実際に経験するか、または経験した後でも、その品質を明確には理解できないことがある（信頼品質の商品）。そこで形を持たないサービス商品を購入するかどうかの決定には、モノの場合よりも大きなリスクを感じざるを得ないことになる。この顧客の感じるリスク（不安感）をどのように軽減するかが、サービス商品の価格決定における最大の課題の一つである。

サービスの購入にはモノの場合のように所有権の移転もなく、たんに提示されているサービス商品を経験するという「約束」[75]に対して支払いをしているのだ。顧客は普通、価格とは製品原価プラス利益、という暗黙の理解をしている。しかし、レストランや小売りサービスのようにモノの提供を伴う場合を除いて、サービス商品の原価は推定しにくいという特徴がある。航空機、映画館、ホテルといったサービスでは、固定費は大きいが、変動費は外部からは計算しにくい。例えば、満席の飛行機と半分しか乗客の乗っていない場合では、乗客一人当たりの原価はどのように違うのであろうか。サービス生産では、費用と価格の関係は簡単には公式化できないのだ。

そこで、顧客にとっては価格の品質推定機能が重要となり、サービス企業は、価格設定において顧客の不安感をどう低減し、納得性のある価格をつけるかという課題を抱える。ここでは、この課題を意識した二つの研究を紹介しよう。

(1) ベリーとヤダブの価格戦略(76)

商品の購入の決定に影響する最も重要なメカニズムは、顧客の商品価値の判断である(第10章)。価格の絶対額の大きさに関係なく、顧客は価値のある買い物は積極的に行う。したがって、サービス商品の価格設定では、商品の価値をどのように顧客に伝達するかが大切である。価格とは顧客へのコミュニケーションの手段でもあるからだ。

ベリーとヤダブは、表2のような三つの価格戦略のパターンを提案し、各々について具体的な価格設定と組み合わせるべき具体策を例示している。

A 顧客満足を基盤とする価格設定

第一の価格戦略は、顧客が抱く可能性のあるリスク(不安感)の低減に重点を置いたも

表2 価格戦略（Berry & Yadav）

価格戦略	顧客価値の提供	具体策
A.満足を基盤とする価格設定	顧客の不安感の削減	■サービス・ギャランティ ■便益に基づく価格 ■フラットレートの価格
B.リレーションシップを基盤とする価格設定	顧客にとって有利な長期的関係を企業と結ぶ	■長期契約 ■束にしたサービス提供
C.効率化による価格設定	サービス生産においてコストの削減を達成し、その結果を顧客と分け合う	■コスト・リーダー

のだ。具体的な方策としては、①サービス・ギャランティ、②顧客の便益に基づく価格、③フラットレートの価格の三つを提案している。

①「**サービス・ギャランティ**」は、サービスの結果品質を保証し、もし望ましい結果が得られない場合には、一定の補償を行うプログラムである。気に入らない商品の交換や代金の返還などいくつかのパターンがある。商品の交換は、アメリカではノードストロームをはじめとして多くの小売業で行われている。日本でも最近このプログラムを導入する企業が出てきているが、アメリカのように無条件とするのは少なく、一〇日以内でレシートがあればとか、購入後三ヵ月以内といった条件付きが多い。

マイアミに本社を持つBBBKは、ペスト・コントロール（害虫駆除）サービスを行っているが、もし害虫駆除のサービスを行った後で害虫が見つかった場合には、代金の返還だけでなく、他業者によるサービス料の負担、閉鎖した場合の損失や罰金の負担、サービスを受けたレストランやホテルなどで顧客が害虫などを見つけた場合、その顧客の宿泊代や食事代の負担など徹底した補償で知られている。この企業のサービス料金は同業者の六倍にものぼるが、全米一のマーケット・シェアを誇っている（ただし、この企業は、最近大きな企業に吸収されてしまい。このサービス・ギャランティ制度は廃止されてしまったそうである）。

サービス・ギャランティは、顧客満足へのこだわり、サービスの質などに関する企業姿勢を顧客にしっかりと伝達し、顧客の料金への不安感を取り除くことができる。ドミノ・

ピザは、当初、三〇分以内に配達できなければ代金を無料にするとしていたが、後に三ドルを支払うこととした。このプログラムは、配達員の交通事故の原因となっているという理由で裁判沙汰になったが、このシステムがドミノ・ピザのサービスへのこだわりを印象付け、結果として全米三一パーセントのシェアに到達したことの背景となっていることは間違いないであろう。[77] なお保証の内容は、思い切りよく無条件としたほうがインパクトは強い。アメリカの研究では、無条件にしても、長期的には条件を付けた場合と費用にあまり差が出ないということだ。サービス・ギャランティはまた、従業員のサービス品質向上への動機付けを高めるという効果も持っている。

② 「**ベネフィットに基づく価格**」とは、サービスが顧客に対して生み出す便益（ベネフィット）に焦点をあてた価格設定である。ある種のサービス商品では、サービス活動にかかった時間で料金を支払う仕組みを取っている場合がある。例えば、コンピュータによる情報検索サービスでは、料金はかかった時間で請求される場合が多い。このように、入手した情報量ではなく、時間単位で料金を計算する方式は、顧客の求める便益と料金との関係を希薄にしてしまう。この点に注目したヨーロッパのある大手のコンピュータ・オンライン情報提供会社は、時間ではなく情報量による料金に変更した。この結果、時間はかかるがより高額な検索システムの利用が増え、売上げが増大した。新方式の方が、顧客にサービスの便益をハッキリと意識させることができたのだ。

③ 「**フラットレートの価格**」は、活動内容や時間にかかわらず、サービス商品ごとに定

ベネフィットに基づく価格
フラットレートの価格

額の料金を設定するものである。弁護士料金は普通、サービス活動内容ごとに料金が定められ、積算されるようになっているが、このため顧客は依頼したケースが終了するまで最終的に費用がいくらかかるかわからないことになる。ニューヨークのある法律事務所は、企業との契約を期間ごとに定額で結ぶことにした。この結果、契約を結んでいる企業は約二五パーセントの費用を引き下げることができたが、同時に長期の契約を締結することによって、この法律事務所も安定的に長期間の仕事を確保することができたということだ。

B　リレーションシップを基盤とする価格設定

リレーションシップというのは、個々の顧客と企業が長期的な取引関係を結ぶことで、お互いが相手について学習し理解することを前提としている。このリレーションシップ・マーケティングについては後に検討する（第14章）が、リレーションシップを結ぶことは、価格政策からも顧客と企業の双方にメリットを生みだす。

①　長期契約

長期間の取引関係を結ぶことは、企業と顧客の双方にとってメリットがある。企業にとっては、顧客を一定期間確保できるし、顧客にとってはその都度サービス提供者を探さなくても信頼のおける企業から安心できるサービスを受けることができる。また長期契約を結ぶには、企業は料金の割引によって顧客をまず引きつけなければならないが、顧客保持

リレーションシップ価格決定
長期契約

によって長期的にはコストの引き下げが可能になり、割引額を上回る収益につながる。

つまり、双方にとって金銭的および非金銭的なコストの削減につながるメリットを享受できるわけである。長期的関係が利益を生むのは、双方が学習することで効率化が図られるからである。企業は固定客のニーズに合わせたサービス提供を工夫し、効率化することができ、顧客も事前の調整を必要としないパターン化したサービスを受けることができる。例えば、アメリカの宅配業者であるUPSは、通信販売のランズエンド社と長期契約を締結し、カタログ配送期間を半分にすることに成功したということだ[78]。

② 一括提供方式

複数のサービスをまとめて提供する契約によって料金の引き下げをする方式。サービス企業にとっては、サービスをまとめることによってコストを下げることができ、また、顧客との関係を深めることができる。顧客にとっては、一ヵ所から関連するサービスを受けることができることで、時間と手間を節約することができる。

電話会社のAT&Tは、一九九〇年に割引電話カードとクレジットカードの機能を合わせ持つユニバーサル・カードを発行して、短期間の内に全米二位のカード会社になった。顧客はこのカードによって、割引電話の支払いとクレジットカードによる決済を一度に済ますことができるようになった。一方AT&Tは、電話の利用を促進するとともに、長距離電話利用者のデータベースから、上層顧客を絞り込んで、ダイレクトメールなどを送ることができるのだ[79]。

C 効率化による価格設定

この考え方は、価格の設定方式というよりも、経営の効率化によって生産コストを削減して、それを料金に反映し、低価格によるサービス提供の実行を狙うものだ。

これまでもたびたび登場したサウスウエスト航空では、短距離ルートへの集中、一種類の航空機（ボーイング737）使用によるメンテナンスと訓練費のカット、混まない空港の利用と飛行機を二〇分で再出発できる態勢による飛行機の稼働率の向上、チケットレス方式によるコスト削減などによって、他の航空会社に比べ大幅にコストを低く押さえている。その結果、同じ飛行ルートでは全米最低の料金設定を可能にしている。価格を最大のマーケティング訴求要素と決めて、それを可能にする生産システムを作り上げているのだ[80]。

(2) ノーマンの価格戦略[81]

ノーマンの価格設定に関する提案も、ベリーとヤダブと同じく、どのようにサービス商品の価値を顧客へ伝達し、かつ納得性を得るか、という問題意識を基にしている。彼の提案は、以下の五つである。

効率化による価格設定
ノーマンの価格戦略

① サービス・コンセプトのより詳細な説明

サービス商品は、普通パッケージで提供され、一括した料金設定がなされている場合が多い。最近ＩＴ企業は、顧客企業のさまざまな業務の改善を目的として「ソリューション」というサービス商品を販売している。例えば、製品や部品の一元管理システムや発注業務のシステム化、等々である。これらの商品は、何百万円といった価格で提案されているが、その金額の根拠は示されていないことが多い。このような場合、サービス提供に必要なコストを計算することはあまり意味がないからだ。

しかし商品内容の説明は多くの場合、抽象的に機能が列記されているだけで、顧客にはわかりにくい。そこでノーマンが提案しているのは、そうしたサービス商品が顧客企業に生みだすさまざまな効果を顧客の立場から押さえて、顧客にわかりやすい説明ができるようにする、ということだ。コストではなく、メリットの方に顧客の目を向けさせるのだ。つまり、サービスが生む顧客価値を伝えるという方法である。

② サービス・パッケージの束を解く

パッケージを構成するサービスのおのおのに価格をつけて、全体の価格がどんな内容を要素としてできているかを明示するという方法だ。一見、ベリー等の「フラットレートの価格」や「束にしたサービス提供」と方向が反対のようだが、サービス・パッケージが全体として、顧客が求めているどのような価値と対応しているかがハッキリしない場合には、この方法が適切である。

これまでの葬儀業界では、顧客の「門構えを見て値段を決める」といわれるほど、価格設定がいい加減で不透明であった。最近、こうした状況への顧客の不満に応える形で、複数の異業種企業がこの業界に参入を図っている。例えば、コープかながわを母体とするコープ総合葬祭では、葬儀費用項目の個々の原価を明らかにしたうえで、全体の価格を設定している。こうした料金の中身の透明化と全体料金の引き下げの動きは着実に広がっている。

③　新しいサービス項目を見つける

サービス・パッケージを購入して顧客が受けることになるサービス内容の中で、顧客が期待していなかったような項目を見つけ、それを重要な項目として打ち出し、新しい付加価値項目を明示する方法である。例えば、新しいコンピュータ・システムの導入では、ハードとソフトの組み合わせを提案するだけでなく、顧客企業の従業員の訓練を必要とする場合がある。この従業員訓練を新しいサービス項目としてパッケージの中に含めるといったことである。小売店と製造企業を結ぶといった大規模なシステム化は、目的とする機能の拡大と効率化だけでなく、事前の予想を越えた新しい工夫が可能な場合がある。そうした可能性を十分に検討しておいて顧客企業へ提案することもできよう。

新しいサービス項目

④ 成功報酬型価格設定

サービスが求める付加価値を生んだときに、それへの成功報酬という形で価格を決めることも、顧客価値と価格の関係をより明確にする。警備保障サービスでは、顧客が一定期間損害を受けなかったという結果に対して料金を決めることもできるし、経営コンサルタントはクライアント企業が収益を上げたときに、収益の一部を報酬とすることもできる。

⑤ 奨励給型価格設定

顧客がサービス生産への参加の程度を高めれば価格を下げるという発想である。例えば、リースされた設備機器などのメンテナンスを顧客が自ら行う場合や、ペスト・コントロール業などで、顧客が一定の設備投資を行えば低い料金を提示する、という方式である。顧客が責任の一端を担うことで、価格への納得性を高めることができる。

7 人材

人材はサービス生産における最大・最重要の要因である。その理由は、ヒトが人にサービスを提供するというパターンのサービス活動が最も一般的だからだ。製造業での仕事のように、ヒトがモノに働きかけるのとは対象的である（なお念のために述べれば、第8章で見たように、ヒトがモノに働きかけるサービス活動、例えば、自動車の修理や衣服のクリーニングなどもある）。サービス品質のところで検討したように、約束したサービスを確実に実行し（信頼性）、知識、経験、マナーを備え（確信性）、迅速に顧客の要求に応え（反応性）、顧客の気持ちに共感できる（共感性）能力を備えた人材は、「真実の瞬間」を豊かな充実したものにすることができ、顧客を深く満足させることができる。

サービス企業の課題は、こうした優れた人材を、どのように雇用し、保持し、動機付け、成長させ、満足させる仕組みを作り上げるか、という点にある。優れた人材を確保し、その能力を高めるために、現在、サービス・マーケティング研究において取り上げられている方策をまとめると表3のようになる。

表3で示されたさまざまな方策については、第13章のサービス・プロフィット・チェーンの中で検討したい。人材の充実は、顧客により大きなサービス価値を提供することにつながり、結果として顧客ロイヤリティの向上をへて、サービス企業の収益の向上へと連鎖していく。こうした関連性において検討した方がその意味を理解しやすいからだ。

8　物的環境要素

物的環境要素とは、サービスの生産に関係するすべての物理的事物を意味する。建物、景観、外部環境、駐車場、部屋、備品、レイアウト、空調、温度、機器、パンフレット、

人材についての課題と方策

表3　サービス企業の人材に関する課題と方策

課題	方策
雇用の維持	インターナル・マーケティング
動機付け	エンパワーメント
定着率の向上	リエンジニアリング
従業員満足	職務・職場分析
能力の伸長	報酬システムの設計
業務活動への支援	業務ツールの整備
	理念・リーダーシップ

ユニフォームなどである。こうした物的要素の重要性は、ホテルやレストランといった業種ではよく理解されている。

経験の一部となるという機能に加えて、物的環境要素の持つもう一つの基本的な役割は、サービスの質を顧客にコミュニケートするということにある（販売促進機能）。ディズニーランドの楽しさは実際にその場に行かなくとも、輝くような色彩の建物や乗り物、華やかな衣装をつけたマスコットや従業員、木々や色分けされた通路などの写真を見るだけでも伝わってくる。サービスは実際に経験しなければその内容はわからないのだが、サービスにおける物的な要素はサービス内容を示す手がかりとしての役割を持っているのだ。それゆえ、「物的な要素」はサービス・マーケティングにおける非常に重要な顧客訴求の方法となっている。

ビットナーは、サービス提供の**場**を「サービススケープ（Servicescape）」[82]と呼んで、以下の四つの機能を持つことを指摘している。

① パッケージ機能

サービスを包んで、一定のイメージを与える機能。ホテルの豪華な外観など、サービス内容についての期待やイメージを形成するメタファー（隠喩）となる。カーサというファミリーレストランを経営する西洋フードシステムズは、新型店舗の建物を米国シアトルの高級住宅街をイメージした建物に転換した。木目調の内装を持つ落ち着いた雰囲気が特徴

サービススケープ
パッケージ機能

だが、アメリカ風の中流家庭の団欒というイメージで食事の場を包み、そうした経験を提供します、というメッセージだ。

② ファシリテーター機能

顧客と従業員の双方に向かって、サービス生産と消費の経験の楽しさを促進し、サービス品質を高めるという機能。厳密にはサービススケープには入らない物的要素だが、よく考えられたユニフォームはこうした機能を持っている。三〇代のアメリカ女性の創設したクレージー・スクラブルという会社は、病院向けのユニフォームを製造・販売し着実な成長をしているが、この企業の作る医師用のユニフォームは、明るい色をしたにぎやかなプリント模様で作られ、トロピカル・フラワーや風船、フラミンゴ、熱帯魚などの模様が付いている。病院の白一色のユニフォームは清潔感があるが、患者の緊張感を高める。新しいユニフォームは緊張感をほぐし、楽しい雰囲気を作り出し、特に子供など患者たちに好評のようだ。医師たちの評判も悪くないということだ。

③ ソーシャライザー機能

顧客と従業員または顧客の間の相互作用を促進する機能。テーブルの大きさや形、部屋のレイアウトや椅子の向きなどが、人間の交流の心理的な促進作用を持ったり、反対に阻害作用を持つことがわかっている。レジャー企業の**地中海クラブ**は、よく考えられたサー

ファシリテーター機能
ソーシャライザー機能

ビス・コンセプトを提供することで知られている。世界各国の観光地に展開するこの企業のレジャー施設である「ビレッジ」では、食堂のテーブルは八人掛けになっている。ビレッジではGOと呼ばれる世話係の従業員とお客、またお客同士の交流をレジャー体験の大事な要素と考えているが、八人掛けのテーブルでは、GO一人とお客七人の組み合わせが最もまとまりやすく話が盛り上がりやすい、という観察に基づいて作られているのだ[83]。

このように物的要素は社会関係を促進する方向の機能を持つことができるが、反対に社会関係を遮断するという機能も持っている。この点に注目して成功しているのが、消費者金融での無人契約機である。お金を借りるのに人に会わなくて済むという顧客心理をつかんで広がっている。現在は、新規契約の半分以上が無人貸出だということだ。

④ ディファレンシエーター機能

競合企業への差異化や自社のサービス内容の特徴を打ち出す機能。日本航空は、国際線のジャンボ機に二、〇〇〇万円もする豪華なトイレを導入している。ファーストクラスでのサービスだが、床面積を二五パーセント広くし、中で着替えもできるという。自動水洗式で三面鏡も備えている。

ヒルトン・ホテルは、アメリカの主要都市でスリープ・タイト・ルームという客室を設置し始めた。コンセプトは安眠を約束する部屋である。壁を厚くし、厚いじゅうたんを敷いて、窓は強い光や騒音をカットする特殊ガラスを使うといったハードを用意している。

こうしたトイレやコンセプト・ルームも、顧客のニーズを深く充たすというファシリテーター機能を持つと同時に、競合企業との差異化に役立つディファレンシエーター機能を持っているのだ。

9 提供過程

レストランでの食事にはいくつかのパターンがある。他のお客と一緒にカウンターの前に並んで、自分の番が来たら注文し、料理を受け取って席をさがし、食事が済んだら、トレイや食器を決まった場所に戻すというマクドナルドのような方式もある。一方、ボーイに案内されてテーブル席に着き、おもむろにメニューとワインリストを見て注文する。自分の好みをいって厨房に伝えてもらうこともできる。食後のコーヒーを飲んだらテーブルで支払いを済ませ、係りの人に送られながらユックリとレストランを後にする、というスタイルもある。同じ食事という経験なのだが、この二つではその内容はかなり違う。これは、サービスの提供過程が異なるからだ。

顧客の立場からのサービス提供過程とは、サービスが活動であることから、顧客が実際に体験する活動プロセスを指すことになる。サービス・マネジメントでは、この提供過程を「サービス・デリバリー」と呼ぶ（サービス・デリバリー・システムについては次章で検討する）。顧客が現実に経験するサービス・デリバリーは、顧客からは見えないバックヤードでのオペレーションの支援で行われることが多いから、サービス提供過程は、実際にはバックヤードとサービス・デリバリーの二つが内容を決めることになる。

日本でもインターネット・バンキングが広がりつつある。まだ銀行からの入金の連絡や振り込み、金融商品の購入など、銀行業務の一部分にすぎないが、現在は、多くの銀行が提供を始めている。インターネット・バンキングは銀行の利用者にこれまでとはまったく違うサービス・デリバリーを提供する。顧客は自宅に居ながらインターネットを通じて、銀行サービスを受けることができるからだ。今後は、一層この種のサービス提供過程が拡大していくであろう。

顧客の立場から見た提供過程は、主に二つの尺度で分類できる。つまり第一に、そのサービス過程が**標準化**されたものか、それとも顧客の要求に対応する**個客化（カスタマイズ）**したものかということ。第二は、そのサービス過程に顧客の**参加が求められる程度**だ。この二つの軸は、サービスがそれらの軸のどこに位置するかで、顧客にまったく違った経験を与えるという意味で、重要な要素である。

(1) 標準化の軸

標準化の程度が高いサービスでは、安定してバラツキのないサービス提供が大切である。クリーニングの仕上がりがさまざまであったり、同じスパゲティを注文したのに、一方はシコシコしていて、他方はベチャッとしていては問題だ。同じような品質と提供時間でなければ、顧客の信頼を失うことになる。また、サービス提供での迅速性が、標準化したサービスの質を計る場合の重要な指標となる。ファーストフードであれ、公共交通機関であれ、テーマパークであれ、顧客を均質に扱うサービスでは、品質の安定性とスピードが大切なのだ。反対に、個客化の程度が高いサービスでは、顧客の個別の要求にどれほど応えられるのかが重要だ。スピードよりも、サービス提供者への信頼性と、顧客への共感性がポイントである。

最近は一般的にサービスのカスタマイズ化への要求が強くなっている。消費者が画一的なサービスでは満足せず、自分の欲求にマッチするサービスを求めるようになったからだ。フィットネスクラブは、バブル期には毎年二〇〇を越える新規開業が見られたが、最近では二桁台に落ち、廃業する企業も出ている。安定した経営をしているのは全体の二割程度にすぎないらしい。安定経営のクラブとそうでないクラブの差は、設備の善し悪しというよりも、フィットネス・プログラムの充実度、つまりソフト面の差だという。特に、会員個人個人の体力や運動能力に合った個別プログラムを用意できるかどうかがポイントとなる、といわれている。

(2) 顧客参加の程度

サービスではその程度は別にして、顧客がかならずある部分において生産に参加している。一方の端にはセルフ・サービスがあり、他方には病院の完全看護（?）のようなフル・サービスがある。

ファーストフード、スーパー、コンビニといった小売業、金融機関のATM、コイン・ランドリー等々は、顧客のセルフサービスを前提に作られている。セルフサービスを導入するには、次の二つの要件の内、少なくとも一つを充たしていなければならない。

第一は、セルフサービスによって顧客に何らかのメリットが生じるように工夫すべきだという点だ。最近はやりのサラダ・バーでは、自分の好みの種類と量のサラダを作ることができる。一般にセルフサービスのシステムでは、顧客に自己選択と自己決定のプロセスを楽しめるように工夫されていなければならない。もう一つは、電鉄の切符の自動販売や自動改札またATMのように、対人関係を抜きに迅速に必要な作業を済ませることができるという利便性である。

日本航空は、長年CS調査を実施しているが、チェックインのときに自分が希望した座席が取れなかったことが顧客の不満の一つであることがわかった。ところが自動チェックイン機を利用した顧客の場合には満足度が大きい。たとえ自分の望んだ席が取れなくとも、次も自動チェックインを利用したいと多くの乗客がいっている。つまり、フルサービスが常に喜ばれるとは限らないのだ。自分で選択した場合には、たとえ結果が思わしくなくとも、それなりに納得するからだ。

消費者の欲求がより個客化の方向へ移っているとしても、すべてのサービスが個客化すればよいわけではない。標準化・個客化の軸と顧客参加の軸のどの位置にサービスが位置していても、大切なのは、複雑な顧客の欲求部分にピッタリ照準が合っているかどうかである。人は時と場所によって、標準化したサービスを求めたり、カスタマイズを希望したりする。サービス生産への参加についても同じである。サービス提供過程がしっかり設計されていて、他のサービス・マーケティング・ミックスとの整合性が取れていることが重要なのだ。

第12章 サービス・マネジメント・システム

これまでわが国の多くのサービス企業では、販売部門や生産部門というように機能別に組織を分けて、各々の部門の強化や再編成を行うという部分的な改革の試みはしばしば行われてきた。しかし、有機的にサービス組織全体をとらえて、そこから組織の強み・弱みを比較・検討するといったトータルな改革はあまり行われてこなかった。また、多くのサービス企業は日常業務の遂行と経営の拡大とに関心が集中していて、長期的なビジョンを欠いていたようである。長期ビジョンの策定には、経営環境の変化の行く先をしっかり押さえて、対応する組織活動の再編成が必要だが、組織活動を全体としてとらえるために必要な総合的な枠組みを持っていなかったからだ。

1 サービス・マネジメント・システムの構成要素

本章ではサービス組織を、前章で検討したサービス・マーケティング・ミックスとは違った視点から把握するもう一つの見方を紹介する。それは、サービス・マネジメント理論の発展段階の比較的初期に、理論を体系化してサービス経営の研究における第一人者となり、主にヨーロッパで活動していたリチャード・ノーマンの「サービス・マネジメント・システム」のモデルである。

ノーマンのサービス・マネジメント・システムも、基本的にはサービスのマーケティングを念頭においた理論モデルだ。しかし、ノーマンはサービス組織の全体としてのシステム特性やマネジメントを強く意識していて、マーケティング領域だけでなくサービス組織全体の経営に目配りをしている。このモデルは、サービス組織を構成する各要素の強みや弱み、およびその関連性を検討する一つの枠組みとして活用できる点にその大きな特徴がある。

ノーマンがサービス・マネジメント・システムの要素として取り上げたのは、図11のように、(1)サービス・コンセプト、(2)セグメンテーション、(3)デリバリー・システム、(4)イメージ、(5)組織理念・文化、の五つである。

この五つの要素をその主な機能から分ければ、**サービス・コンセプト**と**セグメンテーション**は、もっぱらマーケティング活動の課題であり、**デリバリー・システム**は、マーケティングの要素であると同時に、主に、サービス生産のオペレーション領域を示すものである。イメージは本来対外的なものだが、最近は、顧客が企業に対して抱くイメージがコーポレイト・ブランドとして重要視されるようになった。イメージはまた、組織内成員にも影響を与える。**組織理念・文化**は、サービス組織の特徴やサービスの品質に影響するという点

図11 サービス・マネジメント・システム

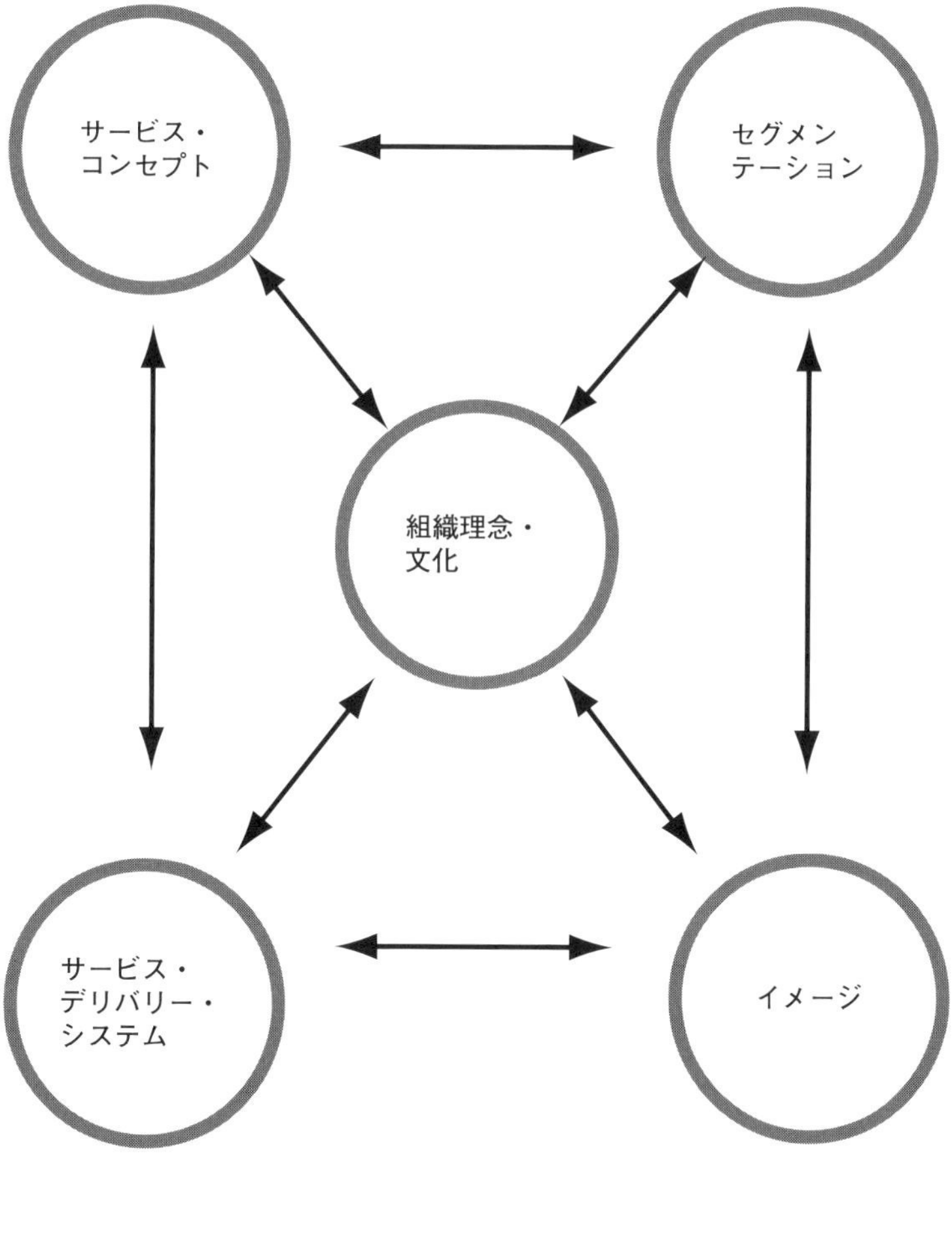

でマーケティング的意味合いもあるが、それよりもサービス組織の内部活動や従業員行動が目指すべき方向を価値システムとして示すという点で組織マネジメントの問題である。ノーマンがこのモデルにおいて強調しているのは、図11(84)の矢印が示しているように、これら五つの要素が密接に関連して相互に影響し合う関係にあり、したがって、各々の要素をデザインするには、他の要素に与える影響と関連性を考えて決めていくべきだ、という点である。

2 サービス・コンセプト——サービスの魅力はどこにあるか

サービス・コンセプトは、前章の「サービス商品」のところで述べたように、顧客のニーズを企業が受け止めて、サービスのなかに組み込んだベネフィットのことで、いわば顧客ニーズの裏返しである。顧客のどんなニーズを充たして、どんな便益を与えるかを決めるものだ。だから通常、コンセプトが鋭くシッカリしたものであれば、市場はかならず積極的反応を示すことが期待できる。

サービス・コンセプトは、サービスの「**結果**」が対応すると考えられがちだが、かならずしもそうではない。サービス提供の「**過程**」についても、またサービスの販売に関するマーケティング・ミックスの各要素についても、コンセプトを構成できる。過程については、例えば「一日車検」のように簡便さや迅速性を中心に考えることができ、また小売店の場合に「駅のそば」を利点とする立地やサウスウエスト航空のように低料金であること、シンガポール航空のように室内乗務員の接客の良さ、などをコンセプトとして打ち出すこともできる。

サービス・コンセプトは、第11章で述べたように、「企業の主張を込めてユニークに充たす顧客のニーズ」である。たんに顧客のニーズを充たすだけでなく、競合企業に対して十分な差異化が主張できるほどにユニーク（独自性）で、たんなる「強み」をこえて顧客訴求の中核とできるような商品特徴なのだ。社会の成熟化と消費者の欲求水準の高度化によって、新しいサービス・コンセプトは、複合化し、同時に細分化していかざるを得ない。大切なのは、変化する消費者の欲求構造を押さえて、キッチリ消費者の個別のニーズをつかみ、コンセプト化する洞察力である。

最近、女性だけを対象とする短時間ですむフィットネス・クラブが広がりを見せている。基本的な運動プログラムはサーキット・トレーニングという英国で開発された方法で、有酸素運動と筋肉トレーニングのメニューを各々短時間で行い、それを一巡してまた繰り返えし、トータル三〇分で終了する方式である。円形にトレーニング・マシンを配置してあり、主婦やOLがトレーナーの指導のもとにプログラムをこなして、帰っていく。健康意識の高まりを背景に、これまでスポーツクラブが次々に作られたが、一般のスポーツクラブは、「プール」、「スポーツジム」、「スタジオ」の三つが必須の設備で、装置産業のような大きな施設となっている。また、いったん入場すると最後にお風呂に入り、女性ならお化粧直しも必要で、最低でも二時間はかかる。

サーキット・トレーニング方式のフィットネス・クラブは、マシン中心のジムなので、大きな設備や場所がいらず、設置が簡単で、出店がしやすい。参加者にとってのメリットは、何といっても短時間で運動ができるという点である。運動負荷は一定水準あるのだが、あまり汗もかかないので、運動着で来て、そのまま帰ることができる。また女性ばかりなので、男性の目を気にすることもない。もし近くにこの施設があれば、手軽に好きなときに利用できる点が最大の特徴で、これが健康志向の女性たちへのいままでにないサービス・コンセプトになっている。

ノーマンは、サービス・コンセプトの例として四つのタイプを紹介している[85]。すべてを網羅した分類ではないが、コンセプトを考える場合の参考になろう。

① 特別な能力の提供

個人や企業が、自分で行うよりも「よりよく、上手にできる」、「より安くできる」といった利点を持つ広い意味での代行サービスである。例をあげれば、クリーニング、理美容、パック旅行、企業がアウトソーシングするビル清掃、秘書代行、テレマーケティング、社員の退職を促進するアウトプレースメントなど、数多くのサービスがこのタイプに属している。

このグループのもう一つのタイプは、「顧客の持たない能力の提供」で、医療、法律、税務会計、非破壊検査といった専門的サービスがある。最近目にとまったこの種の新しいサービスとして、建築に関連するアドバイスを専門に行う企業がある。家の新築、増改築、リフォームなどは、費用が高額な割に基準がハッキリせず、業者のいいなりになってしまうケースが多い。また、建築業はクレーム産業といわれるほど、施工後のトラブルも多い。この点に着目したハウジング・ナビ社は、建築士、宅建主任者、インテリアコーディネーターなどを集めて、専門の立場からアドバイスを行うのだ。相談のレベルから具体的提案に移ってしまうとこれまでの建築業との差が狭まるが、コンサルテーション業としてシッカリ商品化できれば、新しいサービス商品としての可能性を持つことができる。

② 資源の新しい結合

古い街並みと小売店、高速道路のパーキングエリアとゲーム機器、英会話とスポーツ、これらは相互に何も関係のないものを二つずつ並べたように見える。ところがこれらは、今流行りのサービス商品なのだ。川越は古い城下町であるが、古い街並みを生かした商店街が最近若者でにぎわっている。東京湾アクアラインの海上パーキングエリア「海ほたる」にある「ゲームファンタジア」は当初予定の四倍強の売上げを記録している。現在、大手のスポーツクラブに吸収されてしまったが、フィットネス・クラブ「クラブ・ボーイポー」では、インストラクターがすべて外国人であり、英語で指導をすることを特徴として出発した。

すでにある資源を新しい発想で結び付け、これまでになかったサービスを提供する。これが、二番目のサービス・コンセプトのタイプである。単独で存在していては、資源としての有用性はそれほどないのだが、異質な資源と組み合わせることで新しい意味と価値を生むのだ。北欧では、老人施設と保育園を併設しているという。老人は子供たちの生き生きと活発な行動から刺激を受け、子供たちは老人のユックリとした態度に慣れ、親しみ、安心する。この場合、老人と子供は相互に相手の資源となることができるのだ。

高齢化社会に向けて注目されて、厚生労働省も推進に力を入れているのは在宅医療である。在宅医療は、病院に入院して治療や介護を受けるのではなく、自宅で治療や介護を続けることのできるという考え方だ。家族や患者本人、適切な医療機器や薬品、医師や看護師による指導と治療の三つの資源を組み合わせて在宅で医療を可能にする、いわばシステム商品なのだ。セルフサービスが組み込まれているから、入院などのフルサービスに比べて必要な費用が少なくてすむ。病人も自宅で療養できるのでストレスも少ない。帝人、セコム、ベネッセ、ケア・マーク社などが取り組んでいるが、まだ十分に開発が進んでいないので、利用が一部の病気に限られている。しかし将来は重要な医療分野のサービス商品となっていくであろう。

③ ノウハウの移転

現代は発信される情報量が爆発的に増加し、一般の人でも簡単にさまざまな情報を手に入れられる時代である。アメリカ政府の新政策の内容をホワイトハウスのホームページから瞬時に入手できるのだ。インターネットに限らず情報提供の手段が拡大し多様になったことから、一般消費者の知識量、情報量は急速に増大した。もはや無知な消費者といった発想は通用しなくなった。

こうした状況のなかで、「ノウハウ」も簡便に入手したいという欲求もまた消費者のなかに広がっている。アルビン・トフラーが予言した「プロシューマー」のように、消費者は、他人からサービスを受けるだけでなく、自分自身でサービスを自家生産したいという欲求も高まっているからだ。だが「ノウハウ」はシステムや人間の動きをパターン化したもので、経験を通じて形成され、もともと暗黙知であったものを形式知化したものが多い(マニュアルはその一例)。つまり、簡単な伝えやすい情報ではないのだ。ここに「ノウハウ」の提供が一つのサービス・コンセプトとなる理由がある。

花王はスーパーやドラッグストアなどのチェーン小売店を対象に、セルフ化粧品の売場提案を行っている。化粧水や夜用クリーム、ボディケア商品などを顧客が自分で試しに使うことができるように専用の什器を設置し、試供品や鏡、パフ、ティッシュを置いてある。顧客は販売員のセールストークにわずらわされずに自分で気軽に選ぶことができる。また小型テレビを設置して商品説明や使い方の情報が見られるようになっている。この例では、販売のノウハウだけでなく、専用什器を用意することで売場そのものをシステムとして提供しているわけだ。薬品、化粧品、加工食品などの分野では、こうした形のノウハウ提供が増えていくに違いない。

一般消費者を対象とするノウハウ提供は、講座やセミナーといった形を取ることが多い。例えば、目新しい例では、護身術とダンスを組み合わせて気軽に女性が自分の危機管理ができるように講習会を開いているマーシャルエンターテイナーズ、食品スーパーの繁盛法を伝授するフェニックス塾などがある。社会性のある発想としては、ゴミ処理の仕方をプロの料理人に教える講座もアメリカにはあるそうだ。まだ体系化されていない多くの知恵をパターン化し、顧客のニーズとうまく対応させることによって、新しいサービス商品を開発することができる。

大規模にノウハウをサービス商品として提供しているのは、フランチャイズ契約によって事業展開をしている企業である。コンビニエンスストアや外食産業などがこの例だ。フランチャイズ契約を結び、本部に一定のロイヤリティを払っているこうした店舗のオーナーは、本部から店舗のオペレーションに必要な品揃え、接客、作業手順、計数管理、マーケティングの方法などのノウハウの提供を受ける。まったくの素人であっても、これらのノウハウの提供や継続的な情報提供によって、店舗を経営することができる。これまで個々の小売店が、長い間試行錯誤をしながら蓄積してきた店舗経営のノウハウをシステム化して提供するのだ。

アメリカではさまざまな業種にフランチャイズ方式が広がっている。ケア付き老人住居のフランチャイズ、鳥グッズ専門店、小中学校、幼稚園、病院などである。これから伸びるフランチャイズの業種は、子供ケア、共働きのための家庭内サービス、また、郵便の発送・受け取り・DTP・経理事務などを中小ビジネス企業へ援助するサービスだということだ(86)。

④ サービスとしての経営活動

ノーマンがあげているサービス・コンセプトの例の最後のグループは、組織や企業の経営そのものをサービス商品としている場合である。つまり、経営者やオーナーに代わって経営を肩代わりするサービスである。ホテル業界ではマネジメント・コントラクト（管理運営受託方式）と呼ばれて、この方式が多く行われている。ホテルの名前はシェラトンであり、ハイアット・リージェンシーであるが、オーナーは別にいて、経営そのものはこうした名前の企業が請け負っているのだ。アメリカでは、企業の管理運営を請け負うサービス企業が増えており、ショッピング・センターや病院、幼稚園など多くの組織や企業でこの方式の経営が行われている。

経営システムそのものをサービス商品とするやり方は、わが国でも今後徐々に広がっていくに違いない。組織や事業体の経営には業種や産業を越えて、共通する知識やノウハウが利用できる部分があり、どんな商品を扱っていても、経営の専門家が経験や知識を発揮できる余地があるからだ。将来は、わが国においても重要なサービス・コンセプトとなる大きな可能性がある。

3 セグメンテーション――お客はどこにいるのか

サービス商品が顧客の特定のニーズを充たすものならば、そうしたニーズを持った潜在顧客を見つけだし、彼ら彼女らにアプローチをかけることが、重要な課題となる。そのグループを**顧客ターゲット**と呼ぶ。だから、ターゲットとサービス・コンセプトは裏表の関係にあるのだ。ターゲットとはサービス・マネジメント・システムをデザインする際に、前提とする顧客グループのことである。(87) セグメンテーションとは、市場から顧客ターゲットを特定するために顧客層を分類しグループ化する作業のことだ。

固有のニーズを持ったターゲットを探す方法は、これまで人口統計的なアプローチを取ることが多かった。年齢、性別、職業、所得階層、家族構成などでグループ化して、そのグループに共通するニーズを発見する方法だ。たしかに、こうした特徴でまとめたグループは、ある共通する欲求や価値観、また行動パターンを示すことが多いので、そこから共通するニーズを見つけ出しやすい。例えば、若者と中高年の服装の好みは明らかに違っているから、衣料について若者向きの店舗と中高年向きの店舗を作ることができる。

しかし、本当にそうであろうか。たしかに大ざっぱなくくりとしては、若者と中高年は生活のさまざまな側面において異なっているし、その違いは各々ある統一性を持っているだろう。だが現実をよく観察すると、実際はそう単純ではない。中年もジーンズを愛用するし、RV車にも乗る。ガストやマクドナルドにも出かけるし、カラオケボックスの愛好者も少なくない。

一方若者も、高額なAV機器をそろえたり、海外旅行に出かける。時には高価なスーツも買うし、ガールフレンドへのクリスマスプレゼントにティファニーで装飾品を買ったりする。つまり現代では、年齢別のセグメンテーションがかならずしも有効ではなくなってきている。

今日では、若者も中年も所得階層の高い人も低い人も、彼らの生活場面のその時どきに応じてさまざまなサービス商品を消費するということだ。例えば、ビジネス出張では飛行機のファーストクラスを使う経営者も、子供をつれた家族旅行で海外に出かけるときはエコノミークラスを利用する人が多いだろう。

そこで大切なのは、年齢や性別などをこえて共通する生活場面のニーズを発見するということだ。人の属性よりも「こと」の属性に注目するのだ。十人十色ではなく、一人十色の発想である。オフィス街の飲食店は、貴重な昼休みにビジネスマンやOLが短時間で美味しい食事ができるような人員配置と業務態勢を準備しているところが多い。バレンタインデーやクリスマスでのチョコレートやケーキの売り出し、二〜三月の大学受験生のために用意されたホテルの受験生パックなども、「こと」に注目したサービス提供である。これからは、生活の一場面の「こと」を切り取って、そこに存在する人間をターゲットとするという見方がますます必要になっていく。

「こと」
一人十色

なぜターゲットを決めることが大切なのか

ターゲットがサービス企業にとって必要な理由が三つある。

第一は、サービス商品のなかには、マス・マーケティングには不適な商品があるということだ。小売業の場合、生鮮食料品や日用品のように最寄り品と呼ばれる商品の多くは、マス・マーケティングが適している。しかし、衣料その他の買い回り品や専門品など嗜好性の強い商品は顧客セグメンテーションが必要となる。飲食店、宿泊業などのサービス業についても同様である。

第二に、モノ製品の場合は買い置きができるが、サービス商品では多くの場合、消費に時間と場所の特定性が生じる。ビールは、買って置いて冷蔵庫に入れ、帰宅してから一杯飲むことができるが、タクシーは急いでいるときにその場所に来なければ利用できない。つまりサービスでは、立地や営業時間といった要素が大切なのだ。ターゲットグループが多くいそうな場所や時間に立地した方が有利なのだ。だからタクシーは夜の駅前や繁華街でお客を待っている。同じように小児科や産科病院は若い世代が多く住んでいる地域で開業したほうが有利であろう。

第三の理由は「八〇対二〇の法則」(パレートの法則)が関係する。[88] これは経験的にその正しさが知られている事実だが、「利益の八〇パーセントは、二〇パーセントの顧客から得られる」ということだ。つまり一〇〇人の顧客との取引があっても、総利益の八割に貢献しているのは二〇パーセントの上得意客だという経験法則である（また同じように、一〇〇種の商品の品揃えをしても実際に良く売れるのは、その内二〇種の商品だ、というようにも使われる）。実際には、二〇人の上得意客を引き付けるには、一〇〇件の取引と一〇〇種の商品が必要なのだが、この法則が真実だとすれば、この二〇パーセントグループをターゲットとすることは、理にかなったことである。

最近、多くのデパートでハウスカードの仕組みを充実させる動きが広まっている。デパートのハウスカードで買い物をすれば一定の割引があるのが普通だが、例えば、一年間の買上げ額がある基準を越えると割引率を高めるという方法で、上得意客のカスタマー・シェアを増加させることをねらっている。伊勢丹のアイカードの場合、普通は五パーセントの割引だが、前年利用額が二〇万円以上で七パーセント、一〇〇万円を越えると一〇パーセントに拡大される。

航空会社のフリークエント・フライヤーズ・プログラムなどの場合も同じだが、問題は、こうした経済的なインセンティブだけで十分なターゲット・マーケティングになっているか、という点である。経済的インセンティブのアプローチは、同業他社も真似がしやすい。その業界各社がすべて同じような割引率を設定しているとすれば、各々の企業の差別化にはならず、ターゲット・マーケティングにもなっていない。二〇パーセントの上得意客を囲い込むには、顧客との関係性を深めるような他の工夫が平行して実施されるべきだ。

4 サービス・デリバリー・システム――どのようにサービスを生産するか

サービス・デリバリー・システムとは、実際に顧客にサービスを生産し提供するシステムのことである。モノ製品の場合の工場にあたるが、サービスでは生産と消費の同時性の特徴から、顧客が図12[89]のようにデリバリー・システムのなかに入っている。

サービス組織の場合サービスの生産部門は、図12が示しているように、デリバリー部門とオペレーション部門が重なりあっている。デリバリー部門は、顧客に直接サービスを提供する「場」を構成する要素から成り立っている。顧客はデリバリー・システムのなかでサービスを体験するのだ。例えば、レストランの場合には、部屋、テーブル・椅子、食器などの物的要素、接客の係員、他のお客、そしてサービス提供の仕方（セルフかフルサービスか）である。つまり顧客は、先に触れた「サービスの証拠」の三つの要素、つまり物的な要素、人材、サービス過程をデリバリー・システムのなかで経験する。

一方オペレーション部門は、顧客を切り離してサービスの構成要素を生産するために必要なシステムを想定したものだ。ハイコンタクト・サービスでは、顧客もオペレーションの要素を目にすることもあるが、主に、バックステージと呼ばれる部署が中心となる。レストランの厨房やホテルのハウスキーピング部門などである（ある種のレストランでは、ロースト・ビーフを目の前で切り分けて、お皿にのせてくれるが、この部分は、本来はオペレー

図12 サービスの生産部門

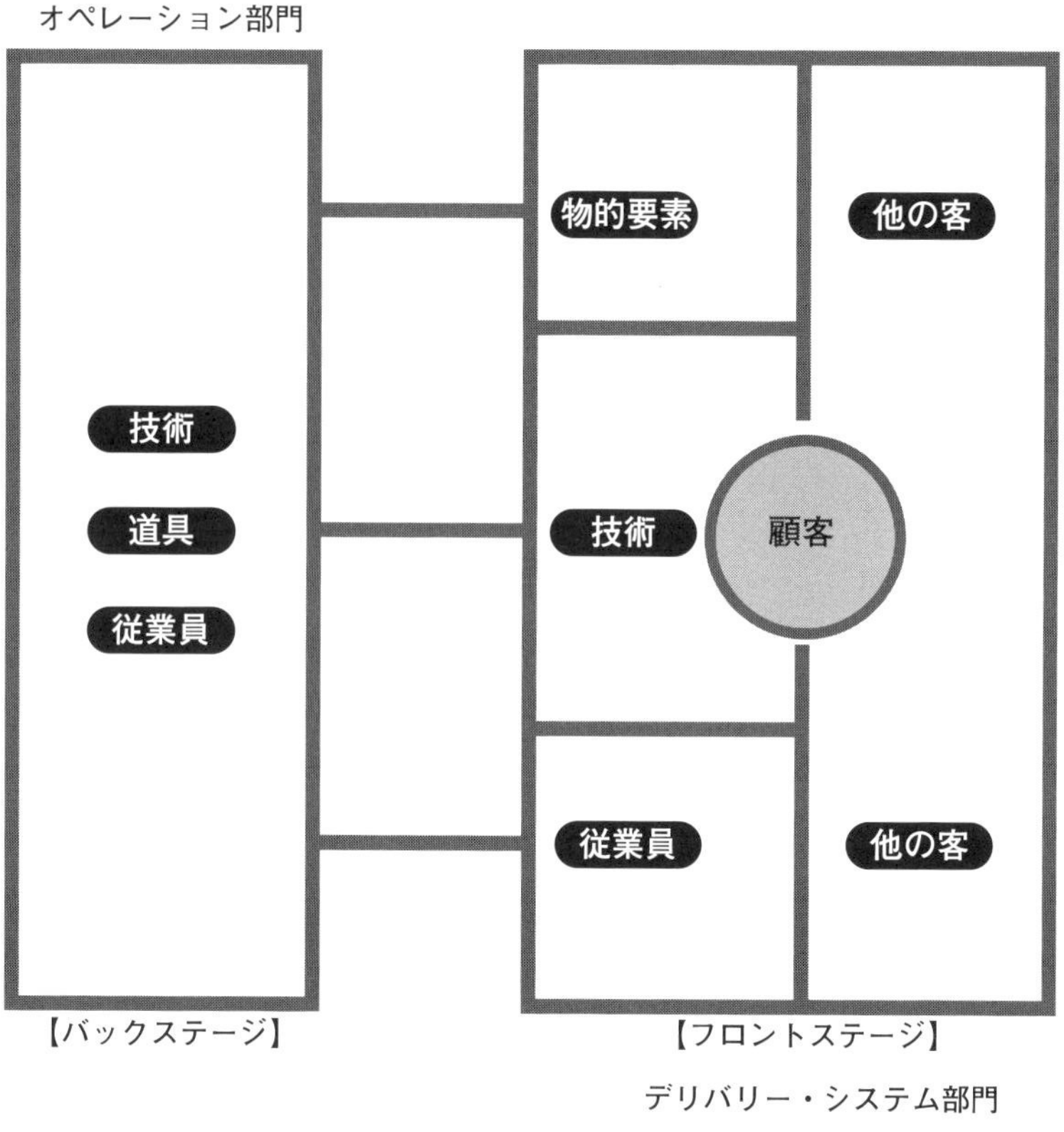

出所：Lovelock, Product Plus, 1994, McGraw-Hill Inc., p.91

ション活動である)。劇場の場合には、客席に座った観客が見聞きできる範囲がデリバリー・システムだが、オペレーション活動は、舞台装置を裏で動かしたり、音響、照明、カーテンの操作などの作業を含む。オペレーション部門の活動の論理(特にバックステージにおいては)は、どちらかといえば製造業の工場のそれに似ていて、工程を明確にしてキッチリと時間どおり正確に作業することが求められる。

サービス・デリバリー・システムとオペレーション・システムのどちらに作業の比重が大きくかかっているかは、サービス商品の種類によって異なっている。電気、ガス、電信・電話、放送、インターネットによる通信販売や、通信ネットを利用した情報提供サービスなどリモート・サービスと呼ばれるサービスでは、一般にバックステージの作業が重要であり、オペレーション部門の活動が大きな比重を占めている。反対に接客サービスが重要な業種ではデリバリー・システムの充実化が重要である。

デリバリー部門とオペレーション部門は各々異なる目標と技術を持ち、かかわっている従業員も異なっているために、時にはこの二つの調整がサービス組織にとって大きな課題となることがある。亡くなった伊丹十三監督の『スーパーの女』という映画は、生鮮食料品を主とする食品スーパーが舞台だが、ストーリーは、食肉や鮮魚といった職人中心のオペレーション部門と顧客に直に接する販売員を中心とするデリバリー部門の対立をめぐって展開する。映画では結局、顧客志向を貫こうとするデリバリー部門が勝つのだが、こうした二つの部門の葛藤はサービス組織では珍しくない。

オペレーション活動
リモート・サービス

ノーマンは、デリバリー・システムの主要な要素として、①人材、②技術と物的要素、③顧客の三つをあげている。①の人材については次章で取り上げ、②の物的要素については前章ですでに検討した。ここでは、③の顧客について考えてみたい。

顧客のサービス生産への参加

顧客は、なぜデリバリー・システムの要素なのだろう。第一には、サービスの共同生産の特徴から、顧客のサービス生産への参加の仕方がサービスの質や生産性を左右することがある、ということだ。これまで「顧客が商品の共同生産者だ」という側面はあまり注目されなかった。しかし、新しく登場しているサービス商品、例えば、セルフサービスを利用する駅の自動改札や銀行のATMなどをはじめ、顧客参加を利用する方式は現在、大きく広がる様相を見せている。

顧客をサービス生産に参加させることの企業側の最大のメリットは、効率性が高まるという点である。わが国ではすべての経営資産のなかで人件費が最も割高である。だから、顧客にサービス生産の一部を担わせる工夫をすることが重要なのだ。しかも、顧客参加は顧客にとっても自己決定の機会を増やし、手間がかからず迅速にサービスを消費できるという効果性の向上にもつながる可能性を持っている。

顧客参加には、自分が消費するサービス内容に影響する「直接的参加」と、サービス提供の「場」を作る要素になるという「間接的参加」がある。間接的参加とは、例えばレストランやホテルにおける「他のお客」の役割である。京都祇園の料亭や高級旅館で「一見さんお断り」という顧客選別を行うのは、どのような顧客が来店しているかで、その店の雰囲気や「格」が決まるからだ。新しい店に入るときにわれわれは、しばしばどんなお客が来ているかに気を配って、その店のサービス内容を推測しようとする。この意味で「他のお客」も大切なマーケティング要素なのだ。

クレジットカードのダイナースは、職業や所得階層などで厳しく顧客選別を行うことで、会員のプレスティージを高めることに成功している。会員制などメンバーシップを基礎とする方法は、潜在顧客を制限するという危険性をはらんでいるが、ターゲットを絞ってサービス内容を高めることができるという利点もある。顧客心理を把握した十分な工夫が行われれば、今後、効果性と効率性を高める新しいメンバーシップ方式が登場する可能性がある。

ノーマンは顧客参加が、サービス生産に持つ機能を六つに整理している。次に簡単に紹介してみよう(90)。

① 仕様・スペックの決定

サービス内容について顧客が注文を出すことである。情報提供サービスや床屋、寿司屋のように生産者と対話しながら決めていく方法と、あらかじめ用意されたメニューから選択する方法がある。これまでのパターンがメニュー方式なら対話方式へ、反対に対話方式が一般的ならメニュー方式に変更することで特色を出すことができる（例えば、機械部品商社のミスミでは、従来のやり方は値段も納期も個別発注であったが、カタログ方式に変更することで、価格や納期のサービスを明確にし、顧客の利便性を高めることに成功した）。

② 共同生産（コ・プロダクション）

サービス活動の一部を顧客が自ら行うこと。駅の自動改札やコイン・ランドリー、サラダ・バーなどのセルフサービス方式である。ＪＲ博多駅構内のコーヒーショップ「ＧＩＧＡカフェ」では、顧客に自分でコーヒーをたてさせる方式の試みで話題を集めているそうだ。カップ、ドリッパー、熱湯の入ったポットなどが運ばれて、「美味しいコーヒーのたて方」の説明書も付いている。時間に余裕のあるお客には好評で固定客も増えているそうだ。

③ 品質管理

サービスの特徴である生産と消費の同時性から、顧客は係員のサービス生産を同時に体験する。だからサービス提供者は顧客の目を意識せざるを得ない。このことが品質管理になっているという側面を指している。実際われわれは、行きつけの飲食店や床屋、歯医者などで、少しでも手を抜かれるとすぐにその違いに気付くものだ。何らかの理由で「手抜き」がパターン化してしまうと、もうその店は利用したくなくなる。多くのサービス業は、

仕様・スペックの決定
共同生産

顧客に選ばれる立場にある。つねに一貫したサービス品質を保つことができなければ、顧客にすぐに気付かれ、捨てられてしまうのだ。

④ エトスの保持

「エトス」とはギリシャ語で、集団が持っている慣習・精神的風土などを指す言葉だが、ノーマンの場合、動機付けに影響する職場の感情や心理的状態を意味している。具体的には、顧客の従業員への感情的なフィードバックのことだ。筆者は学生に、アルバイトをしているとき、何が一番うれしかったか、という調査をしたことがあるが、トップに挙げられていたのが、お客から「ありがとう」といわれたときであった。

多くのサービス従事者は、顧客からのポジティブな感情的フィードバックが仕事を続けるうえでの大きな支えになっている。病院の看護師さんたちは普段からストレスが多く忙しい仕事に従事しているが、彼らが毎日の仕事への重要な動機付けにしているのは、患者たちの感謝の言葉や態度であるに違いない。わが国では欧米に比べると、お客のサービス従業員への感情表現が足りないように思われる。良いサービスには積極的に、感謝のフィードバックをしようではないか。

⑤ 発展

顧客からサービスについて厳しい注文を受けたり、その結果についてフィードバックされることで、サービス提供者が学習するという点を指している。広告代理店やシンクタンクでは、厳しいクライアントに鍛えられて能力が伸びるといわれている。「お客から学ぶ」という姿勢の企業は発展するに違いない。顧客から苦情をいわれたときに、非難ととるか、学習の機会とるかで後の展開が大きく異なってくる。顧客接点で発生する情報を企業がどう吸い上げて活用するかというシステム作りが、企業が学習するうえでの大きな課題となる。

⑥ マーケティング

これまでも何度か触れているが、サービス商品の販売では「口コミ」が大事である。サービスは体験しなければその良さがわからないので、体験者の言葉は大きな力を持つからだ。この意味で顧客は口コミによってマーケティング活動をしていることになる。全米消費者保護局の調査によると、満足した顧客は平均五人に話をするが、反対に不満を持った顧客は一一人に話をするということだ(91)。

こうした調査はいくつかあるが、ほとんどの調査に共通するのは、不満を持った顧客の方が満足した顧客よりも、多くの人にそのことを話すという事実である。筆者はかつて、日本とドイツの自動車会社の苦情処理について比較調査を行ったが、ある日本の調査対象者は、インターネットを使って約一、〇〇〇人の人々に会社に対する不満を伝えたという。この場合のように、口コミが直接の対人関係を通さずに情報ネットワークが利用されるよ

発展
口コミ・マーケティング

うになれば、その影響はもっと大きなものとなるであろう。顧客の感情を害するような大きな不満を抱かせないこと、そこまで行く前に適切な苦情処理を迅速に行うことが非常に大切だ。

5 イメージ――顧客を引きつける心理装置

イメージがサービス企業にとって重要な理由は、それがサービス商品の内容と質を連想させるからだ。サービス商品をイメージに代替させて、顧客訴求の方法として利用できるのだ。この意味で、イメージはブランドと同義である。お中元やお歳暮をデパートから贈るなら三越から、という発想があった時代があった。少し考えれば、商品の質が各デパートの間で大きく異なるはずがない。どのデパートであっても同じと考えるのが普通であろう。しかし三越でなければ、という見方があった。これがイメージの作用である。商品は同じでも、受け取り側の印象を考えると、少しでも高級感や老舗のイメージのある所で買ったものを送る、これが背景にある顧客心理である。

イメージは、現実の反映というよりも、心理的に単純化されていて、いったん作られると強化され長い間持続するという特徴を持っている。しかも、人の行動はイメージに強く影響される。だからイメージは重要なのだ。

英国では今でも、王室御用達の文字を店舗の正面や封筒、便箋などに表記している小売店や自動車会社（例えば、ローバー）などがあるが、これもイメージ戦略の一つだ。イメージが影響する対象は、顧客だけではない。従業員も就職希望者も、株主や取引銀行も影響を受ける。帝国ホテルで働く従業員、例えば顧客と接する機会のない営繕担当の人であっても、自分が日本で最も由緒あるホテルで働いていることを誇りに思っているであろう。

記号論的マーケティングでは、イメージが商品の内容や質を暗示することに加えて、商品から派生するイメージそのものを人は消費していると主張しているが、そうした側面があることも事実だ。高価なルイ・ヴィトンのバックを持つことは、自分がそうした高級な装飾品を身に付けるにふさわしい人間であるという気分にさせる。中年男が若者のような服装をするのも、そうした服装でイメージされる若者の雰囲気を楽しみたいからだ（これらの商品とイメージに関する議論は、最近は、ブランド論において盛んに行われている）。

サービス商品にもイメージ消費の部分がある。マクドナルドは日本に入って来た頃は、アメリカ的な生活のイメージを持っていた。マクドナルドでハンバーガーを食べるのは、アメリカ的生活の雰囲気を味わうことだったのだ。アメリカに最近登場したコーヒーショップの「コーヒー・ピープル」は、大手の「スターバックス・コーヒー」が都会中心でホワイトカラー的であるのに対し、野暮で人間臭くてリアルなコーヒー店であることを打ち出している。これらの例もイメージを商品の一部としているのだ。

サービス企業のイメージはどのように作られるのだろうか。上の例のように、サービスそのものの特質から生まれる場合も多い。三越の例のように伝統や知名度からくるものもあり、ベテランの職員をそろえることや、航空機のキャビンアテンダントのように若い女性だけを集めるといった組織成員に特徴を持たせることもできる。また、前に触れたメンバーシップを制限することで客層を選別するということから特有のイメージを作りだすこともできる。

6 組織理念と文化——どんな目標を目指すのか

組織の理念・文化、組織風土といった要素は、組織成員の行動の方向付けをするという機能を持っているサービス・マネジメント・システムの重要な要素の一つである。これらは従業員の心理的な「**価値システム**」として従業員の行動の仕方に影響を与える。

人間の行動は、まず欲求によってエネルギーを与えられる（動機付けられる）が、次にそのエネルギーは具体的な行動としてある方向を目指して欲求の充足を図る。この行動の方向を決め、具体的な活動の発現の仕方（パターン）に影響するのが価値システムなのだ。例えば、人はいくら喉が乾いたといっても、他人が飲んでいるコーヒーを取り上げて飲もうとはしない。乾きをいやしたいという欲求は、例えば、缶コーヒーを自動販売機で買うといった、普通、社会で認められた形式で充足される。どのように行動すれば受け入れられ、人の評価を得られるかを決めるのが価値システムであり、われわれは成長の過程で「社会化」されて、それらを心に刻み付ける。

組織理念・文化、社風はそうした個人の価値システムの内容、特に職務行動に関する部分に影響を与える。つまり理念・文化、社風は、組織成員の内的な価値システムを通して、サービス組織におけるサービス提供という仕事の「あるべきパターン」を提示するのだ。

製造業のようにモノを作る仕事では、その内容の大部分が技術システムに左右される。仕事の流れのなかで次にどんな作業をするかが、あらかじめ決まっている。もし決められた作業とは違う行動を取れば、仕事の流れを攪乱し止まってしまうであろう。

一方サービスの仕事では、仕事の流れが絶え間なく連続して起こるわけではなく、時間と場所もきっちりとは決まっていないことが多い。サービス業務のコントロール・システムは管理者の監督機能が一部分を担っているのだが、実際場面での仕事の遂行は、サービス担当者の自発的な行動にまかされることになる。

だからサービスの仕事では、サービス担当者の内発的なエネルギーと適切な方向付けが決定的に重要となるのだ。理念・文化、組織風土は、サービス担当者が取るべき姿勢、態度、行動を導くうえで、重大な影響力を行使する。

組織理念、組織文化、組織風土は各々違った形で組織内での価値システムを形成しているが、ここでは組織理念を取り上げよう。一般に組織理念とは経営者によって、言葉や文字で明示的に表された価値観である。例えばリッツ・カールトン・ホテルの『クレド（信条）』には三つの信条が述べられているが、その一番目は以下の通りである。

価値システム

ザ・リッツ・カールトン・ホテルは
お客様への心のこもったおもてなしと
快適なご滞在を提供することを
もっとも大切な使命とこころえています。

普通、経営理念は、「和」とか「奉仕」といった抽象的な言葉が羅列されていることが多いが、リッツ・カールトンのそれは、わかりやすい言葉で述べられていて、行動の指針として実際に使いやすく工夫されている。この点だけでも、彼らの理念がうたい文句だけではないことが感じられる。

ノーマンは、サービス企業が持つべき理念を示しているが[92]、それらは以下の三つである。

① 品質と卓越性への志向
② 顧客志向
③ 人的資源への投資

① 品質と卓越性への志向

品質と卓越性への志向は、一言でいえばエクセレント・カンパニーを目指すということだ。サービス企業では、高品質なサービスを顧客に提供することが第一の目標となる。品質へのこだわりを企業理念としている企業は少なくない。問題はその理念を空念仏としないで、具体化するためのマネジメント・システムを持っているかどうかだ。リッツ・カールトン・ホテルはこの理念を徹底した従業員教育によって実現している。ゼロックスは顧客満足度調査を継続的に行って、その結果を生かすためのシッカリした仕組みを用意している。マクドナルドはオペレーション・システムを完璧に近く整備し、手抜きが起こらない体制を取っている。日本の高級料亭や旅館は、長い伝統のなかで練り上げられたシステムや従業員教育によって、心のこもったおもてなし文化を継承している。

理念を実現し、実際に高品質なサービスを提供できるかどうかは、経営者と従業員が真に品質への志向性の理念にコミットし、そのための具体策を立て、日夜そのために努力を続けているかどうかにかかっている。うたい文句を現実のものにするには鋭い洞察とともに、組織成員の仕事へのこだわりと熱意が必要なのだ。

② 顧客志向

顧客第一主義も、多くの企業が標榜する理念だ。しかし、本当に顧客の立場に立ってサービス提供をしている企業は少ない。顧客が経験するのは、サービス組織の末端のフロント従業員のサービスだ。このレベルにおいて顧客志向の理念が現実に現れなければならない。ある新聞の夕刊に掲載された「海外ＯＬ地獄変」というコラムで、ロサンジェルスで

品質と卓越性への志向
顧客志向

航空会社のオフィスのフロント係として勤務している日本人女性の経験が載っていた。彼女のアメリカ人の同僚の大部分は、お客がいようといまいと、帰社時間を守って帰ってしまうという。一時期のわが国のお役所のようだが、顧客志向を標榜する企業の多い航空会社でもこのありさまである。顧客志向を、現実にサービス提供している末端従業員にまで徹底することの難しさを表している。

③　人的資源への投資

顧客に直接接することの多いサービス企業では、サービスの品質は結局サービス担当者の能力や姿勢にかかっている。その意味で人的な資源は最も重要な要素である。そこで、エクセレント・カンパニーを目指すなら、従業員を大事にして、彼・彼女らへの投資を重視しなければならない。サービス企業のエクセレント・カンパニーは、フェデックスであれ、サウスウエスト航空であれ、リッツ・カールトンであれ、どの企業も従業員を大切にしている。ノードストロームの就業規則には、「どんな状況においても、自分自身の良識にしたがって判断すること、それ以外のルールはありません」と書いてある。(93) 従業員を優遇し、信頼しているという現実がなければ、ここまでは言い切ることはできない。

前に触れたリッツ・カールトンの『クレド』には、有名な「われわれは、紳士淑女にサービスを提供する紳士・淑女である」と記されている。自分たちの従業員への誇りがなければできない表現である。

利益を上げ、成長を続けようとするサービス企業は、できれば、この五つのサービス・マネジメント・システムのすべての要素について、競合企業よりも優れていなければならない。または、他の要素についても同レベルでも、一つでもとりわけ優れた水準の要素を持つべきである。反対に、たとえ一つであっても競合他社に劣る要素を持っている企業には、顧客は敏感にそれを感じて、徐々に寄りつかなくなる。互いに近所にあるレストランなどで、一方では待っているお客がいるのに、他方は閑散としているのはこうした理由による。顧客はサービス企業の持つ欠陥には非常に敏感に反応するのだ。

7 ディズニーランドの一〇の謎(94)

東京ディズニーランドは、一九八三年に東京に隣接する浦安に開業した。開業してからの累積入場者数は二〇〇二年に三億人を突破している。日本で最も有名なレジャー施設といっても間違いはないが、世界的に見ても営業的に最も成功しているテーマパークである。入場者一人当たりの消費額はアメリカのディズニーランドの約二・五倍であり、入園者のリピート率も約九割になっている。

ここでは、東京ディズニーランドをサービス・マネジメント・システムの枠組みで分析して、このテーマパークがどのような仕組みで高質のサービスを提供しているかを見てみ

東京ディズニーランド

よう。

東京ディズニーランドはレジャー施設であるから、入場して施設内にいるお客に滞在時間内にどれだけ楽しい、充実した「経験」を体験させるかが勝負である。この充実した楽しい経験を作り出すために、サービス・マネジメント・システムの五つの要素がどのように組み合わされ統一されて、素晴らしいサービスを生産しているかが分析のポイントである。

またテーマパークは装置産業であり、入園中のお客にどのようにレジャー経験を与えるかが焦点であるから、五つの要素のなかではサービス・デリバリー・システムが最も重要な要素となる。

以下はディズニーランド関して、鋭い観察者が抱くであろう一〇の疑問である。

① ディズニーランドの地下に作られた通路は何のためにあるのか
② トイレに鏡がないのはなぜか
③ 従業員用のマニュアルが三〇〇冊もあるのはなぜか
④ アトラクションに入場する行列がクネクネ曲がっているのはなぜか
⑤ 雨でも野外のテーブルや椅子を拭いているのはなぜか
⑥ 園内に入場すると外の建物が見えないのはなぜか
⑦ 各エリアに入ると地面の色が違うのはなぜか

⑧　入場口が一つしかないのはなぜか
⑨　なぜ従業員は「キャスト」と呼ばれるか
⑩　遊園地なのに大人の入場者の方が多く目に付くのはなぜか

これらの疑問への答えは以下の分析のなかにある。まずサービス・コンセプトから検討しよう。

(1)　サービス・コンセプト

テーマパークのコア・コンセプトは「非日常的な経験」の提供である。つまり普段の生活では経験できない楽しさ、面白さ、驚きなどを体験させることだ。東京ディズニーランドでは、この非日常的経験の内容を「ファンタジーとノスタルジー」を中心に構成し、それを「ファミリー・エンターテイメント」の形で提供しようとしている。このことは次のセグメンテーションとも関係しているが、子供にはファンタジーを大人にはノスタルジーを与えようということだ。われわれ大人も子供の心を失ったわけではない。ただそれが日常の生活のなかで心の底に埋没してしまっているだけなのだ。だからミッキーマウスやドナルドダックに会い、船に乗ってカリブの海賊を見ていると、心の底から子供の頃の懐かしい記憶がよみがえり、その気持ちを追体験できる。これがノスタルジーである。

(2) セグメンテーション

東京ディズニーランドの顧客ターゲットは子供だけではない。大人も入っている。もともとディズニーランドの発想は、毎週日曜日に遊園地へ娘をつれていっていた子煩悩のウォルト・ディズニーが、幼児だけを対象としている遊園地に対して、大人も楽しめる遊園地を作ったらどうか、と思いついたことがキッカケとなっているといわれている。だから（この話が本当とすれば）大人の鑑賞にも耐える遊園地を作ることが出発点のコンセプトだったのだ。

実際、（若者が多いとしても）入園者の六九パーセントが大人である（なお女性入園者が七四パーセントを占めている）。だから東京ディズニーランドの顧客ターゲットは子供も大人も含めた家族なのだ。

(3) サービス・デリバリー・システム

a 施設・技術

地形は入口を一つの頂点とする逆三角形になっている。入園口を入って「ワールド・バザール」という通路を通って中心に位置するシンデレラ城の前の広場に至り、そこから五つのテーマの決まったエリアへ行ける。入園口の植え込みは低く比較的地味な配色になっており、入場口に近づくにつれてシンボルのシンデレラ城が見えてくる。ワクワクする期待を作る仕掛けだ。

ワールド・バザールの道は、奥に行くほどいく分狭くなっている。遠近法を使っているのだ。また気付かない程度の上がり勾配の道になっていて歩くと軽い負荷がかかる。両側の建物は下が大きく上の部分は小さく作られている。これらはすべて入場者の気持ちを日常から非日常の世界へと転換する装置なのだ。人は明確に意識できるほどにはこうした「変形」に気付かない。しかし「どこか変だ」という気持ちを潜在的に感じる。この感覚が非日常の世界へ入る心の準備を作り上げている。

中心の広場に来ると、花壇を中心にハブ方式で各エリアの入り口に行ける。各エリアは地面の色が異なっていて、また植木などで他のエリアが見えないようになっている。エリアごとに独立性を持たせ、気分を変える工夫だ。

アトラクションに使われる人形は声を出し動作をするように電子制御されている。一体につき平均四三八通りの動作ができ、一秒間に二四通りの動作が行える。ロボットと従業員が着るコスチュームは四二万点にのぼり、年間三七億円の予算で管理している。

その他、物的要素の関係では、トイレの洗面所には原則、鏡が置いていない。これは利用の回転を良くするためと、鏡に写る自分を見て、現実に引き戻されないようにするためだそうだ。また、ディズニーランドの地下には外部から直接入れる六〇〇メートルに渡る地下通路が掘られている。食堂や販売店に食材や商品を運び込むトラックを、お客に目撃されないようにするためだ。これも夢の世界にお客を完全に浸らせる工夫だ。ディズニーランドの周囲にある複数のホテルは、契約によって建物の高さが制限されている。園内からホテルが見えないようにすることをねらっている。このように、ディズニーランドのすべての物的な要素は、いったん非現実の夢の世界に入った入場者を徹底してその世界で遊ばせるように設計されている。

b　従業員

入場者に接するフロント従業員は三、〇〇〇人から五、〇〇〇人の間であり、時期や曜日によって変動する。登録従業員（アルバイト）は約一・二万人である。

フロント従業員は「キャスト（配役）」と呼ばれる。園内の仕事場は舞台であり、従業員は舞台のうえで観客の注目を集める俳優なのだ。例えば、掃除係はスイーパーと呼ばれているが、特徴のある衣装を着て腰をかがめずに手首のスナップだけで箒を使う独特の動作をする。ゴミは常時出るのだから、常に掃除をするという考え方で働いているが、掃除係もキャストであり、入場者から見られている（オン・ステージ）という気持ちで仕事をする。

キャストは、どのように行動しお客に接するか、言葉遣い、態度、動作などが細かく決められている。例えば、ジャングルクルーズというアトラクションでは、お客は船に乗ってジャングルを巡るのだが、渡し場でお客を乗船させるとき、係りは渡し場と船の両方にまたがり、左手で相手の肘をつかみ、右手で背中をそっと押して乗船させる。安心して船に乗ってもらうための動作だ。また、子供と話すときは、腰を落として子供の目線に合わせることになっている。

こうした行動パターンや態度を身に付ける訓練は、ディズニー・ユニバーシティで三日間、部門ごとの訓練が五日間、先輩と現場に出てのOJTが三日間で行われる。このためのマニュアルは二〇〇冊（三〇〇冊？）も用意されているといわれている。

(4) イメージ

「行けば期待を裏切らない、楽しい経験ができる」というイメージがすでに定着している。テレビコマーシャルやマスコミのさまざまな報道が一役買っているが、大部分は、体験者の口コミが大きい。ディズニーランドのイメージ戦略は、基本を踏まえた、最も成功した事例であろう。

(5) 理念

ディズニーランドの理念はSCSE、つまりSafety（安全）、Courtesy（礼儀）、Show（ショー）、Efficiency（効率）の四つである。

①　安全

入場者には多くの子供がいる。だから安全の保持は最も重要な課題だ。雨のときも野外のテーブルや椅子を拭くことになっていているのは、壊れていたり、木がささくれていてケガをしないように事前に対応するためだ。それでも事故や火災が月に一〇〇件近くあるそうだ。こうした事態に備えるために、救護室が三ヵ所あり、医者も待機している。

②　礼儀

入園者はゲストであってたんなる顧客ではない、という発想をしている。親しみのある礼儀正しさが大切だとされる。服装や身だしなみについては厳しい規定があり、髪型から始まって、細かく指導されている。自然、上品、清潔、簡素が基準となっている。常にディズニースマイルといわれる自然な笑顔で接することが求められる。

③　ショー

ディズニーランド全体が舞台で、観客から見られている舞台の上の俳優のように、いつも意識的に行動するように指導される。アトラクション（気持ちを引きつけること）を売るのであって、たんにライド（乗ること）を売るのではない、ということだ。

④ 効率

仕事としての活動の効率と同時に、入場者の効率も考える。効率よく楽しんでもらうことを重視する。だから入場者で混雑しすぎで三つしかアトラクションを見られなかったといったことが起きないように配慮し、入場者が多すぎるときには入場制限もする。

人気のあるアトラクションには行列ができるが、ここにもお客を飽きさせないような工夫がある。行列を直線ではなく、クネクネ曲がらせて並ばせる。直線では入るまで何の変化もないが、列が曲がっていれば、曲がり角にくるたびに達成感が感じられる。また野外からテントの下に入り、次に建物に入るというように変化が感じられるようになっている。

ディズニーランドがいかに良く考えられたサービス提供システムであるかが理解できるであろう。しかもサービス・マネジメント・システムの各要素が密接に絡み合って、それらが入園者の充実した体験を作りだすことに向かって収斂している。

外部から分析すると、ディズニーランドはこのように完成されたシステムと見える。しかしディズニーランドには「ディズニーランドは常に未完成だ」という創設当初から持ち続けられてきた発想（理念）があるという。つまり、「より高度のレジャー・サービスを提供するための努力をし続ける」という姿勢である。卓越性への志向という価値システムがしっかり根付いていて、デザインの基本方針となっているのだ。ディズニーランドが素晴らしいテーマパークとなっている大きな要因の一つであろう。

この種の装置中心のテーマパークはリピーターを確保するために、新しい施設を作り続けなければならないという事業の特徴を持っている。東京ディズニーランドも例外ではない。だが、拡大だけが顧客の飽きを防ぐ方法ではないはずである。無限に拡大することはできないのだから、新しい工夫が必要となる。サービス・マーケティングからの一つの発想は、顧客参加と顧客とのインタラクティブな側面を取り上げることではないだろうか。顧客参加によって顧客がある面で成長感を感じられるようなアトラクションの工夫が課題として考えられる。

第13章 サービス・プロフィット・チェーン

最近、経営関係の雑誌や書籍で、顧客ロイヤリティ、顧客価値、顧客満足（CS）、従業員満足（ES）、リレーションシップ・マーケティングといった言葉をよく目にするようになった。これらは、顧客と企業、または従業員と企業との関係における人間行動の心理的側面に焦点を当てた経営用語である。こうした用語は、今日、顧客や従業員が経営活動にかかわる場面で、どんな要素が満足度や価値を増進し、同時にそれらがどのように企業の効果性や効率性に関係するかという、古くて新しい問題意識に人々の関心が向いていることを示している。

今日、個人であれ法人であれ消費者の要求は、より大きな利便性を求めて、細かく複雑なものになってきている。企業のサービス商品やその生産システムも、顧客の要求に対応して複雑なシステムになっていく傾向を示している。こうした背景の中で、消費者をマスではなく個としてとらえ、その欲求や満足の心理的構造の分析により深く入っていくのは当然の方向であろう。そうした顧客の欲求や心理的構造の変化を前提にしながら、効果性や効率性を増大するサービス商品の開発やサービス提供システムの構築が求められているからだ。

本章で取り上げる「サービス・プロフィット・チェーン」（以後ＳＰＣと略称）は、顧客と従業員およびサービス商品の三つを焦点に据えて、それらの要素がどのように組み合わされ、どんな関係を作り上げた場合に企業の利益や成長につながるのか、という一つのモデルを提案している。この章では、このモデルの概略を紹介し、その構成要素の各々について検討してみたい。

1 サービス・プロフィット・チェーンの全体像

ＳＰＣは、ヘスケットやサッサーを中心とするハーバード大学の経営大学院に属するサービス研究グループがまとめたものである[95]。全体の流れは図13[96]のようになっている。その主張は比較的簡単なものである。

全体は大まかに二つの部分に分けられる。サービスが顧客に提供されるサービス・デリバリー・システムの部分と、サービスの提供を受けた顧客がその後に示す、顧客反応の部分である。サービス組織の内部的活動と組織が対応している外部市場での顧客行動といってもよいだろう。

サービス組織の内部と外部をつなぐのは、顧客にとっての「サービス価値」である。内部活動によって生み出された高いサービス価値が高い「顧客満足」を生み、高い顧客満足

図13　サービス・プロフィット・チェーン

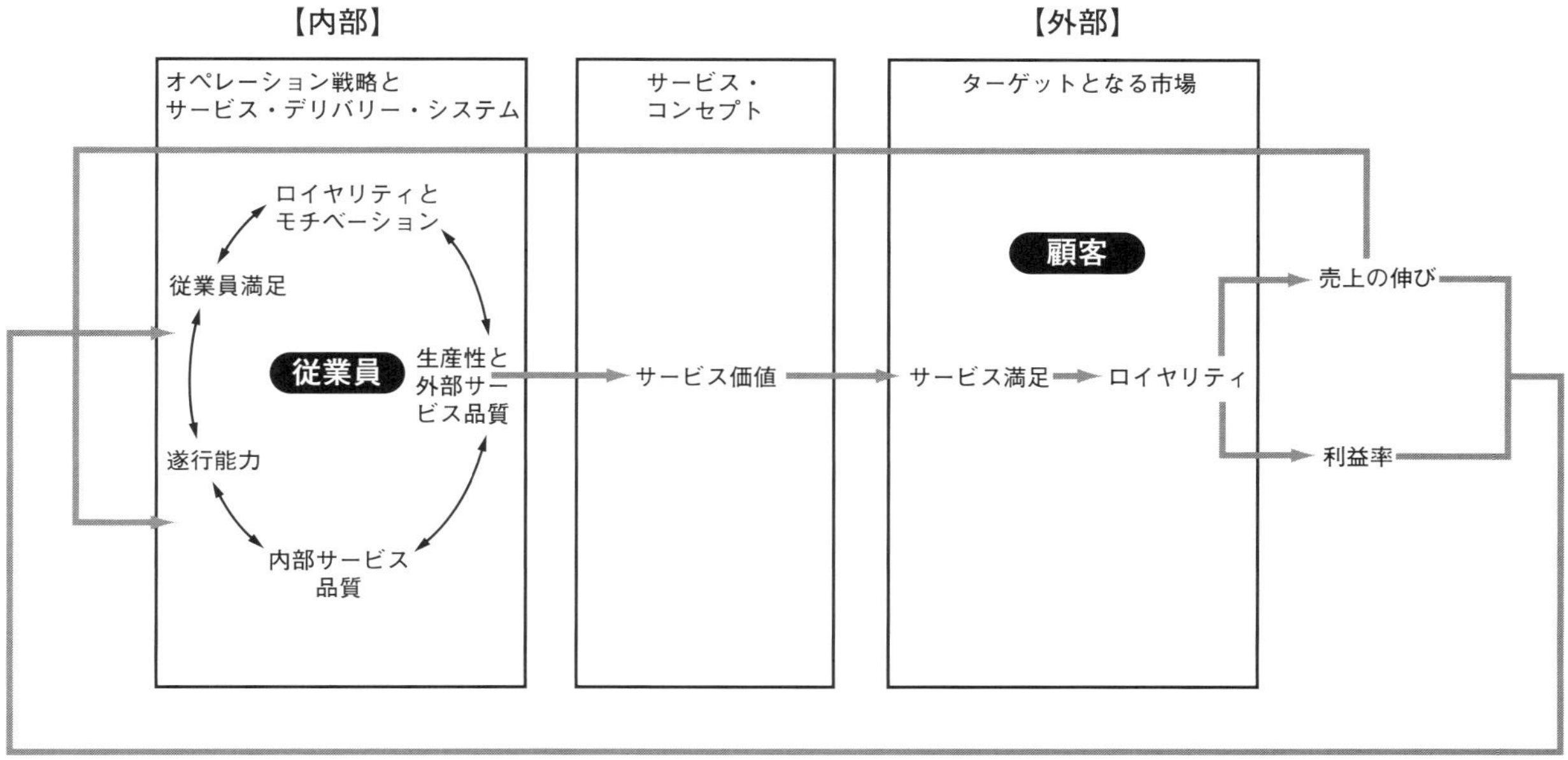

出所：Heskett, Sassar & Schlesinger
The Service Profit Chain, 1997, The Free Press, p.19

が「顧客ロイヤリティ」を喚起する。この顧客ロイヤリティが顧客の反復購買行動をうながし、企業に「売上げと成長」および「利益」をもたらすという流れである。

他方、顧客にとってのサービス価値は、サービス・デリバリーにおける顧客と従業員とのサービス・エンカウンターにおいて生じるが、このサービス・エンカウンターにおける従業員の行動を左右するのは、「従業員満足」から生まれた「従業員ロイヤリティ」と「従業員生産性（モチベーション）」である。従業員満足は、一方では仕事の「やりがい」や「やりやすさ」を支える「内部サービス品質」が影響し、もう一つは、サービス提供の結果である顧客価値や顧客満足といった顧客の反応が従業員へフィードバックされることによってもたらされる。

ＳＰＣはこのように、サービス従業員の満足感と企業へのロイヤリティがサービス価値を高め、それが顧客の満足感とロイヤリティを生んで、結果として企業の高収益性を導くことを主張している。ＳＰＣが示唆する因果関係の連鎖は、各々先の要因が後の要因の原因変数となる形で作られていて、ヘスケットたちの分析は、各先行変数が後の変数へ与える影響を多くの現実の企業事例によって実証する形で展開されている。われわれもＳＰＣの各要素および各々の要素間の関係を、ＳＰＣの流れにしたがって取り上げてみよう。

2 「顧客満足度―顧客ロイヤリティ―利益」の関係

まず、図13の右半分の関係を検討してみよう。

(1) 利益の基礎はリピーター

以前の大量生産・大量販売の時代には、どんなお客でも商品を買ってくれさえすればよかった。それが初めての顧客であろうと、二度目であろうと構わなかった。売上げの総量が大きければそれでよかったのだ。しかし今日のように利益をあげにくい時代には、違った見方が求められている。

ハーバード・グループのライクヘルドとサッサーは、初めての顧客と何度も繰り返しサービスを利用する顧客とは、一回の取引が企業にもたらす利益率がまったく異なることを調査によって明らかにした(97)。例えば、クレジットカードの場合、加入した年に会費を払ってもらっても、カード会社にとってはその顧客にかかる費用が収入を上回る。カードの発行、加入者のデータの整備、利用手続きの案内、問い合わせへの対応、また広告宣伝費などを計算すると赤字になるのだ。ところが二年目以降の費用は初期費用を下回るので、利益が発生し始める。三年、四年と経つと利益は急上昇し始める。だから、もし加入者が初年度にカード利用を止めてしまえば、カード会社にとっては費用がかかっただけで、利益を上げる機会を失ってしまう。顧客がカード会社に加入するだけでなく、二年目以降も何回も利用してもらわなければ、カード会社の経営は成り立たないのだ。

顧客が引き続きその企業の顧客としてとどまり、商品を購入してくれる割合を**顧客維持率**と呼ぶが、ライクヘルドたちはさまざまな企業を調査して、平均的な顧客維持率で計算した現時点での利益と、顧客維持率を五パーセント上昇した場合の利益を比べると（業種によって異なるが）、五パーセント上昇した場合、実に二五パーセントから八五パーセントの利益の向上が見込まれるということを見いだした(98)。

初めての顧客であろうと、何回も買ってくれるお得意さまであろうと、一回の取引は一回と考えるこれまでの見方から、リピーターは初回のお客より利益率が高いという見方への変換は、顧客に対する企業のマーケティング・アプローチを一八〇度変えることを求める。マス広告を打って、広く一回の顧客を多く集客するのではなく、初めて来た顧客を次回につなげてリピーターとし、そのリピーターを大切にして顧客維持率を高めるために企業努力を集中するという方向へ、発想を転換しなければならないのだ。

つまり、今日のサービス企業には次の二種類の企業努力が求められる。

① 初めての顧客をリピーターにする

② リピーターを大切して顧客維持率を高める

図14　外部サービス・プロフィット・チェーン

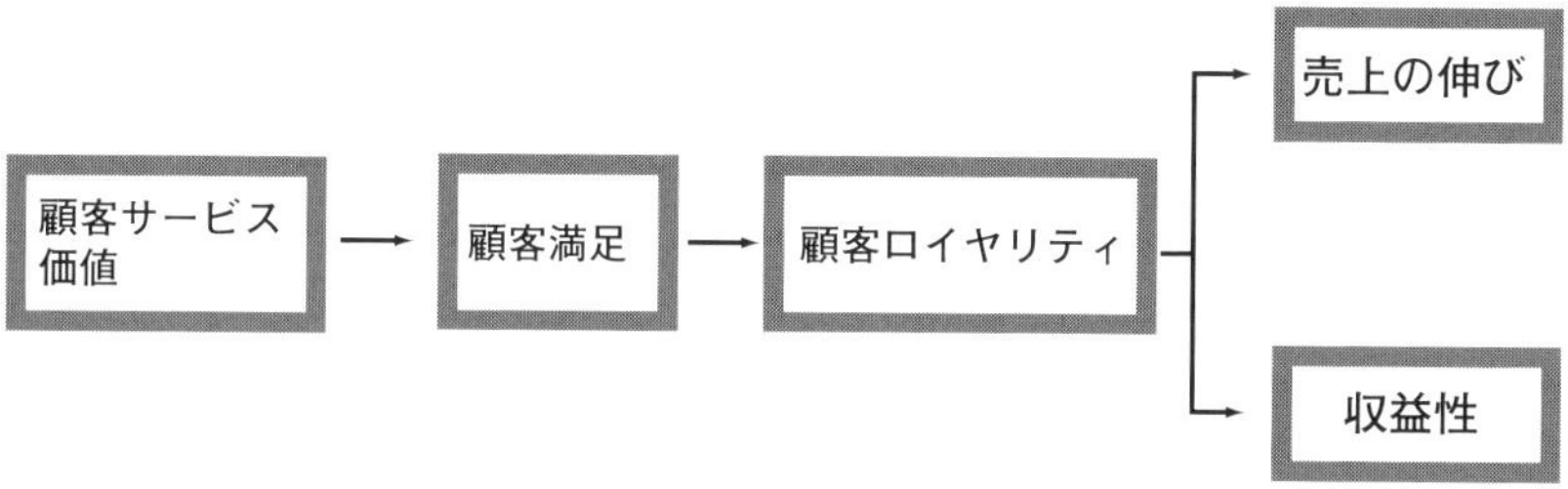

第一に、初めての顧客を満足させ、次もそのサービス商品を利用しようという気持ちにさせなくてはならない。そのためには顧客価値を向上し、その結果として顧客満足度を高めるマーケティングが必要となる。第二に、リピーターとの関係を維持するための継続的な企業努力が求められる。つまり顧客ロイヤリティを高めて、リレーションシップ・マーケティング的アプローチを展開しなければならない。

(2) 顧客ロイヤリティの向上

顧客のリピート購入の基礎となる顧客ロイヤリティとはいったい何であろうか。少し専門的になるが、グレムラーとブラウンはサービスについてのロイヤリティを行動、態度、認知の三つの側面から以下のように定義している[99]。

サービス・ロイヤリティとは、顧客が特定のサービス提供者のサービスについて反復購買行動を示し、その提供者に好意的な態度を持ち、必要なときにはその提供者から優先的に購入することを考える程度のことである。

つまり、寿司を食べたいと思ったときにはいつも、例えば「天鮨」に行くことを思いつき、「あの寿司屋は素晴らしい」と考えていて、現実に、しばしばその寿司屋に出かける場合、「天鮨」へのロイヤリティは非常に高いといえる。顧客ロイヤリティとは、特定の商品や企業に対して顧客が示す、これら三つの側面での顧客の「傾向」のことだ。

顧客ロイヤリティの三つの先行要因

では、どのようにすれば顧客ロイヤリティは高まるのだろう。グレムラーとブラウンは、サービス・ロイヤリティの先行要因として三つの要因をあげている。第一は、**顧客満足**である。SPCでは、顧客価値が顧客満足の先行要因となっている。顧客価値は（前に検討したように）「得たもの」と価格など「支払うもの」を対比することによって決まる。「得たもの」はサービスの結果と過程の品質の高さだ（寿司屋の例でいえば、鮨が美味しく、楽しいことだ）。まず高品質のサービスを提供し、顧客価値を高め、その結果、顧客を満足させること、これがロイヤリティの形成に必要な流れなのだ。

第二の先行要因は、「**スイッチング・コスト**」である。スイッチング・コストとは、サービス提供者を変更するときに必要となるコスト（費用）である。金銭的な費用も入ることがあるが、それよりも心理的、肉体的なコストが大きい。

例えば、われわれが何かの理由で（例えば、転勤で）行きつけの床屋が利用できなくなった場合、どうするだろう。これまで行ったことはないが、近所にあるいくつかの床屋を思い浮かべる。実際に出かけて外から店舗の作りや設備、従業員の数などを観察する。近所の知人にそれとなく評判を聞いてみる。いよいよコレと決めて実際に入ってみる。自分の担当になった理髪師の様子を見てあれこれ判断する。理髪用の椅子に座って、質問に答

三つの先行要因
スイッチング・コスト

えながらいろいろと自分の好みを伝える。前の床屋では椅子に座ると寝てしまうことが多かったが、今回は心配なのでよく仕事ぶりを観察する。そして出来上がった頭を鏡で見て仕上がりを判断し、告げられた料金を払う。もし仕上がりと仕事ぶり、そして料金に満足すれば、次もここにしようと決める。床屋を変えるためにしなければならなかったこれらの探索行動、希望する髪型を伝える手間、そして心理的不安感などが、この場合のスイッチング・コストとなる。行きつけの床屋ならば、いちいち希望を伝えなくとも黙って座ればよい。馴染みのおやじと世間話でもしていれば終わってしまう。値段もわかっているのだ。

人はこうしたスイッチング・コストを払うのを避けようとして、これまで利用してきたサービス提供者をなるべく変更しないようにする。サービス提供者を変えたために必要となるスイッチング・コストを払いたくない、というネガティブ・モチベーションも顧客ロイヤリティの支えとなるのだ。

顧客ロイヤリティの三番目の先行要因は**人間関係の絆**である。続けて特定のサービス提供者を利用していれば、自然とその担当者と知り合いになり人間関係が生まれてくる。お互いの人柄を理解して好意を感じるまでに進むことも多い。新しい人間関係を築くにはそれなりの気遣いが必要だが、いったん作られた人間関係は、そのものが一つの大きな魅力となる。（「天鮨」に行くのは、そこの主人の顔を見、とりとめもない話をするのも楽しみなのだ）。人間関係の絆はこのように、顧客ロイヤリティを支える重要な基盤となることが多い。

これら三つの要因の影響力の大きさは、サービス商品の種類や顧客の個別の事情などによって異なってくる。人間関係の要素は、対人接触の少ないリモートサービスなどでは重要性が低くなる。サービスの提供する顧客価値が大きければ大きいほどスイッチング・コストも大きくなることが予想されるから、顧客ロイヤリティを形成する方法の第一は顧客価値を高めることであり、それを梃子として顧客満足を増大することにある。

顧客ロイヤリティはなぜ重要か

顧客ロイヤリティはなぜ、サービス企業にとって重要なのだろう。理由の一部はリピーターの重要性のところで触れたが、ラブロックは以下の五つの理由をあげている[100]。

① 新規顧客の獲得には費用がかかる
② サービス企業の利用は、最初はユックリしているが、時間の経過とともに利用数が増える傾向がある
③ 何回も利用してもらうことで、一回の利用にかかるオペレーション費用が下がる
④ 馴染みのサービス企業に対してはプレミアム料金（割り増し料金）を払うことに顧客の側に抵抗が少ない
⑥ 口コミ効果が期待できる

へスケットらはこれらに加えて、「関連販売（クロス・セリング）」をあげている。「新製品や新サービスを売るには、既存のカスタマーを相手にしたほうが、新規カスタマーを相手にするより、はるかにコストがかからない。理由は簡単である。お互いにわかりあっている同士の売買のほうが、導入の手続きも要らないし、信用をチェックする必要もないし、時間がかからないからである」(101)。顧客の側からしてもロイヤリティを感じている店や企業から、いつも買っている決まった商品だけでなく、関連した他の商品も購入することは自然なことである。

高い顧客価値が顧客ロイヤリティを増大し、その結果として大きな利益を生んでいるサービス企業の実際例として、おなじみのサウスウエスト航空と自動車や住宅の損害保険を販売しているＵＳＡＡの場合を見てみよう。

サウスウエスト航空が顧客に提供している価値は、安い料金、多い便数、親切な従業員などである。これらの項目について他社には真似のできない実績をあげている。またアメリカ連邦航空局のデータによると、サウスウエストはすべての国内線の航空会社の中で、時間通りの離発着のパーセンテージが最も高く、乗客千人当たりのサービスについての苦情が最も少ない。また乗客千人当たりの荷物の紛失率も最低なのだ。こうしたいくつかの点を考慮すると、サウスウエストがターゲットとしている、アメリカ国内を高頻度で短距離を飛ぶビジネスマンに対して、同社は非常に高い顧客価値を提供していることになる。結果として、景気変動や二〇〇一年の同時多発テロなどの影響にかかわらず、利益率は、どの大手航空会社よりも大きいのだ(102)。

USAAは、もともとアメリカ陸軍の将校グループが設立した軍隊の将校を対象とする損害保険会社である。

普通の自動車保険の場合、事故が起きると保険加入者は自分で保険代理店に連絡し、車を修理工場に持っていって修理の見積もりを出させ、会社の承認を得てから修理に出し、自分で車を取りに行く。

USAAの場合には、テキサス州サンアントニオにある本部に電話を一本かければ、それですべて済んでしまう。本部は保険者の近くにいるサービス・パートナーを紹介してくれて、彼が修理期間中の代車の手配から修理工場への事故車の移動、支払いなどをすべて行う。サービス・パートナーを利用できない場合は、事故内容の確認を請求することなく、決まった手続きにしたがって一定額の小切手が送くられてくる(103)。自動車保険の加入者にとっては手間のかからない理想的なシステムである。

USAAの特徴の一つは、顧客ターゲットをアメリカ陸軍の将校とその家族に限定していることだ。身元がわかっていて信頼できる顧客グループなのだ。だから販売の方法は、ダイレクトメールと電話および口コミだけで行っている。軍人は定期的に勤務地が変わるので、どこからでも電話一本で済むのは大きなメリットなのだ。

顧客への価値提供の姿勢が徹底している例としてこんな話がある。湾岸戦争のときに、出征兵士の家族を調査し、二台以上車を所有している家族の場合、一台分の車の保険料を会社は自主的に引き下げた。出征兵士が使っていた自動車は車庫に眠っていると考えられるからだ[104]。

この会社の保険料は業界最低水準だが、全米第五位の保険会社であり、最も利益をあげている会社の一つとなっている。

(3) 顧客満足

顧客満足（CS）は、かつてわが国の産業界でも一種のブームとなっていて、大手の企業ではCS担当の部門を設置するところが多かった。マス・マーケティングの手詰まり状態の中で、アメリカでのCS経営の広がりが日本にも飛び火したのだ。しかしこれまで、わが国で、顧客満足経営が成功したという話はあまり聞かない。

日本でのCSの失敗の原因はいくつかあげられるが、主な理由は二つである。第一は、顧客満足を理念としてとらえてしまい、顧客が満足したり不満を持ったりすることが具体的に何を意味するかの解明までには至らなかったこと。第二に、たとえCS調査を実施したとしても、そのデータを生かして仕事の改善につなげる仕組みを作れなかったことなどである。そのために、CS活動が組織全体の改革への梃子とはならず、顧客と接するフロントでの挨拶運動やカスタマーサービスの充実といった些末（さまつ）な改革にとどまってしまっているのだ。

顧客満足の本質

まず、顧客満足とは何だろう。満足感とは「個人のある状態への主観的な評価の結果生じるポジティブな感情的な反応[105]」のことである。具体的には「楽しさ」、「喜び」、「驚き」などの感情的表出をともなう反応だ。この定義で注意すべきは、満足感とは**主観的な評価の結果**だ、という点である。その意味で飢えや渇きをいやすといった生理的充足感とは区別される。充足感が満足感の原因となることも多いが、それは充足過程へ意識的または無意識的に主観的な評価が加わったときである（今日の夕食は美味しかった）。

顧客満足とはしたがって、顧客が何か購買活動を行ってその評価をしたときの感情的な報酬だといえよう（今日はいい買い物をした。探していた本が買えてよかった）。顧客満足が企業にとって重要なのは、第一にそれが購買行動の感情的結果として、それ自体が顧客にとって魅力となることであり、第二にはそれが次の購買行動へ影響するからである。

間違った顧客満足度の解釈

顧客満足感は、購買行動の事前の（意識的、無意識的な）期待と実際の経験との対比で決まるといわれている。満足度調査では、例えばレストランの場合「今回の当店でのお食事に、あなたはご満足いただけましたか」といった質問で尋ね、事前期待は尋ねないことが多い。しかしこの質問へ答える顧客は、無意識にこれまでの経験などから得られた事前

顧客満足の本質
顧客満足度の解釈

期待と実際の食事とを対比しているのだ。実際の食事の内容が事前期待を大きく上回ればこの顧客は大きく満足し、一致すれば「普通の満足」または「満足でも不満でもない」となり、下回れば「不満」となる（評価の基本的メカニズムは、第9章で検討したサービス品質の評価と同じである）。

顧客の満足感の経験が次の行動を引き出すことに関連して、これまでの満足感の解釈には大きな誤解があった。CS調査では、満足感を五段階または七段階で尋ねることが多い。例えば、大いに満足（5）、満足（4）、普通（3）、不満（2）、大いに不満（1）といった具合である。もしある会社の総合満足度が平均4・0と評価された場合、この企業の経営者はホッと胸をなで下ろし、それこそ大いに満足するであろう。しかし、この評価は本当に高い評価ということができ、顧客たちは引き続きこの企業の商品を購入してくれるのだろうか。

ゼロックス社は八〇年代半ばから継続的に大規模なCS調査を実施していて、月に四万もの質問票を発送していた。当初、九三年までに五段階の4と5の評価を一〇〇パーセントとすべく全社をあげた運動を行っていた。ところが、ある若手幹部が4と評価した顧客グループと5と評価したグループを比較したところ、5とつけたグループは4のグループの六倍もゼロックス製品の再購入率が高かったのだ[106]。

「非常に満足（5）」と「普通に満足（4）」との差は、たんに満足度の大きさの違いではなく、質的にまったく異なる反応だ、という結論である。なぜこのようなことが起こるのだろう。簡単にいえば、人はモノやサービスの消費場面で、「とりわけ問題を感じなかった」場合に「普通」や「満足」、つまり3や4と回答しがちだ、ということだ。特に比較的長い期間利用している企業に対しては自分が不愉快な思いをしたくないこともあり、さりとて大きな満足の評点である5をつけるほどでもないと、4という無難な評価となる[107]。だから、たんなる「満足(4)」では、企業が期待するような顧客の行動は生まれない。行動をうながすような大きな感情的エネルギーにはなっていないからだ。

期待の構造

もう一つのより理論的な説明は、第9章でも触れた顧客のサービスに対する「期待」の構造を反映したものだ。「期待」という言葉は、もともと「願望」と「予測」の二つの意味を含んでいるが、満足度の基準となる期待もこの二つの意味を含んでいる。

ザイタムルらによれば、顧客の期待は以下のような構造を持っている[108]。「望ましい水準」とは、顧客がサービスについて「こうあって欲しい」と願っているレベルであり、それは「こうあるべきだ(should be)」と「できるはず(can be)」という気持ちが混ざったものだ。「理想的水準」も考えられるが、それは「望ましい水準」を越えた所に位置していて、定義的にこれ以上の水準はないことになり、実際の基準として使うには多少無理がある。

「望ましい水準」と同じレベルか、この水準を越えて、実際のサービスが提供されれば、顧客の満足感は大きなものになる。他方、「我慢できる最低水準」は、顧客が受け入れら

図15 期待の構造

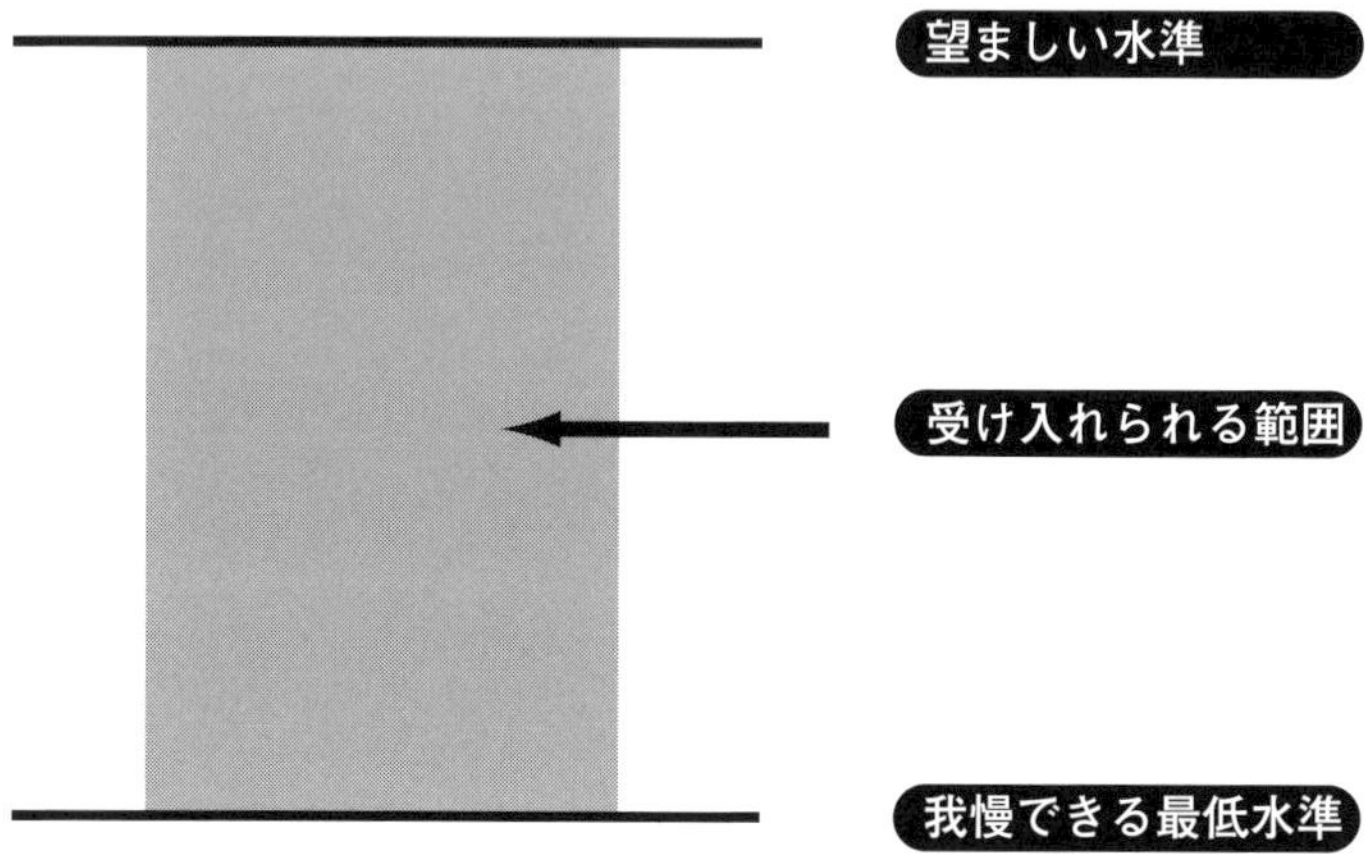
望ましい水準
受け入れられる範囲
我慢できる最低水準

れる最低限のレベルのことで、この水準以下では顧客は不満足を感じることになる。このレベルの期待の基準は、提供されるであろうと「予測」される水準の期待である。このレベルを実際が下回ると不満になる。つまり人は、予測した水準よりも下回る実績には不満を感じるのだ。

さて「望ましい水準」と「我慢できる最低水準」との間は、「受け入れられる範囲」と呼ぶことができる。実際のサービスがこの範囲に入ってくると、顧客はそのサービス水準そのものにはとりわけ気付かず、印象も薄いことが多い。「まあまあ」という良くも悪くもないサービス内容と感じるのだ。しかし、この範囲を越えたり下回ったりすると、顧客はサービスの品質水準を意識し、満足したり不満を感じたりする。五段階尺度の満足度調査で4や3と評価されたサービスは、この範囲に入るサービス内容だといえよう。われわれは日常生活で、多くのサービス商品を消費しているが、特別、満足したり不満を持ったりする機会はそう多くない。大部分の場合は、まあまあこんなもの、と感じている。この「受け入れられる範囲」に入っているからだ。

なお、この顧客期待の上限である「望ましい水準」が一般に安定しているのに対して、下限の「我慢できる最低水準」はサービスの種類や特徴および、顧客の状況や特性などによって上下する。例えば、待ち時間について、急いでいる顧客は忍耐力がなくなり、「我慢できる最低水準」は上昇する。価格の高いサービス商品については、期待の上限はそれほど高くはならないが、下限を押し上げ「受け入れられる範囲」を狭くする。(109) また顧客にとって重要度の高いサービス（例えば、大切なお客の接待）の場合も上限と下限のゾーンを狭くする傾向がある。

つまりまとめれば、顧客満足度調査では、企業経営者が真剣に検討しなければならないのは、5または1と評価した顧客グループだ、ということである。

顧客満足と顧客ロイヤリティ

顧客ロイヤリティを高めるための前提条件が顧客満足の向上であることは、顧客ロイヤリティの主要な先行要因が満足感であることからも当然である。しかし、高い顧客満足が常に高い顧客ロイヤリティと反復購買につながるとは限らない[110]。例えばスイッチング・コストが低い場合には、顧客は、競合企業の価格が大幅に引き下げられたりすると、その影響を受けるであろう。また、ヘスケットらが強調しているように、サービスの種類によって、満足感とロイヤリティの関係は変わってくる。例えば、東京における電気や都市ガスのように複数企業による競争状態が存在しない場合は、満足感にかかわりなく特定の企業との取引を続けざるを得ない[111]。またそのサービスに不満であっても、すぐ近所にあるスーパーやコンビニを利用する機会はそう下がらないであろう。したがって顧客満足度が実際に顧客ロイヤリティにつながり、それが現実の購買行動へつながるかどうかは、サービス商品の特徴、顧客にとっての選択肢の広さ、その他価格や利便性などが影響してくる。

しかし、だからといって顧客満足度の重要性が下がるわけではない。顧客は過去の満足の経験を踏まえたうえで他の要因も考慮して決定する。顧客に高い満足を与えるようなサービス商品を提供することが、結局、サービス経営の基本なのだ。

顧客満足度情報の活用

顧客満足度調査の結果を経営活動に利用する場合、二つのアプローチが考えられる。第一は、五段階評価の3や4と付けたグループを5へ上げるために努力を集中する方法である。これには、顧客セグメンテーションを前提とする広い意味のリレーションシップ・マーケティングが有効である。百貨店の年間購入額を反映したハウスカードの割引率の設定など経済的メリットの強調も、効果は十分ではないにしても、一つの方法であろう。

第二は、満足度の1や2を示したグループへの対応である。特に1を付けたグループは、たんにサービスへの不満を感じているだけでなく、「悪い口コミ」によって企業に損害を与える可能性さえある。ヘスケットらはこうした顧客グループを「テロリスト」[112]と呼んでいるが、現代のテロリストはインターネットを通じて瞬時に何千という潜在顧客に自分の不満をいいふらすことができるのだ。後で取り上げる適切な苦情対応が今後はますます重要な課題となっていく。顧客満足度経営は、したがって、まず全体としてのサービス品質の向上を図って、1と2の顧客グループの底上げを基本方針としなければならない。

顧客満足度情報の活用
テロリスト

顧客満足度の向上

顧客満足度を高めるためには、サービスの品質を高める努力が前提となる。つまり、顧客の期待とのギャップを埋め、期待を上回るサービス実績を提供することだ。第9章で検討したように、満足感は顧客の個人的な特性やその場の状況的な要素が影響し、これらの要素は企業が直接コントロールできない場合が多い。また、満足感は短期的で感情的な反応である。したがって企業が現実に取り組むべき課題は、顧客満足よりも、顧客のより理性的で長期的な判断であるサービス品質の向上だということになる。

顧客のサービス品質への評価を把握するには、第9章で触れた「サーブクアル」のような調査方法がある。だが、顧客の期待と実績の両方を調査するために、調査方法の実行がいく分難しいという難点を持っている。情報量はサービス品質調査の方が内容豊富だが、満足度調査によっても、調査対象を絞ったり、ある項目について深く尋ねることによって、顧客の反応を知ることができる。どちらの方法であっても重要なのは、顧客の率直な反応をとらえて、期待と現実とのギャップを埋める方策を立てるヒントをつかむことなのだ。

3 「仕事―従業員満足―顧客満足」の関係

サービス・プロフィット・チェーンの残りの半分は、サービス組織の内部の流れに焦点を当てている。要約すれば、仕事の内容や環境が従業員満足を高め、それが結果的に顧客価値の増大を通じて、顧客満足を高めるという流れである。

(1) 従業員満足(ES)

高い顧客満足を実現するには、まず高品質のサービスを提供しなければならない。次にそれが、価格や立地、また顧客の入手コストの削減の工夫といった顧客価値を高める経営施策と組み合わされることで、高い「顧客サービス価値」が生まれる。この顧客サービス価値の高さが顧客満足を引き出すのだ。

従業員ロイヤリティと生産性

では、高品質のサービスを生産するにはどのような条件が必要なのだろう。SPCでは図16が表しているように、「従業員満足」から生じる高い「従業員ロイヤリティ」と「従業員生産性(モチベーション)」が高品質サービスを生み出す要因だと主張している。

経験を積んだベテランの従業員の方が経験の浅い従業員よりも、サービス・エンカウンターにおける職務能力が高いことは常識である。また、サービスの多くは対人関係を通して提供されるために、顧客ロイヤリティの構成要素として「人間関係の絆」が重要な働きをすることもわかっている。アメリカでもわが国と同じように、サービス関係の仕事ではパートやアルバイト従業員を多く使っていて、一般に従業員の退職率は低くはない。従業

図16　内部サービス・プロフィット・チェーン

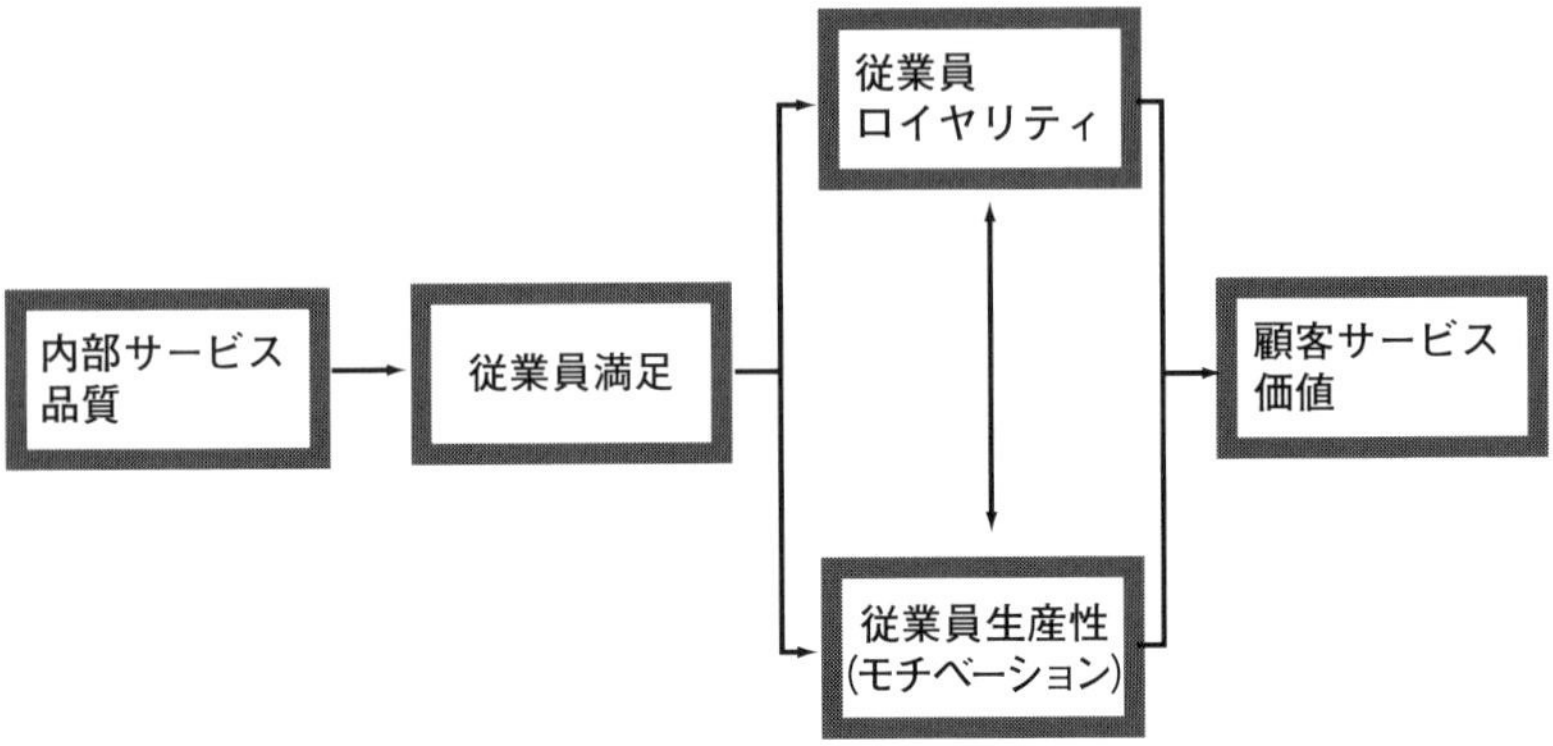

員の能力がサービス品質に大きく影響するとすれば、退職率を下げて経験を積んだ職員を数多くかかえておくことは、企業の重大な課題となっている。

自動車販売や保険などの業種のように、サービス担当者と顧客との間に個人的な絆が生まれやすいサービス業では、担当者の離・退職によって顧客満足が下がり、売上高にも影響することがいくつかの企業調査で明らかにされている[113]。サウスウエスト航空のようなサービス企業のエクセレント・カンパニーでは、どこでも従業員を大切にし、同業他社に比べるとはるかに低い離職率を誇っているのだ（同社では約五パーセント）。

「従業員生産性」は、従業員の仕事への高いモチベーションが生み出す。高い生産性は、企業に利益をもたらすだけでなく、サウスウエスト航空のように、サービス価格を引き下げることにも関係し、結果として高い顧客価値を生み出す。サウスウエスト航空の従業員一人当たり利用客数は他の大手企業の平均の約二倍にのぼっている。また同社のパイロットの稼働率は、他社が月四〇時間程度の飛行であるのに対し、月平均七〇時間にのぼり、約四〇パーセントも高いということだ[114]。

生産性と外部サービス品質の高さは、従業員の企業へのロイヤリティとモチベーションの高さから生まれてくる。この企業へのロイヤリティとモチベーションを高める役割をになうのが、「従業員満足」である。

従業員満足と顧客満足

高い従業員満足が、直接的に従業員の高いモチベーションを引き出すという仮説については、産業心理学の分野では否定的な見解もある。しかし、高いモチベーションを持つ従業員の多くは職務満足感も高いことが知られている(115)。つまり満足感そのものは結果であって、重要なのは職場の中に高いモチベーションや企業ロイヤリティを生み出す条件が整っているかどうかなのだ。従業員満足は、そうした条件が存在するかどうかの指標として重要な意味を持っている。

従業員満足の源泉は、ＳＰＣによれば第一に、「顧客サービス価値」と「顧客満足」および「顧客ロイヤリティ」など、従業員が顧客へ提供したサービスの結果が従業員へフィードバックされる関係である。第二は、「内部サービス品質」つまり、従業員の仕事のやりやすさに影響する職場の条件のことだ。

従業員満足とサービスの品質との関係については、多くの研究者が同じような主張をしている。つまり、仕事で充たされていない従業員は、高品質のサービスを提供できないということだ。「自分のコップに水がいっぱい入っていなければ、他人に水を飲ませることはできない」のだ。反対に良いサービスを提供し顧客が満足している場合、従業員も自分の仕事に満足するという関係も指摘されている。また「従業員がどの程度自分の業務に自信を持つかは、カスタマー・サティスファクションについての継続的情報（満足の表現）

が、どの程度与えられているによって決まる」[116]といわれている。

ヘスケットらは、顧客満足と従業員満足の関係を、数多くの企業調査のデータから、「サティスファクション・ミラー」と呼んでいる。顧客満足の高さが従業員の満足にミラー（鏡）効果をもたらし、さらにそれが反射して顧客の満足度を高めるという関係のことである。[117]

(2) 職場の条件――内部サービス品質

従業員満足の程度に影響する第二の条件は、従業員にとっての「仕事のやりやすさ」であり、それを支える職場の条件である。

シュレジンジャーらの保険会社の調査によると、従業員満足の約七割は次の三つの要素によって決定されるという。[118]

a　顧客のニーズに応える従業員の仕事の幅の大きさ
b　サービスを提供する際の権限の大きさ
c　必要な知識と技能

これらは仕事を遂行するうえで、従業員がどの程度自分の能力が発揮できるかを左右する条件だ。ではこうした条件を従業員が手にするには、どのように職場を作り上げたらよいのだろう。以下に五つの方策を検討してみよう。

①　職場設計

「職場設計」とは職場を単位として、仕事の内容、流れ、職務間関係をデザインすることだ。仕事それ自体が、担当者の能力を引き出し、成長と自己実現ができるように再設計することである。方法としては、ジョブ・デザイン、ロール・デザイン、リエンジニアリングなどがある。具体的には、職場の仕事を各々の目的別に分析し、仕事の流れと関係を再編成するとともに、個人が担当する仕事の内容の幅や深さを拡大することが基本的な発想である。上記のような方法を使わなくとも、職場の管理者がメンバーの能力や意欲を十分に勘案しながら、職場での仕事の組み合わせや構造を作り上げることである。シュレジンジャーの調査結果のａに対応する方法である。

②　エンパワーメント

従業員が自分の役割を果たそうとするときに、顧客の期待にフルに応えるために必要な自由裁量の余地が十分に与えられていることを指す。サービスの特徴から、フロント従業員は組織のフィルター通さずに、直に顧客の要求に対応しなければならない。顧客の要求に応えるためにいちいち上司の判断をあおいでいては、時間もかかり従業員は仕事の達成感を感じることができない。インターネットや電話を使ったリモートサービスや二四時間のサービス体制が広がっているが、問題が生じたときにそのつど上司を探すことは非現実的である。サービス担当者には、顧客が持ち込んでくるさまざまな要求を充たすのに十分な自由裁量の余地を与えておかねばならない。

では、どのようにエンパワーメントを実現すべきか。クウィンとスプリッツァーは、エンパワーメントとはたんにより大きな権限を与えることではなく、リスク・テイキングと個人的成長の過程のことで、従業員への信頼が基盤となると述べている[119]。そのための具体的ステップは、以下のようになる。

a　情報の共有。仕事の遂行に必要な情報をオープンにして、必要とするだれもが入手できるようにする。情報機器が利用できる状況ならそれを活用する

b　組織の目標やミッションとの関連において、担当者の仕事の目的や役割を明確化する

c　チーム制の活用。チーム内での役割の交換や情報共有、メンバー間の援助を促進する仕組みを作る

d　訓練の実施と知識の提供。モデルを提示し、必要な知識・技能を与えて、職務能力を高める

e　報酬体系の見直し。顧客の期待に応える積極的な職務行動が、具体的な報酬によって評価されるような工夫。この場合、報酬は給与だけでなく他の認知の方法も考えて

おくべきだ

f　チームに関連する仕事の幅広い遂行責任と上司への報告義務を与える

エンパワーメントとは、これまでの権限体系の中での権限の再配分ではなく、従業員を信頼して、自律性と仕事の実行力を与えるという組織観、基本的な信念の確立のことなのだ。従業員への信頼という組織観を抜きにしては、権限の委譲を実施しても空回りするだけであろう。

サウスウエスト航空では、フロント従業員に対して、顧客のために「何かして、それで自分の気分がよくなることなら、何でもせよ」と指示している[120]。リッツ・カールトンでは、従業員に顧客の期待を越えるサービス提供への努力を求め、もし何か不満を訴えるお客がいる場合、サービス担当者は、二、〇〇〇ドルまでの範囲で自由に補償する権限を認めている。

③　報酬と認知

報酬と認知も従業員満足に関係する重要な職場の条件である。現在、わが国でも年功賃金の見直しが始まり、仕事の実績や仕事ぶりによる評価を組み込む方向へ動きつつある。年俸制もその一つである。二〇一五年には人口の四人に一人が六五歳以上という高齢社会に入り、一方少子化現象によって若年者の数が激減することが予測されている。したがって、遠からず年功賃金は完全に崩壊すると考えても間違いないであろう。アメリカでは、一生の間の賃金上昇の七〇パーセントが仕事に就いてから約一〇年間で達成されるそうだ。従業員の企業ロイヤリティを高める報酬システムとしてアメリカで盛んなのは、従業員に企業の株を持たせるストック・オプションという制度だ。企業業績の上昇で自社株の価値が高まれば従業員の資産も高くなるという仕組みである。先に触れたコーヒー店チェーンストアのスターバックスなど、多くの企業がこの制度を持っている。

販売サービスでのコミッション制は、販売への動機付けという点では優れているが、売ることに熱心になって、本当のサービスがおろそかになる危険性がある。ノードストロームもコミッション制をとっているが、同社の場合は最低保証付きである。売場ごとにコミッションレートと最低販売目標額が決められていて、それを基に最低保証額が算出される。例えば、コミッションレートが八パーセントで、時間当たり販売目標が二〇〇ドルの販売員が月一〇〇時間働いた場合、八パーセント×二〇〇ドル×一〇〇時間＝一、六〇〇ドルが最低保証額である。目標額を販売できない場合にも返金の必要はない。有名なノードストロームのサービスは一つにはこうした報酬についての工夫によって支えられているのだ。[121]

ノードストロームのインセンティブ・システムは賃金だけではない。同社では、毎月各支店ごとに、「カスタマー・サービス・オールスター」を選んで、選ばれた従業員の写真を壁に飾っている。選考基準は、顧客サービス、チームワーク、販売実績の三点である。同社には一三パーセントの社員割引制度があるが、オールスターに選ばれると、向こう一年間は三三パーセントの割引特典が与えられる。(122) 三つの選考基準は、ノードストロームが従業員にどんな活動を望んでいるのかを明確に訴えている。こうしたきめ細かい認知制度も、高品質のサービスを作り上げる全体システムの一部となっている。

④　仕事に関連するツールの整備

損保会社のUSAAの本部オペレーターは、事故の通報やその他顧客からの連絡をすべて電話で受け、受けた担当者が、その場で必要な全部の処理を行うことになっている。処理に必要な情報はすべて担当者の机に置いてあるコンピュータで呼び出すことができる。担当者は電話で対話しながら、画面に呼び出した顧客情報、保険の種類、これまでの購買履歴などを参考に最適な処理方法を決定し、連絡する。サービス担当者は情報ツールを活用することで、遠隔地にいながら自分の担当する仕事を完全に遂行することができるのだ。

情報ツールはサービス担当者の仕事を大幅にやりやすくする。最近では宅配ピザの注文をする場合、以前にその店を利用していれば、電話番号を伝えるだけで、道順などを説明する必要がない。情報ツールに限らず、仕事をやりやすくするさまざまな道具や設備を備えることは、従業員の仕事満足感の向上に大きく影響する。

⑤　インターナル・マーケティングとリーダーシップ

インターナル・マーケティングとは、従業員を組織内の顧客と見なして、適切な職務行動への指向性と動機付けが生まれるようにマーケティング（働きかけ）活動を行うことをいう。これまで検討してきた①から④までが、具体的な方策の例である。他にも従業員への働きかけは、社内キャンペーンの実施、従業員セミナーの開催、社内出版物による広報活動、会議などが考えられる。

しかし、インターナル・マーケティングにおいて最も重要な役割をになうのは、管理者、経営者のリーダーシップである。ノーマンは、組織内に何か変革を導入する場合、経営幹部はまず自分がそのモデルにならなければならないといっている。また「内部的サービス循環」という概念で、管理者が部下に対して示す「態度と基準が、顧客と接する真実の瞬間において求められる（サービス担当者の）態度と基準に相互に一致している」[123]ことの大切さを強調している。例えば、管理者が部下の意見に耳を傾けないで、部下に「顧客の声をよく聞け」といっても、部下に対して強い影響力を及ぼせないということだ。

顧客の期待が高く、環境が不確定な状況で、部下に自律的な行動を認める場合、リーダーの仕事はますます難しいものとなる（しかも、現実は否応なくそうした方向にある）。顧客に接するサービス担当に信頼性、反応性、確信性、共感性などが求められるのと同じく、管理者は部下に対して同じくこうした態度と能力を備えていなければならないのだ。

こうした内部サービス品質の向上の仕組みが従業員の満足感とロイヤリティを高め、それが結果として顧客価値と顧客満足度を大きくするという流れになっている。

最後に、利益に関連してヘスケットらが強調しているのはオペレーション・コストの逓

インターナル・マーケティング
リーダーシップ

減だが、それは、一つには（サウスウエスト航空やＵＳＡＡのように）全体的オペレーションにおける戦略的工夫から生まれるとともに、エンパワーメントされた従業員の自律的活動からも、もたらされる。

第14章

二十一世紀のサービス・マーケティング

本章では、今後、より一層その必要性が高まると予想されるサービス・マーケティングの新しいアプローチについて検討しておきたい。それらは、「苦情対応」と「リレーションシップ・マーケティング」である。また、最後にサービス・マーケティングの全体的な体系を紹介して本書のまとめとしたい。

1 苦情対応(コンプレイント・マネジメント)の進め方

わが国では顧客の苦情への企業の対応は、一般に「苦情処理」といわれている。しかし、いかにも機械的な感じがともなうので、ここでは「苦情対応」と呼びたい。英語圏では、サービス・リカバリーとかコンプレイント・マネジメントと呼ばれている。

今まで顧客からの苦情対応は、かなり「後ろ向き」のイメージをともなうものだった。多くの企業は「お客様相談室」といった名前でソフトな感じを出そうとはしているが、文句をいうお客への対応業務ということで、苦情処理部門への配置を喜ぶ従業員は少なかったであろう。

マス・マーケティングの時代には、苦情対応は、多くの商品に一定割合で発生する不良品をたまたま運悪く購入した顧客への対応業務であって、いわば大量生産品の販売に不可欠な「後処理」という位置付けであった。しかし今日では、そうした後ろ向きの位置付けは間違いであり、反対に積極的に顧客の苦情を活用する方向を考えるべき時代に来ている。一人ひとりの顧客を大切にし、彼らをリピーターにすることが求められているからだ。特にサービス企業では、悪しき口コミは大きな影響をおよぼしかねない。悪意を抱いた現代のテロリストたちは、インターネットを利用して、一度に何千人もの潜在顧客へ企業の悪口を伝えるかもしれないのだ。

苦情を申し立てる顧客を嫌がるのではなく、逆に大切にする姿勢が求められる。なぜなら彼らは、わざわざ商品の問題点を連絡してくれるのであり、そうした問題点に企業は気付かないでいることが多いからだ。顧客満足度調査で1（非常に不満）と評価した理由や原因を知らせてくれる貴重な情報源なのだ。

(1) 苦情対応の重要性

苦情を適切に解決することの重要性は二つある。第一に、苦情によって不満を持った顧客を満足させる機会を得ることができる。第二は、顧客が不満を持った理由を知ることができ、商品や業務の欠点を見直し、より望ましい方向へ改善することができるからだ。

適切な苦情対応によって、不満を持った顧客を満足させることができれば、次の三点で企業は大きなメリットを得ることができる。

① 顧客態度の転換

不満を持つ顧客を満足した顧客に変えることができる。顧客態度がポジティブに変わることで、彼らの行動が企業にとって有利な方向へ変化する。

② コミュニケーション

不満を持った顧客は「悪い口コミ」を行うが、満足した顧客は「良い口コミ」を広める。不満を持った顧客の口コミ行動は多くの調査が明らかにしている。例えばグッドマン等の調査によれば、顧客は、金額の小さな消費についての不満は一〇人に話し、金額の大きな買い物での不満は一六人に話をする。反対に少額の消費場面での満足については五人に話しをし、大きな買い物での満足の経験はほぼ一〇人に伝えるということだ[124]。

口コミは、発信者がサービスの実際の経験者であるから、潜在顧客に対して大きな影響力を持つ。モノ製品の場合でも同じような影響を与えるが、GEの調査によると、知人の口コミによる推薦は、宣伝や広告の二倍のインパクトを持つという[125]。

③ 再購入行動

それでは、不満を適切に解決した場合、顧客は企業や商品についてどんな行動を取るのだろうか。これについても多くの調査があるが、ほとんどの場合、不満が適切に解決されて自分の苦情行動に満足した顧客は、高い顧客ロイヤリティを示すという結果が出ている。ある場合には、何も不満を感じなかった顧客よりも、苦情を述べて不満を解決した顧客の方が高いロイヤリティを示すという調査もある[126]。

ヘスケットらが引用している米国政府の消費問題局の資料[127]では、一〇〇ドル以上の損になる大きな不満の場合、苦情を述べなかった消費者の再購入意図は三七パーセント、苦情を述べたが解決されなかった消費者が四六パーセント、苦情が解決された場合が七〇パーセント、苦情が素早く解決された場合は九五パーセントの再購入意図を示したということだ。

苦情を解決することで、企業に顧客がもたらすメリットは以上の三つだが、このほか、苦情そのものの**情報的価値**も大きい。つまり顧客が不満を持つことになった理由は何か、商品やサービス自体に欠陥はなかったか、提供過程はどうかなど、サービス活動についての問題点を知ることができる。企業や担当者の気付かない欠陥を指摘してくれる可能性もある。サービス品質の向上にとって必要な個別的情報をわざわざ連絡してくれるのだ。こうした貴重な情報を利用しない手はないといえよう。

(2) 苦情満足へのステップ

不満を持った顧客が苦情を企業へ連絡し、企業がその苦情に適切に対応した場合、顧客は自分の苦情行動に満足する。これを「苦情満足」と呼ぶ。この苦情満足が顧客の態度、第三者へのコミュニケーションおよび購買行動の三つを企業に有利な方向へ転換するのだ。では、苦情満足はどのようにして得られるのだろう。そのステップは次の通りである。

苦情行動

あるサービスを消費した顧客は、先に見たごとく、事前期待と実績との対比によって満足したり、不満を持ったりする。さて不満を抱いた顧客は、その解消のために以下の行動のうちの一つまたはそれ以上を行う。

① 商品や企業を変える。または同一種類の商品を購入しない
② ネガティブな口コミを行う
③ 我慢する
④ 企業や第三者機関への苦情の申し立てをする

つまり苦情行動は、不満を持った顧客が行う行動のうちの一つでしかない。また、多く

苦情満足
苦情行動

図17　苦情対応のステップ

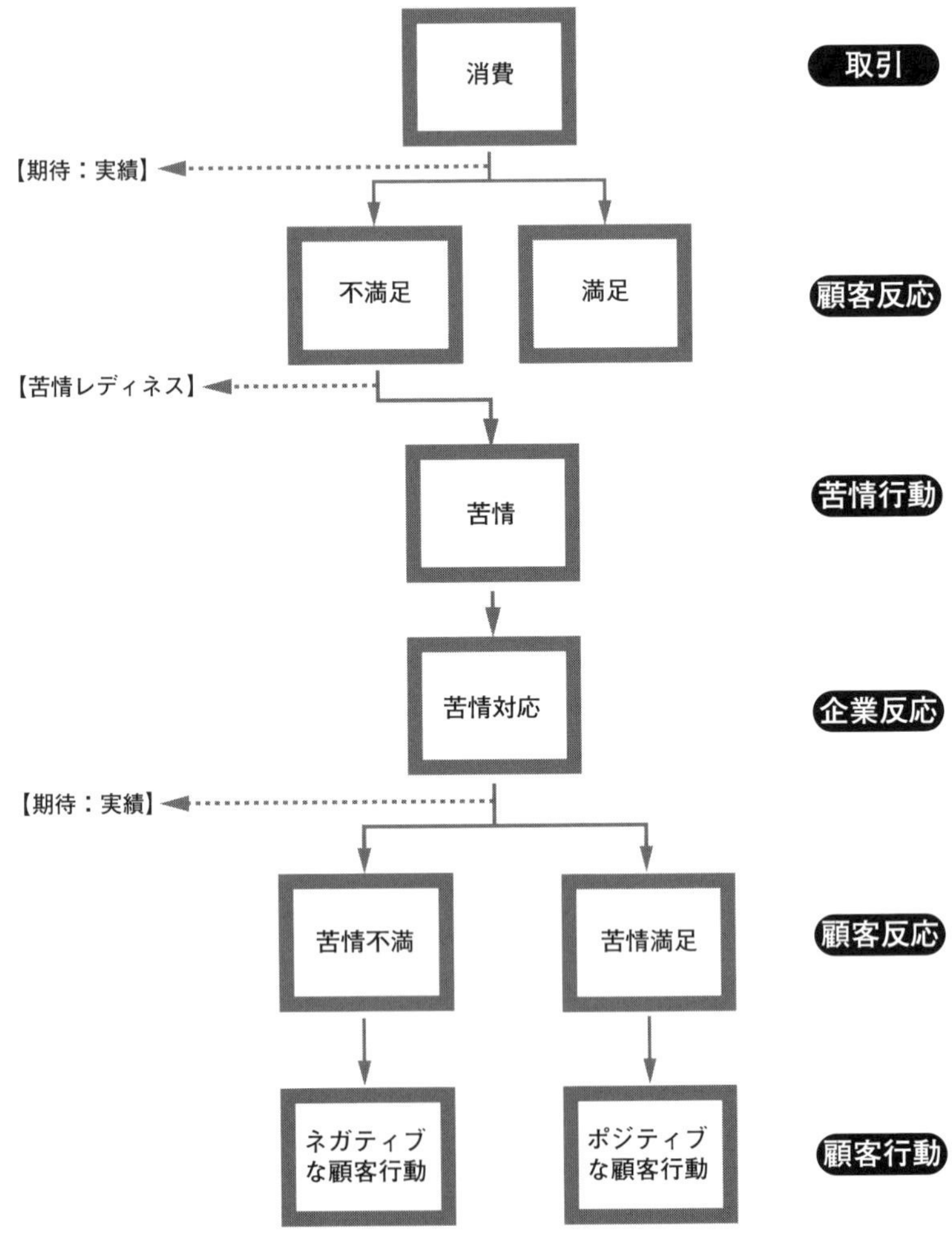

の顧客は不満を感じても、苦情を連絡してくることなく、購入先を変えたり、悪い口コミを広めることで自分を納得させてしまう。苦情を企業に伝える顧客は、このように不満を持った顧客の一部にすぎないが、苦情を実際に企業に伝えるかどうかは、その顧客の「**苦情レディネス**」が関係する。

苦情レディネスとは、苦情行動を起こす際のエネルギーの大きさのことで、さまざまな要因が影響する。第一は、不満を持つことになった消費の顧客にとっての「重要性」である。その消費が高額のモノやサービスであった場合、重要性は高くなる。また、その商品の購入場面で自尊心が大きく傷つけられたような場合も同様である。

第二は、苦情を申し立てた場合の「成功の見通し」である。完全に相手が悪いのか、それとも顧客自身にも使い方などに問題があるのか、またこれまでの経験や企業イメージから、キチンと対応してくれそうかどうか、などが見通しに影響する。三番目は、苦情行動自体への顧客自身の評価だ。苦情をいうのは潔くないとか、かっこ悪いと思っているとレディネスは低くなる。

もう一つ非常に重要なのは、「苦情の伝えやすさ」つまり企業に苦情を伝える**チャネル**があるかどうか、それは簡単に利用できるかどうか、である。苦情処理や相談の窓口が設置されていて、電話番号などが表示されていれば苦情を申し立てやすい。もし窓口がなくて、だれに伝えたらよいかわからないと、適切な担当者を探さなくてはならない。また、苦情を伝えるには、対人接触によるストレスも生じ、時間と労力、ある場合には金銭的負

苦情レディネス
苦情を伝えるチャネル

担も生じる。これらの要因が総合されて、顧客は苦情を述べる場合の心理的、肉体的、金銭的な「**苦情コスト**」が計算される。

また、不満を感じた顧客は、苦情を伝えることで生じるかもしれない良い結果（例えば、謝ってもらう、取り替えてもらう、費用を払い戻してもらう、金銭的補償をしてもらう）といった「**苦情ベネフィット**」も計算する。そしてこの二つを対比して、苦情コストよりも苦情ベネフィットの方が大きいという見通しがたつと、苦情レディネスが高まることになる。

苦情対応と苦情満足

苦情レディネスが十分に大きくなると、顧客は苦情を企業へ伝える。苦情は企業によって対応され、その結果が顧客に伝えられる。その対応結果の内容いかんによって、顧客は苦情満足を感じたり、苦情不満を抱いたりする。

苦情対応の内容は、経済的解決（費用の払い戻し、補償）、物質的解決（交換、修理、贈り物）、非物質的解決（謝罪、情報提供、説明）の三種類が考えられる。これらの解決策の内容が、苦情を伝達する前の事前期待と対比されて、顧客は自分の苦情行為に満足したり、不満を持ったりする。ただし、この対比過程の重要な媒介変数となるのが、企業の態度が「**フェアであったかどうか**」である。

つまり、企業が提供する解決策および苦情対応過程の両方が、顧客の立場から見て「妥当で公平であったかどうか」が重要なのだ。「フェア」という言葉は、世間の普通の水準

苦情コスト
苦情ベネフィット
フェアであったかどうか

に照らして妥当だ、情報を隠したり曲げたりせず正直だ、といった意味だ。

扱いがフェアで解決策に満足した場合、苦情を申し立てた顧客は苦情満足を感じる、反対の場合は苦情不満を感じることになる。満足した顧客と不満を持った顧客はそれぞれ、次の段階で、企業にとってポジティブかネガティブな顧客行動を取ることになる。

(3) 苦情対応に成功するためのステップ

企業が苦情対応に成功し、企業にとってメリットのある結果を得るためには、以下の点に努力を払うべきである。

① 苦情対応を前向きに活用するという**姿勢と位置付け**を確立する。苦情対応を後処理と考えていては、優秀な人材を配置できず、担当者の意欲も高まらない。苦情対応部門には顧客に対する共感性が高い対人折衝能力のある人材を配すべきである。

② 顧客が苦情申し立てを行いやすい**連絡チャネル**を用意し、それについての広報を十分に行う。商品のマニュアルやパンフレットには、顧客の意見を積極的に受け入れる文言を入れて、専用の電話番号を印刷しておく。

③ 苦情接点の教育。苦情窓口は一本化した方がよいが、実際にはどこに苦情が寄せられるかわからない。したがって顧客に接するフロント従業員に対して、苦情を受ける場合の**態度教育**を徹底する。

④ フェアな姿勢と謝罪。顧客が苦情を述べるときには、ほとんどの場合、非常に感情

的になっている。まず、真摯に顧客の言い分を聞く姿勢が必要だ。そこで説明が可能なら、感情的にならず顧客の気持ちを受け入れながら説明する。もし企業側に少しでも落ち度があれば、ただちに謝罪する。企業が、この段階で**顧客の言い分を理解し、謝罪すれば七割方の苦情対応は成功した**ことになる。その後で、苦情内容に対応する具体的な提案を行えばよいのだ。苦情をいってきた顧客を信頼する、これが基本姿勢であるべきだ。

筆者は、前に触れたように、ドイツの世界的企業である中級クラス乗用車メーカーの日本支社における苦情対応の実態調査を行ったが、この企業の問題点もこの段階にあった。顧客からの苦情伝達チャネルは完備しているのだが、苦情を受け付ける段階での対応がひどかった。購入した乗用車について実際に具体的な問題をかかえて悩んでいる購入者に対して、例えば、「ドイツ車というのは、こういうものなんです」といった対応をしている。自社製品に自信を持つのはよいが、こうした対応では顧客の感情を逆撫でしているだけで、後の処理をかえって困難にしてしまう。顧客は問題を抱えて感情的に怒っているのだから、まずその気持ちを受け止めて、この感情に誠実に対応しなければならない。

⑤　苦情内容の分析と関係部門へのフィードバック。苦情情報を活用するには情報機器を利用したシステマティックな整理と分類が必要だ。次に、その情報を業務に生かせる形に編集して関係部門に流す。もし経営幹部の判断を要するような事項ならば、苦情対応部門が担当して上部の決定機関に諮ることができる仕組みが必要となる。

ここで述べたステップと考え方が組織に根付き、そのうえ努力と工夫が継続して行われれば、苦情対応は強力なサービス・マーケティングの方法の一つとして活用することができるであろう。

2 リレーションシップ・マーケティングの発想

テキサス州のある中都市で楽器店が新しい販売キャンペーンを始めた。このキャンペーンの珍しいところは、第一に、すでに退職して家で気ままな生活を送っている高齢者とその配偶者を対象としてオルガンの販売を目指している点である。第二は、もしオルガンを購入すれば、生涯無料のオルガン教室を利用できるということだ。

このキャンペーンは成功し、家でブラブラしていた多くの高齢者がオルガンを購入し、オルガン教室に通い始めた。オルガン教室では、街のさまざまな地区から参加した老人たちが和気あいあいと練習し、一つの親しいグループができあがっていった。

初めは、初心者クラスに多くの老人が参加したが、その内、上級クラスが設けられ、発表会が企画されることになった。老人たちはますます熱心に練習して、上級クラスの参加者はより高価で高級なオルガンを購入する者も出てきた。数年経つと、なんと一人平均三台のオルガンが売れるようになった。

このオルガン教室は、それまで暇を持て余していた老人たちに自己実現と自己表現の機会を提供した。また教室の参加者がお互いに親しくなることで、ある種のコミュニティーが形成され、教室に通うこと自体が老人たちの楽しみになったのだ。

このキャンペーンは後で述べる「構造的なリレーションシップ・マーケティング」の一つの例である。オルガンと教育サービスがセットで提供され、それが老人たちの成長欲求や、他人と交流しグループに属していたいという欲求など複数のニーズを充たした。またこの楽器店は、顧客ごとに上達の程度を把握し、交流の場の運営や発表会などの世話をする付加的なサービスの提供によって、顧客との間に確固としたリレーションシップを作り上げて、オルガンのリピート購買を実現したのだ。双方向のインタラクティブな関係性が、参加した老人たちと企業の両方のニーズを充たしている。この楽器店は他の都市でも同じようなアプローチでマーケティングを展開し、成功しているということだ。

(1) なぜリレーションシップなのか

リレーションシップ・マーケティング（RM）とは、企業が顧客との間に長期的な関係を取り結び、企業と顧客の双方がその関係からメリットが得られるように工夫するマーケティングのアプローチである。それは一回ごとのサービス・エンカウンター（真実の瞬間）の質を重視する立場から、企業と顧客との連続する「関係の質」を重視する立場への転換であり、その関係において顧客への長期的な価値を提供することを目標とする。一回ごとの取引ではなく、過去の取引内容が将来の取引へ好ましい影響を与え、連続していくときに関係性が生まれる。

RMは、サービス・プロフィット・チェーンが、顧客価値の増大による顧客ロイヤリティの向上、その結果としてのリピート購入の実現という流れで、暗黙的に前提としていた企業と顧客の長期的取引関係を明示的にハッキリと正面にすえる。また、RMでは企業からの一方的なサービス提供ではなく、顧客との双方向の相互作用が重視される点もこれまでのアプローチとは異なっている。このような特徴から、RMとは、井関利明[128]が指摘しているように、これまでの企業と顧客との一方通行の関係についての見方を転換して、双方向の学習と共創的な関係を作り上げようとする基本的な枠組みの変更、つまりパラダイム変換なのだ。なおRMは、情報技術の利用を前提とする「ワン・トゥ・ワン・マーケティング」などと基本的には同じ考え方である。

リレーションシップ・マーケティングが登場した背景

RMが重視されるようになった理由には、第一に、これまでも触れてきたが、大量生産を前提とするマス・マーケティングの行き詰まりが強く意識されはじめたことがある。顧客ニーズが多様化・高度化して、高い選択眼と独自の価値判断をする顧客たちは、新しい商品やサービスを購入する際に、自分なりの生活シーンにおける商品の位置付けとアソートメント（組み合わせ）を重視する。他人が持っているから自分も、という時代は去りつつあるのだ。マーケッターは、顧客が個々に持っているニーズを敏感に把握しながら、そのニーズを自分ではハッキリとは具体化できないでいる顧客に対して新しい提案をしていかなければならない。そこで、顧客ニーズの方向と行く先を学習しながら提案をし続けるために、効率の良い試行錯誤の方法が求められることになる。

第二点としては、マス・マーケティングの中で生み出される新製品の市場へのインパクトが低下したことがある。上原征彦(129)の指摘する「増分効果の低下」現象が起きているのだ。例えば、CDはレコードを駆逐してしまったが、CDが登場したときに持ったような価値の増分効果を最近の新製品は持つことができないでいる。次々に出てくる便利な新しい製品はそれなりに魅力的だが、一挙に市場を塗り替えるようなインパクトを持っていないのだ。またこのために、商品のライフサイクルが短命化し、新製品の開発コストが増大して企業の負担となっている。

こうした市場環境の変化とリピーター重視の新しい発想が、顧客との関係性重視へと方向転換をうながしたのだ。

(2) リレーションシップ・マーケティングの効果

顧客にとってのメリット

顧客は、特定のサービス提供者と長期的な関係を持つことによって、何か価値が生じる見込みがある場合にだけ、その関係を続ける。後に顧客が関係性を維持する理由についてはくわしく分析するが、ここでは積極的な意味を三つだけ指摘しておこう。

① 探索行動の節約

われわれは商品を購入しようとする場合、より良い商品やサービスを求めて探索行動を行う。医療、教育といった複雑で評価しにくいサービスや、好みが反映する理髪店、美容院、また高額の費用を必要とする保険、建築といった商品の場合、顧客は適切なサービス提供者を決定するために強いストレスを感じることが多い。特定の企業との関係を保つことは、こうした選択のための労力やストレスから顧客を解放してくれる。いったん企業への信頼を持つことができれば、そこを継続的に利用すればいいのだ。

② 個人的コンサルタントの獲得

さまざまな種類の製品やサービスについて、われわれは必ずしも十分な知識や経験を持っているわけではない。そうしたカテゴリーの商品について、能力に信頼が置ける相談相手を持つことは、生活における大きな財産である。家庭薬についてはあの薬屋さんに相談すればよい。車についてはあの修理屋さん、魚についてはあの魚屋さんというように、さまざまな生活場面で気軽く相談できるコンサルタントを持つこと、これがサービス提供者との長期的な関係性を持つことの大きなメリットだ。

こうしたメリットは、個人の生活の質を高めるための「社会的なサポートシステム」の役割を果たしてくれるのだ[130]。

③　自分の意思の反映

また、高山が指摘しているように、サービス提供者に積極的に自分の意見を伝えることで、サービス内容の生産に「自らが参画し、コーディネートすることで、顧客自身にフィットした自分流の情報、商品、サービスを手に入れる」[131]という側面も重要である。

企業にとってのメリット

顧客との関係性を築くことは、企業にとって以下のような効果を生じる。

①　固定客の確保による販売の増加

②　マーケティング・コストの削減

宣伝や販売プロモーション費用が下がり、顧客に対するオペレーション上の初期投資額が減少する。

③　口コミ効果

④　従業員ロイヤリティの向上

顧客との継続的な関係が築ければ、従業員は満足した顧客から良いフィードバックが返るという好循環に入り、従業員の満足感とロイヤリティも向上することが期待できる。

⑤ 顧客の生涯価値

企業との関係性を築いた顧客は、引き続き商品を購入してくれるので、その一人の顧客が企業にもたらす全体的な価値は大きなものになる。これを顧客の生涯価値と呼ぶ。生涯価値の計算は多くの研究者が行っているが、自動車販売代理店を経営しているスウェルの有名な計算結果[132]を引用すれば、一台二・五万ドルのキャデラックを買ってくれるお客の生涯価値は、一生の間に一二台購入してくれるとして三〇万ドル、パーツやサービス料を載せると、合計三三・二万ドルになるということだ。

⑥ 顧客からの学習

顧客に密着し、顧客と共にそのニーズの充足方法を考えることで、新たなビジネスチャンスのヒントをつかむことができる。顧客にフォーカスすることは、その特定顧客ニーズの変化を知ることにとどまらず、一般化できる可能性を持っているからだ[133]。

(3) リレーションシップ・マーケティングの実際

もともとＲＭの発想は、一九九〇年代の初めごろサービス・マーケティングの研究から

生涯価値

生まれた。モノ製品に比べると、サービス商品はその特徴から顧客とサービス提供者との相互作用を必要とし、購買におけるリスクが高く、スイッチング・コストも高い。そこで顧客にとってはサービス提供者との間に継続的な関係を結ぶことが有利な場合が多いということに基づいている。

顧客シェア

ペパーズらはワン・トゥ・ワン・マーケティングの目的を、製品を中心とする市場主導の競争ではなく、顧客の次元での顧客主導の競争をすることだといっている[134]（ワン・トゥ・ワン・マーケティングとは情報通信機器を利用したリレーションシップ・マーケティングの一つのアプローチ）。前者では、一度に一つのニーズを充たす製品を数多くの顧客に提供することが成功の基準だが、後者では、一人の顧客の数多くのニーズを充たし、顧客を維持することが成功と見なされる。前者は**市場シェア**の拡大を目標とし、後者では**顧客シェア**の拡大を目指す。顧客シェアとは、平たくいえば、一人の顧客が自分の財布（可処分所得）からその企業の商品群の中からどの程度の数量を購入するか、そしてどの程度の額の支払いをするか、その割合で決まるのだ。

情報機器の三つの役割

現代の情報機器が次の三つの能力を持つことによってワン・トゥ・ワン・マーケティン

グが可能になった、とペパーズ等は述べている。(135) それらは、顧客情報追跡、双方向の対話、マス・カスタマイゼーションの三つである。

① 顧客情報追跡

多数の顧客のデータベースを簡単に作成できるので、一人ひとりの顧客について属性やこれまでの取引履歴を利用できる。顧客の次のニーズを予測するためのデータである。

② 双方向の対話

顧客が情報通信ネットを通じて、企業に自分の意思を伝え、企業も顧客に対して情報発信できるようになった。情報交換による共創的な関係の構築によって顧客の求める商品やサービスの提供に近づくことができる。

③ マス・カスタマイゼーション

工場の組立ラインや物流システムに情報技術を適用することにより、製品やサービスをマス・カスタマイズして提供することが可能になった。マス・カスタマイゼーションとは、顧客のニーズにカスタマイズする製品を大量生産で実現しようとする考え方である。

デル・コンピュータは、電話やインターネットでパソコンの注文を受けて、直接消費者に販売している。パソコンはＣＰＵ、モニター、キーボードなどさまざまな部品や周辺機

情報機器の三つの役割

器からできているが、同社では顧客の注文に合わせて希望通りの組み合わせのパソコンを提供している。組み合わせは一四、〇〇〇種類にもなる。また、顧客がデルに電話をかけると、最初にサービス担当者は、相手のパソコンの利用目的や知識と理解の程度に合わせて、相手のニーズに合ったシステム構成を提案する[136]。注文内容はデータベースに記録され、次の注文の際の相談に利用される。

日本の眼鏡店三城（ミキ）では、縁なしメガネのレンズの形を顧客が自分でデザインすることができる。まずデジタルカメラでお客の顔を撮影し、パソコンのモニターに出す。次に、その顧客がどんなイメージを重視しているか知るために、いくつかの選択肢を持つ質問に答える。客の顔の形や重視するイメージからコンピュータは最適と判断するレンズの形をモニター上の客の写真に重ねて表示する。それを見ながら顧客はサービス担当者と相談しながら自分の好みにしたがって修正する。1週間ほどで別に選んだメガネの枠を組み合わせて出来上がる。

自分が読みたい本を書店で探すのはなかなか骨が折れる。しかしアメリカのアマゾン・コムはオンラインで本を販売しているので、書名がわかっていればすぐに注文できる。わかっていない場合は、条件を絞り込んでいって見つけることができる。一度注文すると顧客の嗜好や購入履歴が記録されるので、次回からは簡単である。顧客がある本に関心を示すと関連する他の本も表示されるようになっている。顧客からの注文やメッセージが記録・処理され、その集計情報が他の人に伝えられることで、新しい本がベストセラーになることもある。同社が扱う本は一〇〇万種類を越えており、膨大な品揃えが提供されている。注文した本は宅配便で顧客に届けられる(137)。

マス・カスタマイゼーションは、顧客が出来合いの商品を購入することで、まあまあの水準で我慢をしなくても、顧客のニーズにより細かくピッタリとフィットする商品を提供する。これは中間財を標準化し、その組み合わせで最終商品をカスタマイズするというサービス活動なのだ。メニューやカタログに制約されずに、顧客が真に欲する商品を提供できるという小売りサービスの究極の目的に近づく手段の一つとなる。

セグメンテーション

では、どんな種類の企業でもワン・トゥ・ワン・マーケティングは可能なのだろうか。ペパーズらは可能だと主張している(138)。しかし、情報機器による顧客データベースの構築や双方向の情報のやり取りを前提とするならば、必要な投資に見合う収益が期待できるビジネスに限られてくる。つまり商品単価があまり低額でなく、取引額が一定水準以上のものとなろう。

ワン・トゥ・ワン・マーケティングに適した業種を見つけるうえで示唆的なのは、ペパーズ等がまとめた図18の「顧客ベース構造マトリックス(139)」である。顧客は、まず、①その顧客が企業に対して持っている価値と、②顧客自身のニーズの縦横二つの軸で分けられる。次に各々の軸は「多様」から「画一」の程度で尺度化され、結果的に四象限のマトリックスが得られる。

図18の(A)を見るとわかるように、縦軸の「顧客の価値」は、顧客一人ひとりの企業にとっての価値が多様な場合と画一的な場合に分類される。航空会社では、ファーストクラスやビジネスクラスの乗客は大きな利益をもたらすが、エコノミークラスの乗客はあまり利益にならない。だから顧客の価値はこの場合多様である。それに対しガソリンスタンドでは、どの顧客も一定幅の利益しかもたらさない。

横軸の「顧客のニーズ」は、企業から商品を購入する顧客のニーズがガソリンスタンドのように画一的な場合と、読みたい本を購入しようとする顧客のように、そのニーズが多様な場合に分類する。つまりこのマトリックスは、企業にとっての顧客の特性を企業にもたらす「価値」と顧客自身の「ニーズ」によって分類するのである。顧客のニーズが多様な場合には、企業は顧客ニーズを充たすために多様な対応を取ることが求められる。また、企業にとっての顧客の価値が多様な場合には、より価値の高い顧客に重点的に対応した方が利益は上がるし、また価値の低い顧客を高い価値の顧客グループへ移動させる方策が求められる。

この顧客の特性によるマトリックス(A)に対し、各々の象限に適切なマーケティング・アプローチを例示したのが(B)のマトリックスである。つまり、ペパーズらは、ワン・トゥ・ワン・マーケティングが最も活用できる可能性のある顧客グループは、第Ⅳ象限の顧客、つまり、企業にとっての顧客の価値が多様で、顧客ニーズも多様な産業、例えばコンピュ

図18　顧客ベース構造マトリクス

【A：産業】

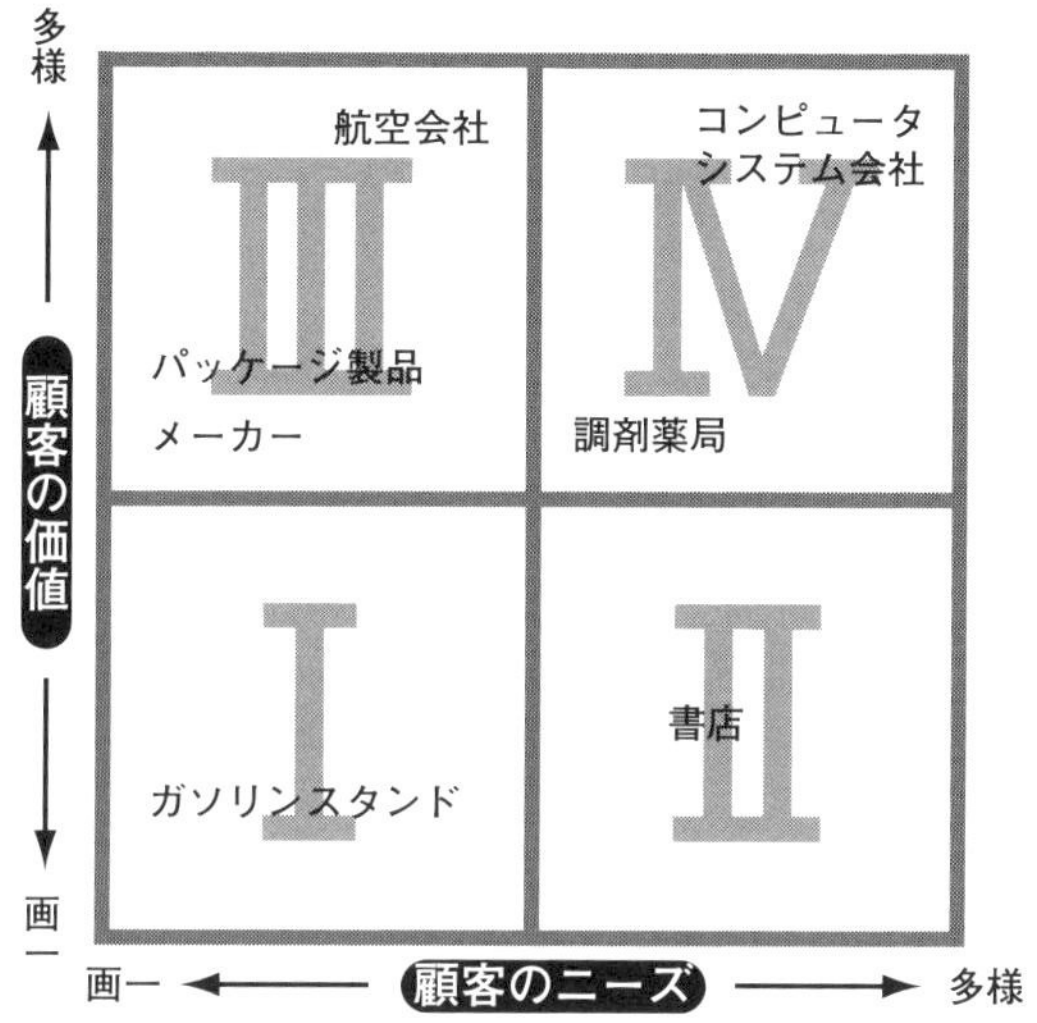

【B：マーケティング・アプローチ】

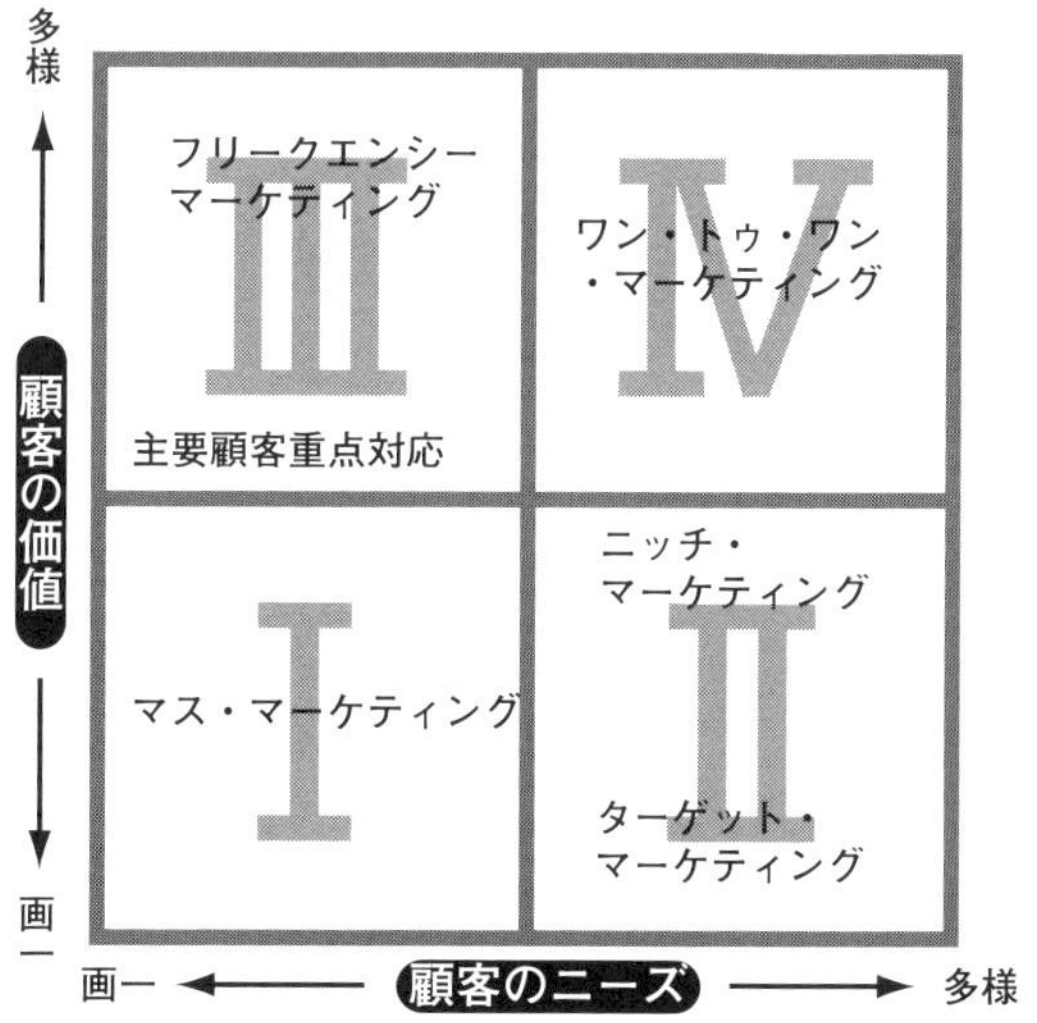

出所：D.ペパーズ、M.ロジャーズ著、井関利明監訳『ONE to ONE企業戦略』ダイヤモンド社、1997年、56頁および64頁。一部省略

ータ・システム産業だといっているのだ。マーケティング手法の状況適応理論である。ただし、第Ⅰから第Ⅲの象限に属する産業も、次の二つの条件が整えば、ワン・トゥ・ワン・マーケティングが適用できると主張している。それはまず、①「コスト効率のよい双方向化」であり、次に、②「ニーズ・セットの拡大」である。

コスト効率のよい双方向化とは、費用をかけずに顧客との対話が可能な状況を作ることである。**ニーズ・セットの拡大**とは、もともとの商品にプラスして、より多くの顧客ニーズを充たすような商品パッケージを提供することだ。ニーズ・セットの拡大の具体的内容は、関連するサービス活動を充実することを意味している(140)。

本節の冒頭にあげたテキサスの楽器店の例は、この二つの条件を充たした良いケースであろう。もともと楽器店は第Ⅱ象限に属する産業である。法人顧客以外は、大量にさまざまな楽器を購入することはないだろう。だから楽器の値段に違いがあるとしても、基本的には顧客の価値はある範囲のなかに収まる。しかし、生涯無料のオルガン教室を設け、その運営をきめ細かく行うことで、顧客一人ひとりと対話し、そのニーズに対応することによって、顧客の価値を多様なものに変えることに成功したのだ。

(4) リレーションシップを維持する条件

なぜ、顧客は特定のサービス提供者との関係性を維持するのだろうか。背後にある心理的動機は二つある。第一は、関係を続けた方が経済的、社会的、心理的にベネフィットが大きい場合である。高山の言葉を使えば、「損得の関係性」である。[141] 第二は、関係を続けること自体に意味がある場合である。前者は**手段的**な意味で、後者は**自己充足的**な意味を持つといえる。多くの持続する人間関係では、この二つが重なってその関係ごとに個別の意味を与えている。普通の夫婦関係でも、この二つが夫婦関係を継続する支えになっている。このどちらかの意味が崩れると夫婦は危機を迎え、両方の意味が失われると崩壊する可能性が高くなる。

リレーションシップのパターン

関係性のパターンは次の二つに区分できる。[142]

① パートナーへの「依存」
② パートナーへの「信頼」

①**依存の関係**は、自由に他のパートナー（サービス提供者）を選択できない制約条件を持つものだ。関係を解消すると経済的、社会的、心理的コストが大きいために関係から離脱できない状況だ。背後の動機は、依存していた方が解消するよりベネフィットが大きいからである（例えば、別れたいと思っているが、離婚する際のゴタゴタや経済的な問題を考えると、離婚できないでいる夫婦）。ただし、もし依存しているパートナーが公正で、依存さ

手段的な意味
自己充足的な意味

れている立場を悪用しないようであれば、関係性の強化に気持ちが動くこともある。

②信頼の関係は、自由に他のパートナーを選べる条件にありながら、そのパートナーとの関係を、信頼感を基礎として継続するパターンである。環境が突然変化して、たとえ不測の事態に陥っても、その状況を悪用せず、公正に対応してくれるという信頼関係である。手段的な動機と自己充足的な動機の両方が背後にある。

依存の関係は、顧客のなかに「束縛」感を生じ、結果として「黙従・黙認」や「新しい選択肢への関心」といった態度や行動を生む。ある企業のみが生産している部品を不承不承使わざるを得ないメーカーや、サービス内容や商品の質に不満を感じながら、近所に一軒しかないスーパーを利用している主婦などの場合である。

信頼の関係は、顧客にその関係をより深めたいという気持ち、つまり「献身」の感情を生む。その結果、パートナーへの「協力・協同」の気持ち、「われわれは同じチームだ」という一体感、またパートナーの立場に立って代弁したり、ある場合には「擁護」をしたりする。顧客はこの関係において、より親密さ（インティマシー）を深めることで、たんなる顧客から、「得意客」、「支持者」、「代弁者」、「パートナー」へと昇格する。

リレーションシップを築く条件

ベンダプディとベリー[143]は、パートナーへの「依存」と「信頼」を生む先行要素として、①環境要因、②パートナー要因、③顧客要因、④相互作用の四つをあげて説明している。

依存の関係
信頼の関係

① 環境要因

環境変化が激しく予測が難しいような場合、また、状況が複雑で何が起きるか予測できない場合、関係性によって不確実性を吸収することができる。例えば、ある製品の供給や価格が激しく変動するような場合にも、供給業者との関係性が築かれていれば、安定的に製品の供給を受けることができる。また、市場で必要な資源の供給が限られている場合も特定の関係に依存せざるを得ないことになる。このように、環境要因は主に依存性を高める方向に働くことが多い。

② パートナー要因

サービス提供者の「能力」が重要である。企業のサービス提供能力が高く、顧客が他の業者からでは難しいような高品質のサービスを受けられる場合には、顧客の企業への依存と信頼の両方にポジティブに影響する。また、企業が顧客との関係性に大きな投資をしている場合も依存と信頼の基礎となることがある。例えば、顧客ごとに専任のサービス担当者を置いていたり、顧客の個人データベースが用意されていると顧客の依存性や信頼性が大きくなる。また、サービス担当者と顧客との考え方、年齢、所属集団などが似ていると、親近感が生じ信頼性が高まる傾向がある。

環境要因
パートナー要因

③ 顧客要因

顧客は特定のサービス提供者との関係を継続するなかで、自分に関する情報をパートナーへ与えることになる。同じ歯科医を長く利用していれば、それまでの治療の履歴やレントゲンも残っている。行きつけの床屋や料理屋は自分の好みを知っているだろう。こうした顧客側のインプット要因も関係性を深め、離脱からのバリヤーとなる。

第二の顧客要素は、顧客自身の知識や経験の量である。あるサービスについて知識や経験が乏しければ、相手への依存性は高まる。また、顧客がサービス提供者とこれまで築いてきた人間関係的な絆も重要だ。お互いに個人的に友人として親しくなっているという条件は、関係を壊すことを妨げる。この三つの要素は依存性を高める方向へ働く。また、「社会的な絆」は信頼を高める作用も持っている。

④ 相互作用

顧客とサービス担当者が実際に相互作用をする**頻度**が高いほど、相手を評価する機会も増え、社会的絆も強くなる可能性があるので関係性は強まる。また、サービス内容への評価が難しい信頼品質商品（医療、教育、その他）の場合にも依頼と信頼の両方を強める可能性がある（医者を信頼していなければ、手術は受けられない）。また前述の諸要因から生まれるスイッチング・コストが高ければ高いほど、関係を解消することは難しくなる。最後にサービス取引における顧客の満足感が高ければ、パートナーへの信頼感を高める方向へ作用し、反対の場合には関係性維持の障害となる。

(5) リレーションシップ・マーケティングの類型

RMは、顧客と長期間の関係を築いて、顧客に商品の継続的な再購入をうながすアプローチである。これまでも上得意客の企業への有利さは理解されていたので、さまざまな工夫が行われてきた。これまでの方法と新しいRMとの違いを見る意味で、いくつかのアプローチを整理してみよう。

ベリーとパラスラマンはリレーションシップ・マーケティングのアプローチを三つのレベルに分けている(144)。それらは次の三つである。

① 経済的絆を基礎とするもの
② 経済的絆＋社会的絆を基礎とするもの
③ 経済的絆＋社会的絆＋構造的絆を基礎とするもの

① 経済的絆を基礎とするもの

経済的なインセンティブをつけることで、再購入をうながす工夫である。リピーターに景品を提供したり、割引をするというシステムだ。スーパーやクリーニング店、レンタルビデオ店のクーポン券や、アメリカン航空が開始し、現在ほとんどの航空会社が導入しているフリークエント・フライヤーズ・プログラム（FFP、マイレージ・サービスとも呼ばれている）などがある。競争の激化にしたがって、さまざまな業種でこうしたリピーターへ特典をつける工夫が盛んである。

この方法の問題点は、顧客をいまだマスの一員と考えているために、関係が一方方向である点。また、仕組みが簡単なために競合企業にすぐ真似されてしまうということだ（確認はできないのだが）アメリカン航空がFFPを導入してから一ヵ月間でアメリカの競合各社が同じ制度を作ったということだ。その結果現在では、航空各社は割引率や新しい特典を付ける競争に入っていて、収益構造を傷つけているといわれている。

②　経済的絆＋社会的絆

サービス担当者と顧客との**人間関係**を築いて、関係性を維持しようとする方法である。顧客はこの段階で、たんなるカスタマーからクライアントに昇格する。つまりマスの一員ではなく、個別の名前を持った顧客として扱われる。企業は顧客と直接対話することで、個別顧客のニーズを学習することができ、関係自体がカスタマイズした方向へ向かう。個人対個人のマーケティングを個人対企業のマーケティングに重ねるアプローチだ。

わが国では以前からこの関係が重視されてきた。その結果、法人顧客の担当者への接待が横行することになった。問題は、企業の態勢が個別顧客のニーズに対応できるようになっていないのに、関係性を作って、それを手段に相手を動かそうとすることだ。そこで時には、企業のシステムを逸脱した特別待遇が生じて世間の批判を浴びることになってしまう。

ベリーらが指摘しているように(145)、顧客との個人的関係が価格の高さや商品の品質の悪さをカバーする場合は多くない。わが国においても実態は同じであろう。しかしこのアプローチも、比較的少人数の顧客に対して徹底的に個人的なサービスが提供できるような業種では有効であろう。会員制の健康管理団体、スポーツクラブ、ホテル、高級レストラン、料亭、旅館等である。

③ 経済的絆＋社会的絆＋構造的絆

第三段階は、他社には真似のできない構造的なベネフィットを提供することで、確固とした関係性を構築するものだ。他のレベルと区別される点は、**企業が顧客の個別の要求に応えられるような構造（仕組み）を持っていること**だ。このような関係性は簡単には競合他社に真似される恐れはない。独自の価値ある商品やサービスが提供できるからだ。ワン・トゥ・ワン・マーケティングが主張しているのはこのレベルの関係性である（ただし、インターネットを使うようなリモート・サービスでは、社会的絆の部分は弱くならざるを得ない）。

個人顧客を対象とする企業の実際例では、先にあげたテキサスの楽器店やＵＳＡＡなどがあり、法人顧客を対象とするものではわが国のミスミなどをあげることができる。わが国でも一部で実施されている活動の同期化をめざす製販同盟などの例でもわかるように、法人顧客を相手とする企業の方がやりやすいといえよう。しかし個人顧客の場合にも、ペパーズらの著書があげている多くのケースのように、知恵を使い、工夫をこらすことで実現することができるのだ。

企業のリレーションシップ・マーケティングは第一のレベルから第三のレベルへ進化させていかなければならない。デパート業界で最近流行りのカードによる顧客の囲い込みも第一のレベルにとどまっていては、結局はコスト高を招くだけであろう。年間一定額以上購入してくれて、特別の割引率を提供している特別顧客グループに対して、もっと構造的絆を提供する工夫があってもよいのではないかと思われる。

3 サービス・マーケティングの体系

最後に、本書でこれまで取り上げた複数の理論をまとめる意味で図19を紹介しておきたい[146]。

これまで本書で紹介してきたさまざまな理論を、サービス生産システムのどの側面を取り上げているかによって一つにまとめると図19のようになる。この図は、コトラーの「サービス・マーケティングの三角形[147]」を修正したものである。修正点は、「顧客」と「企業」

の位置を入れ替えたことと、元の三角形の中に小さな三角形を挿入し、そこを「オペレーション」領域として図示したことの二点である。

サービス企業の**オペレーション活動**についてはこれまであまり触れなかった。普通、オペレーションは、顧客に直接接触しないバックヤードの企業活動であり、マーケティング活動とは区別される。しかしサービスの生産では、サービス商品が活動であるために、オペレーションとマーケティング活動は連動している。在庫可能なモノ製品のように、生産と販売を異なった時間と場所で行うわけにはいかないからだ。

レストランでは、注文をサービス係が受け、それをオペレーション部門の厨房に連絡し、厨房は指定された料理を用意する。出来上がった料理は、係りによって、料理の温度が冷めないように直ちにお客のもとに運ばれる。

オペレーション部門は、ちょうど、演劇の裏方のようなものである。舞台の俳優の動きに合わせて、舞台を回し、照明を当て、音楽を流す。観客の目には触れないが、もし裏方が役目を間違えれば舞台は台無しである。このように、オペレーション部門の活動は、接客を含んだフロント部門と重要な関連性がある。

なお、これまでの多くのサービス企業では、一般にフロント活動やマーケティング活動を重視するよりも、オペレーションを重視する傾向が強かった。製造業的な色彩のあるオペレーション活動がしっかりしてさえいれば、顧客は自然に集まるといった発想が強かったのだ。顧客志向をさかんに強調しながら、やはり生産者発想を抜け出られなかったのだ。

図19　サービス・マーケティングの体系

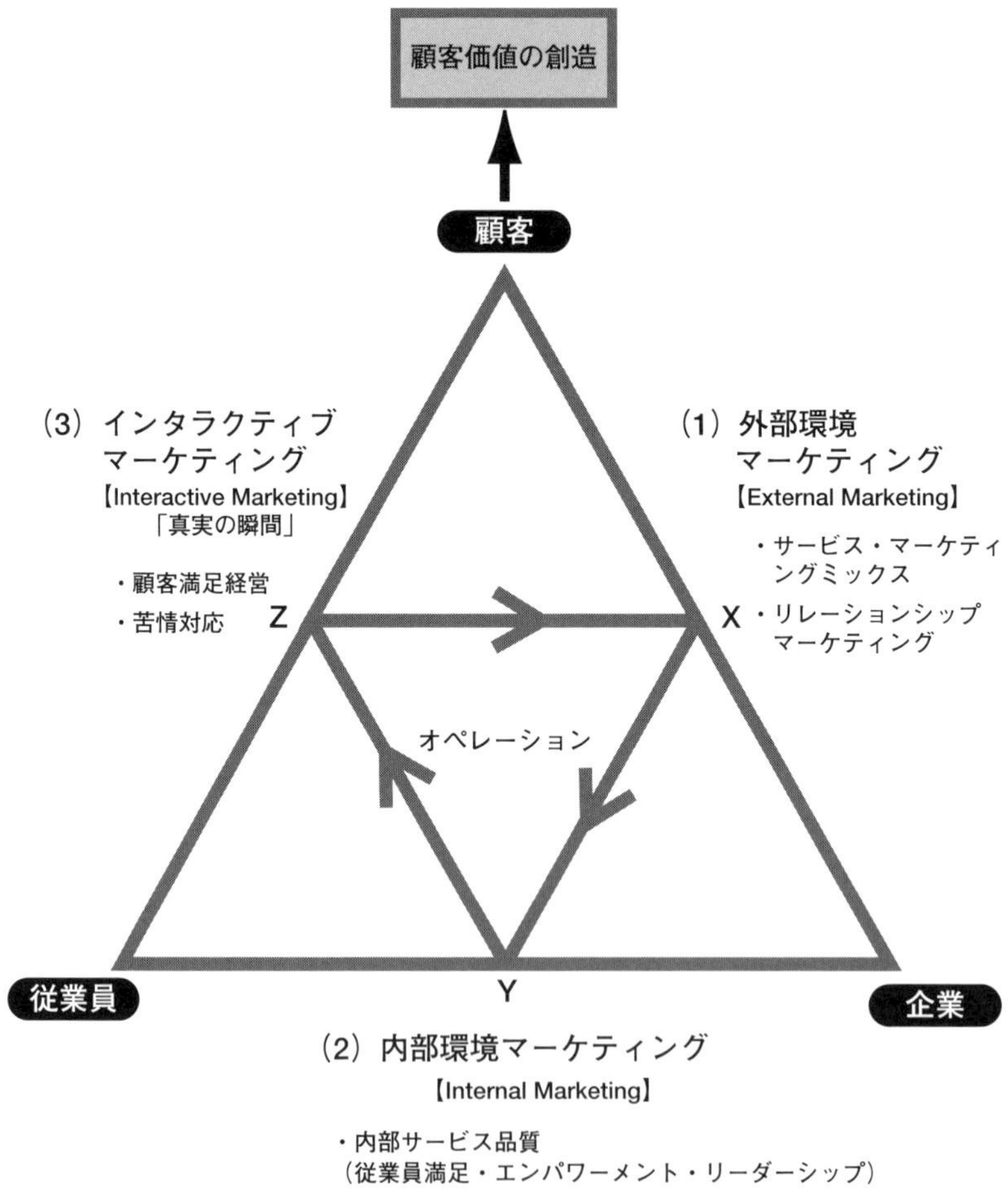
顧客価値の創造
顧客
(3) インタラクティブ
マーケティング
【Interactive Marketing】
「真実の瞬間」
・顧客満足経営
・苦情対応
Z
(1) 外部環境
マーケティング
【External Marketing】
・サービス・マーケティ
ングミックス
X
・リレーションシップ
マーケティング
オペレーション
従業員
Y
企業
(2) 内部環境マーケティング
【Internal Marketing】
・内部サービス品質
(従業員満足・エンパワーメント・リーダーシップ)

顧客接点のフロント活動については、接客態度さえ良くすれば事足れり、という考え方である。現実にはオペレーション活動とフロント活動は不即不離の関係にあるのだ。

オペレーションはマーケティングとは別の活動原理を持った領域ではあるが、サービス・マーケティングの方法を考えるうえでは重要な関連要素なのだ。特に、後で触れるようにサービス・マーケティングでは、この二つの活動領域の接点が重要な戦略的方法を導入するポイントとなるからである。

さて、図19では、大きな三角形の各辺が各々のマーケティングの対象領域を表している。それは、まず、市場その他の外部環境、次にサービス組織内の内部環境、最後は従業員と顧客が接する場面であるサービス・エンカウンター領域だ。

(1) 外部環境マーケティング（External marketing）

顧客と企業との関係を受け持つ。ここでは先に検討したサービス・マーケティング・ミックスの経営戦略が対応する。顧客のサービス商品への「期待」を形成し、購入を動機付ける役割を持っている。サービス商品、価格、立地、プロモーション、物的要素などを統一した理念のもとに組み合わせ、企業独自の強みとなるような戦略を立てなければならない。なお、サービス・マーケティング・ミックスの「人的資源」については内部環境マーケティングとインタラクティブ・マーケティングの領域で扱われ、「プロセス」はオペレーション領域とサービス・エンカウンターの領域で検討すべき項目となる。

オペレーションとの接点（図の**X接点**）では、今日ではリレーションシップ・マーケティングが重要となる。リレーションシップ・マーケティングでは、顧客の個別のニーズを受け止めて、それに応えるためにオペレーション部門との連携が特に大切となるからだ。マス・カスタマイゼーションはこの接点における工夫の一つである。

(2) 内部環境マーケティング（Internal marketing）

企業と従業員の関係を受け持つ。従業員満足の向上やエンパワーメント、また経営者・管理者のリーダーシップのあり方が課題となる。外部環境マーケティングで形成された顧客の期待を実現するために必要な**サービス組織の体力向上**が主な役割である。

オペレーションとの接点（**Y接点**）では、仕事の合理化策としてのリエンジニアリングや職務設計・職場設計、TQM、支援ツールの提供などが重要となる。従業員にとって仕事のしやすい合理的な仕事の仕組みを用意し、従業員のやる気・動機付けを引き出すための戦略領域である。

(3) インタラクティブ・マーケティング（Interactive marketing）

「インタラクティブ・マーケティング」の用語は、本書では、最近のマーケティング研究の一部で使われているごとく、企業と顧客とが一体となって新しい価値（製品であれ、取引形態であれ）が作り出せるような全体的な関係性、つまりリレーションシップを構築するという動きを指しているのではない。ここでは、コトラーの使い方を援用して、顧客とサービス従業員との間の相互作用領域、つまり**サービス・エンカウンター領域**を意味している。

この領域では、いわゆる「真実の瞬間」の充実化と高度化が課題である。顧客の期待を、顧客とサービス提供者との間で、現実に実現する過程である。オペレーションとの接点（**Z接点**）では、CS（顧客満足度）活動が重要となる。初めて来た顧客を満足させリピーターになってくれるように、提供する一般的なサービス品質を高めなければならい。そのためには「苦情対応」によって、顧客が不満を感じているサービス活動部分を改善し、平均的に品質の高いサービスが提供できるような仕組みが必要となる。その意味でサービス・エンカウンターとオペレーション業務が一体となった業務改善が不可欠となるからだ。

4 おわりに

本書で一貫して述べてきたように、サービス生産組織ではその構成要素間のシステム的関連性が重要である。このことは、ここで述べたサービス・マーケティングの三つの領域の関係においても同じである。外部環境マーケティング、内部環境マーケティング、インタラクティブ・マーケティングそして、オペレーション活動の四つが連動し、相互に影響しながらより大きな顧客価値（サービス価値）の創出につながるのである。部分的な改善

Y接点
インタラクティブ・マーケティング
Z接点

は、慎重にまた計画的に行えば望ましい波及効果を生じるが、拙速な部分的変更は、かえって互いの効果を打ち消し合う結果となるのだ。新しい環境に対応して、この三つの領域において戦略的革新を続け、**新しい均衡**を達成しながらより大きな顧客価値の創造を続ける努力が求められている。

【注】

第1章

1 ベッツィ・サンダース著、和田正春訳『サービスが伝説となる時』ダイヤモンド社、一九九六年、一四六頁

2 C.H.Lovelock, *Product Plus*, McGraw-Hill, 1994, p.88

3 リチャード・ノーマン著、近藤隆雄訳『サービス・マネジメント』ＮＴＴ出版、一九九三年、六〇頁

第2章

4 一世帯当たり一ヵ月間の収入と支出（総務省）
http://www.e-stat.go.jp/SG 1/estat/List.do?lid=000001061910

5 海外旅行者数と海外旅行費用の推移（日本旅客協会）
http://www.jata-net.or.jp/data/stats/2009/04.html

6 携帯電話及びＰＨＳの加入数（総務省）
http://www.soumu.go.jp/menu_news/s-news/18178.html

7 特定サービス産業実態統計（総務省）
http://www.meti.go.jp/statistics/tyo/tokusabizi/result-2/h 20.html

8 一世帯当たり一ヵ月間の収入と支出（総務省）
http://www.e-stat.go.jp/SG 1/estat/List.do?lid=000001061910

9 人口推計（総務省）
http://www.stat.go.jp/data/jinsui/tsuki/index.htm

10 労働力調査基本集計（総務省）
http://www.stat.go.jp/data/roudou/sokuhou/nendo/index.htm

11 働く女性の実情付属統計表（厚生労働省）
http://www.mhlw.go.jp/houdou/2009/03/h 0326-1.html

第3章

12 清水滋『サービスの知識』日本実業出版社、一九九四年、一六頁

13 前田勇・作古貞義『サービス・マネジメント』日本能率協会、一九八九年、三一頁

第4章

14 S.L.Vargo and R.F.Lush, 'Evolving To A New Dominant Logic For Marketing', *The Journal of Marketing* vol. 68 No.1 January, 2004

15 井関利明の造語

第5章

16 G.L.Shostack, 'Breaking Free from Product Marketing', *Journal of Marketing* Vol.41, April 1977の図に基づき筆者が作成した。

17 R.T.Rust and R.L.Oliver, 'Service quality : Insights and managerial implications from the frontier', *Service Quality* SAGE Publications, 1994, p.11

第6章

18 近藤隆雄『サービス・マネジメント入門［第3版］』生産性出版、二〇〇七年、四六頁

19 前掲書　一八六頁

20 B.Schneider and D.E.Bowen, *Winning the Service Game*, HBS Press, 1994, p.7

21 近藤隆雄　前掲書　一九三頁

第7章

22 V.A.Zeithaml and M.J.Bitner, *Services Marketing*, McGraw-Hill, 1996, p.105
23 ibid., p. 106
24 ibid., p. 107
25 ヤン・カールソン著、堤猶二訳『真実の瞬間』ダイヤモンド社、一九九〇年
26 リチャード・ノーマン　前掲書　二九頁
27 近藤隆雄　前掲書　一六二〜一七三頁
28 近藤隆雄　前掲書　一七〇頁
29 Lovelock ibid., p.145
30 近藤隆雄　前掲書　一七三頁

第8章

31 田村正紀『現代の市場戦略』日本経済新聞社、一九八九年、一二五頁
32 上原征彦「サービス概念とマーケティング戦略」『経済研究』第87号、明治学院大学、一九九〇年
33 C.H.Lovelock, *Services Marketing*, Prentice Hall, 1996, p.29
34 上原征彦　前掲論文
35 C. H. Lovelock, AMA Special Conferece（June 12–14, 1977 Dublin Ireland）におけるレクチャー
36 近藤隆雄　前掲書　三八頁〜四七頁
37 嶋口充輝『顧客満足型マーケティングの構図』有斐閣、一九九四年、六六頁
38 ウィリアム・デイビドー、ブロ・ウタル著、柳澤健・和田正春訳『顧客満足のサービス戦略』ダイヤモンド社、一九九三年、一九八頁
39 リチャード・ノーマン　前掲書　九四頁
40 リチャード・ノーマン　前掲書　五七頁
41 リチャード・ノーマン　前掲書　五八頁
42 ケビン・フライバーグ、シャッキー・フライバーグ著、小幡照雄訳『破天荒』日経ＢＰ社、一九九七年

第9章

43 「品質」という言葉は、厳密には「モノ」の質を表すが、ここではサービスについてもその「質」という意味で「品質」を使う。
44 Zeithaml and Bitner ibid., p.34
45 J.L.Heskett, W.E.Sasser, Jr. and C.W.L.Hart, *Service Breakthroughs,* The Free Press, 1990, p. 37
46 E.Gummesson, 'Quality Dimensions', T.A.Swartz, D.E.Bowen and S.W.Brown, *Advances in Services Marketing and Management,* Vol. 1, JAI Press, 1992, pp. 179–205
47 Zeithaml and Bitner ibid., p. 118
48 A.Parasuraman, V.A.Zeithaml and L.L.Berry, 'SERVQUAL', *Journal of Retailing,* Vol. 64 No. 1, Spring, 1988
49 M.Christopher, *The Customer Service Planner,* Butterworth Heinemann, 1992, p. 26
50 C.Gronroos, 'Toward a Third Phase in Service–Quality Research', T.A.Swartz, D.E.Bowen and S.W. Brown, *Advances in Service Marketing and Management* Vol. 2, JAI Press, 1993, p. 51
51 A.Parasuraman, L.L.Berry and V.A.Zeithaml, 'Refinement and Reassessment of the SERVQUAL Scale', *Journal of Retailing* Vol. 67 No. 4 Winter, 1991
52 近藤隆雄　前掲書　二一四～二一八頁
53 Gronroos ibid., pp.53–55
54 Christopher ibid., p.68
55 Zeithaml and Bitner ibid., p.123
56 D.Iacobucci, K.A.Grayson and A.L.Ostrom, 'The Calculus of Service Quality and Customer Satisfaction', T.A.Swartz, D.E.Bowen and S.W.Brown, *Advances in Services Marketing and Management* Vol. 3, JAI Press, 1994, pp. 9–15
57 ibid.,
58 Zeithaml and Bitner ibid., p.124
59 ibid.,
60 ibid., p.125

第10章

61 ジェームス・L・ヘスケット、W・アール・サッサー・ジュニア、レオナード・A・シュレシンジャー著、島田陽介訳『カスタマー・ロイヤルティの経営』日本経済新聞社、一九九八年、一六頁
62 前掲書　五四頁
63 前掲書　四頁
64 前掲書　一八頁
65 サンダース　前掲書、およびスペクター、マッキャンジー著、山中鎮監訳『ノードストローム・ウェイ』日本経済新聞社、一九九六年
66 フライバーグ、フライバーグ　前掲書
67 ヘスケット（他）前掲書　二～三頁
68 前掲書　三〇頁

第11章

69 岡本康雄編『現代経営学事典』同文館、平成八年、三五五頁
70 Zeithaml and Bitner ibid., p.113
71 ibid., p.25
72 嶋口充輝「マーケティング戦略」多摩大学総合研究所編『フードサービス経営を考える』実教出版、一九九三年、一五三頁
73 野口悠紀雄『情報の経済理論』東洋経済新報社、一九七四年、二六頁
74 上原征彦「価格革命の行方と日本経済」『RIRI』流通産業研究所、一九九四年一二月、五三頁
75 L.L.Berry and M.S.Yadav, 'Caputure and Communicate Value in the Pricing of Services', *Sloan Management Review*, Summer, 1996, p.49
76 ibid.,
77 ibid., p.45
78 ibid., p.47
79 ibid., p.48

80 ibid.,
81 ノーマン　前掲書　二二〇〜二三〇頁
82 Zeithaml and Bitner ibid., p.521
83 ノーマン　前掲書　一八二頁

第12章

84 ノーマン　前掲書　八三頁
85 ノーマン　前掲書　九七〜一〇〇頁
86 平松由美、木村恵子『アメリカ発ニュービジネス新着２００選』日本実業出版社、一九九七年、一三六頁
87 ノーマン　前掲書　八三頁
88 Christopher ibid., p.13
89 Lovelock 1994 ibid., p.91
90 ノーマン　前掲書　一四四頁
91 Lovelock ibid., p.6
92 ノーマン　前掲書　二九〇〜二九一頁
93 サンダース　前掲書　一四六頁
94 この部分は、ディズニーランドに関する書籍や関係者からの伝聞をまとめたものである。一次資料情報に基づくものでないので、小さな間違いはあるかもしれないことをお断りしておく。

第13章

95 ヘスケット（他）一九九八　前掲書
96 ヘスケット（他）前掲書　二四〜二五頁　一部著者修正
97 ライクヘルド、サッサー著、熊谷鉱司訳「サービス産業のＺＤ運動」『ＤＩＡＭＯＮＤハーバード・ビジネス』12・1月号、一九九八年
98 前掲書　八八頁

99 D.D.Gremler and S.W.Brown, 'Service Loyalty', *QUIS 5* Proceedings, p.173
100 Lovelock 1994 ibid., pp.55–56
101 ヘスケット（他）一九九八年　前掲書　八〇頁
102 前掲書　三三頁
103 前掲書　五九頁
104 Zeithaml and Bitner ibid., p.173
105 近藤隆雄「顧客満足（CS）経営再考」『RIRI』一九九七年四月号、流通産業研究所、三三頁
106 ヘスケット（他）一九九八年　前掲書　一〇八頁
107 前掲書　一一一頁
108 Zeithaml and Bitner ibid., pp.77–78
109 ibid., p.80
110 ヘスケット（他）一九九八年　三一頁
111 前掲書　一一〇頁
112 前掲書　一一一頁
113 ヘスケット（他）一九九八年　前掲書　七頁
114 ヘスケット（他）一九九八年　前掲書　三六〜三七頁
115 E・E・ローラー3世著、安藤瑞夫訳『給与と組織効率』ダイヤモンド社、一九七二年、三三二頁
116 ヘスケット（他）一九九八年　前掲書　一二九頁
117 前掲書　一二九〜一三一頁
118 前掲書　一四六頁
119 R.Quinn and G.M.Spreitzer, 'The Road to Empowerment', *Organizational Dynamics*, 1997 Autumn, p.38
120 ヘスケット（他）一九九八年　前掲書　一五四〜一五五頁
121 豊島弘「コミッション制にひと工夫」日経流通新聞
122 豊島弘「従業員の顔写真パネル掲示」日経流通新聞、一九九六年一月九日
123 ノーマン　前掲書　二八二頁

第14章

124 Goodman, Malech and Marra 1987 p.176f in B. Stauss *Research Plan on Complaint,* 1997

125 R. Zemke, *Service Recovery,* Productivity Press, 1995, p.5

126 Goodman, Malech and Marra ibid.,

127 ヘスケット（他）一九九八年　前掲書　二五一頁

128 井関利明「リレイションシップ・マーケティング」〝やさしい経済学〟日本経済新聞、一九九六年一一月一六日～二二日

129 上原征彦、㈱ジェイ・アール東日本編『流通フォーキャスト』一九九七年一月、四七頁

130 Zeithmal and Bitner, op. cit, p.174

131 高山靖子「顧客満足とリレーションシップ・マーケティングに関する一考察」多摩大学大学院研究実習リポート、平成九年一〇月、二五頁

132 カール・スウェル　久保島英二訳『一回のお客を一生の顧客とする法』ダイヤモンド社、一九九一年、二二九頁

133 高山靖子　前掲書　二一頁

134 D・ペパーズ、M・ロジャーズ著、井関利明監訳『One to One 企業戦略』ダイヤモンド社、一九九七年、二〇頁

135 前掲書　一三頁

136 前掲書　一四二頁

137 前掲書　六九～七〇頁

138 前掲書　六五頁

139 前掲書　五六頁および六四頁

140 前掲書　一九四頁

141 高山靖子　前掲書　一八頁

142 N.Bendapudi and L.L.Berry, 'Customers' Motivation for Maintaining Relationships with Service Providers', *Journal of Retailing,* Vol.73(1), 1997, p.18

143 ibid., p.19

144 L.L.Berry and A.Parasuraman, *Marketing Services*, The Free Press, 1991, pp.136–142

145 ibid., p.138

146 近藤隆雄「サービス・マーケティング・ミックスと顧客価値の創造」『経営・情報研究』多摩大学研究紀要 No.1、一九九七年、七九頁

147 P. Kotoler, *Principles of Marketing*, Prentice-Hall, 1994, p.643

あとがき

本書は、現在、欧米各国で研究の進んでいるサービス・マーケティング研究の主要な理論やコンセプトをわかりやすく解説したものです。

私が本書において主張したかったポイントは、サービスは一種の「商品」であり、それはモノ製品の場合と同じように計画され、デザインされるべきだ、ということです。今日でもなお人々の意識の中では、サービスは相変わらず、モノ製品に対して従属的な地位に置かれています。私は、サービスがモノ製品と組み合わせで提供されようと、単独で消費されようと、サービスを商品としてデザインの対象とすることによって、もっと顧客価値が高まり顧客満足度も大きくなると考えています。

サービスについての認識が低くなる理由の一つは、サービスの本質が無形の活動であるために、「仕事」と「サービス商品」の区別がつきにくいことです。サービス商品はサービス担当者の仕事の内、顧客に何か具体的な価値を手渡していく部分です。顧客の視点に立たなければ商品としての部分が見えてこないのです。

拙著の『サービス・マネジメント入門〔第3版〕』（二〇〇七年、生産性出版刊）は、サービス・マネジメント論の重要と思われるコンセプトをカバーした入門編です。本書では、サー

そうしたコンセプトの「なぜ（Why）」を強調して、実際に利用できるように理解しやすい形で書いたつもりです。なぜこのコンセプトが重要なのか、また具体的な場面で利用するにはどうしたらよいか、の説明に力を入れました。ですから、本書は前書と重なる部分も少なくありません。私にとっては、本書は前書をより具体的に記述したという位置付けです。

なお、「サービス・マーケティング」と「サービス・マネジメント」は前著（『サービス・マネジメント入門』）でも説明しましたが、ほとんど重なり合っています。「マネジメント」は組織や業務管理の側面を含み、「マーケティング」は顧客への働きかけを強調するという違いがありますが、サービスの販売は生産と同時であり（顧客視点に立つと「生産と消費の同時性」となり）、この二つを明確には区分できないというサービスの特徴から当然オーバーラップしてきます。今回は「サービス・マーケティング」を表題としました。

本書が想定している読者は、実際にサービス提供の仕事に就いておられる実務家、それもサービス商品やサービス生産システムのデザインに携わる中堅幹部層の方々です。これらの人々がサービスの特徴を理解し、実際の業務を改善するヒントをつかんでいただきたいというのが筆者の願いです。現在のサービス・マーケティング理論の最新の発展段階を説明しようとして、特に後半は、いく分理屈が勝った表現になってしまったかもしれません。しかし、我慢して読み通していただければ、実際の経営に利用できる大きな果実が手に入るはずです。

筆者はいまだ、サービス・マーケティング研究の発展途上にいますが、さまざまな場面で有益な示唆やヒント、ご批判をいただき、私の研究活動に大きなご支援をいただいた多くの方々にお礼を申しあげたいと思います。明治大学大学院の同僚である上原征彦教授、冨狭泰教授、学科長の刈屋武昭教授、また多摩大学におられた大槻博教授と北矢行男教授に日頃のご指導とご交誼を感謝いたします。とりわけ慶応大学名誉教授の井関利明先生にはさまざまな機会にご指導いただいき、もし本書がなにほどか成果をあげているとすれば、それは井関先生の直接間接のご教示のおかげです。深く感謝申し上げます。前著に引き続き今回も生産性出版の深谷健一郎氏にお世話になりました。信頼できるパートナーである深谷氏の助力と励ましに感謝の意を表したいと思います。

平成二二年六月

英国コベントリー郊外　ウォーリック大学にて

著　者

著者紹介
近 藤 隆 雄（こんどう　たかお）

博士（商学）
多摩大学名誉教授。

1966年国際基督教大学卒業後、68年に同大学大学院修士課程修了。同年モービル石油入社。73年立教大学社会学部助手。74年より75年までフルブライト留学生として米国カリフォルニア大学留学。77年日本労働研究機構研究員、80年（株）HRリサーチセンター代表取締役、84年杏林大学社会科学部専任講師を経て、88年多摩大学経営情報学部助教授。93年同学部教授。04年より14年まで明治大学グローバル・ビジネス研究科教授。

主著 『労働の人間化』（共著、総合労働研究所）、『新しい仕事の設計』（訳書、建帛社）、『リーダー訓練法』（訳書、サイマル出版会）、『サービス・マネジメント』（訳書、NTT出版）、『カスタマー・エクイティ』（訳書、ダイヤモンド社）、『サービス・マネジメント入門』『サービス・イノベーションの理論と方法』（生産性出版）

サービス・マーケティング［第2版］
——サービス商品の開発と顧客価値の創造——

1999年 1 月25日　第1版Ⓒ
2024年 9 月17日　第2版　7刷Ⓒ

著　者　近　藤　隆　雄
発行者　髙　松　克　弘
発行所　生　産　性　出　版
〒102-8643　東京都千代田区平河町2−13−12
日本生産性本部
電話　03(3511)4034

印刷／美研プリンティング

ISBN 978-4-8201-1949-4 C2034
Printed in Japan